安徽省农业绿色发展典型模式及解析

主　编　施六林
副主编　王　艳　卢碧芸

中国科学技术大学出版社

内容简介

农业绿色高质量发展是我国农业发展的战略性选择。为贯彻中央和安徽省农业绿色发展的有关文件精神,针对现阶段农业资源利用效率不高、生产方式不尽合理、面源污染治理难度大等影响农业可持续发展的问题,本书围绕农业绿色发展要求,进行了农业全要素、多方位的探索,总结分析了近几年安徽省农业绿色发展新型模式和生产经验。全书在广泛调研的基础上,凝练了安徽省绿色种植、畜禽种养循环、水产健康养殖、农作物秸秆综合利用、畜禽粪污资源化利用、农业环境绿色治理等模式,并由相关同行专家对模式的典型性、适用性进行了解析、点评,力求使相关模式对全省种植、养殖、循环经济的发展起到引领和指导作用,努力促进安徽农业生产资料减量化投入、农业废弃物资源化高效利用,农业增长方式向绿色方向转变,推动安徽省农业高质量发展,为乡村产业振兴提供可借鉴的路径。

本书可为广大农业科技工作者、农业生产经营人员、农业新型经营主体等提供有益的指导和借鉴,也可作为农技人员和新型职业农民的培训教材。

图书在版编目(CIP)数据

安徽省农业绿色发展典型模式及解析/施六林主编. —合肥:中国科学技术大学出版社,2021.5

ISBN 978-7-312-05088-6

Ⅰ.安⋯ Ⅱ.施⋯ Ⅲ.绿色农业—农业发展—研究—安徽 Ⅳ.F327.54

中国版本图书馆 CIP 数据核字(2020)第 212967 号

安徽省农业绿色发展典型模式及解析
ANHUI SHENG NONGYE LÜSE FAZHAN DIANXING MOSHI JI JIEXI

出版	中国科学技术大学出版社
	安徽省合肥市金寨路 96 号,230026
	http://press.ustc.edu.cn
	https://zgkxjsdxcbs.tmall.com
印刷	安徽省瑞隆印务有限公司
发行	中国科学技术大学出版社
经销	全国新华书店
开本	787 mm×1092 mm 1/16
印张	16.5
插页	6
字数	421 千
版次	2021 年 5 月第 1 版
印次	2021 年 5 月第 1 次印刷
定价	58.00 元

编 委 会

主　　编 施六林
副 主 编 王　艳　卢碧芸
编　　委（排名不分先后）

施六林　王　艳　卢碧芸　李布青　郭肖颖　夏文胜
王　川　王晶晶　王允青　夏伦志　李海洋　孙义祥
邹长明　李录久　詹　凯　王重龙　程广龙　陈　胜
唐　杉　王　斌　李雪莹　吴　炜　蒋阳阳　佘　磊
樊　琼　耿文敬　杨进华　陈丽园　钱玉明　徐光敏
刘佰峰　邬　刚　叶继刚　王德生　唐桂林　孙世国
张守军　杨向坤　钱联合　陈世超　赵小伟　方兴龙
方海维　方文杰　唐桂林　牛　峰　金永辉　吴支行
胡孝东　徐宏军　肖圣辉　胡立新　王　云　林玉明
斯黔东　蔡　永　刘殿飞　朱良萍　刘志刚　朱　跃
魏　霄　路　永　毛金明　吴启发　高亚飞　刘同金
刘昌勤　王雄杰　胡业功　冯大庆　孙惠芳　刘　虎
黄云海　王华银　张　骏　周爱峰　林衍峰　魏泽能
王如峰　李正荣　方国侠

解析专家（排名不分先后）

施六林　李布青　郭肖颖　王允青　夏伦志　李海洋
夏文胜　王　艳　王　川　孙义祥　邹长明　李录久
詹　凯　王重龙　程广龙　陈　胜

序 言

习近平总书记指出,推进农业绿色发展是农业发展观的一场深刻革命,也是农业供给侧结构性改革的主攻方向。安徽作为农业大省、农村改革的发源地,始终在农业绿色发展中勇于担当,主动作为。推进农业绿色发展,有利于增加绿色优质农产品供给,降低资源环境利用强度,促进农民就业增收,推动乡村产业振兴。实践证明,创新农业绿色发展模式,能够为农业绿色高质量发展提供强有力的支撑。

农业是人类有目的地利用和改造自然而获得农产品的过程,人们总是希望获得更多的农业产品。然而,农业生产经营活动是复杂的资源生态系统和社会经济系统,农业生物质在自然界、人、社会之间进行着物质循环和能量流动,农业无节制地生产,就会打破农业生物链、产业链和价值链,农业就难以持续发展。绿色农业是建立在人与自然和谐共生基础上,以促进农产品安全、生态环境安全和提高农业综合效益为目标的新型生产方式,契合了农业可持续发展的根本要求。

随着石油农业的发展,特别是化肥、农药、除草剂等广泛使用,农业产量得到了提高,同时也伴生出许多灾难性的生态环境问题,如土地质量退化、环境污染、生物多样性减少等,严重影响农业可持续发展。恩格斯说:"我们不要过分陶醉于我们人类对自然界的胜利。对于每一次这样的胜利,自然界都对我们进行报复。"1962年美国生物学家蕾切尔·卡逊女士出版《寂静的春天》一书,描述了人类可能将面临的一个没有鸟、蜜蜂和蝴蝶的世界。1972年罗马俱乐部发表了报告《增长的极限》,对西方工业化国家高消耗、高污染的增长模式提出了严重质疑。1989年,英国环境经济学家皮尔斯等人在《绿色经济蓝图》中首次提出了绿色经济的概念,强调实现经济发展和环境保护的统一。实践证明,"先污染,后治理"的路子行不通。发展绿色农业是人类总结千年发展成果、反思石油农业教训,在生态环境承载能力的约束条件下,将环境保护与可持续发展作为目标的必然选择。

我国传统农业文明充满着绿色发展的智慧,"应时、取宜、守则、和谐"的哲学思想,在当今农业发展中依然具有重要的借鉴价值。天地人和谐的"三才"观、主观能动的物地观、趋时避害的农时观、辨土施肥的地力观、御欲尚俭的节用观、变废为宝的循环观、轮作复种与间作套种、农林牧桑渔综合经营、农业资源循环利用、保护环境等农业绿色发展方式，以及旱作保墒、精耕细作、有机肥积制、病虫害生物防治等农业绿色发展技术，顺天时，应地利，使得古老的中华农业充满着生机。

今天，我国农业已经站到了新的高度，农业新品种、新技术、新方法、新工艺、新材料、新设施、新装备等广泛应用，解决了14亿人口的吃饭问题。然而，不可否认，石油农业的发展给我国带来的一系列的生态环境问题依然存在。生态环境的刚性约束、人们对绿色安全农产品的需求和期待，要求我们必须采取生产、生态、环境友好的绿色农业生产方式，农业的发展必须走适应供给侧结构性改革需要、符合农业可持续发展要求的绿色发展的路子，特别是在当前以我国国内大循环为主体、国内国际双循环相互促进和碳达峰、碳中和要求越来越迫切的背景下，我国农业必须加快转变发展方式，切实实行绿色高质量发展。我国的农业现代化必须是绿色现代化，乡村振兴必须是绿色振兴。

安徽省是农业大省，为贯彻落实中央办公厅、国务院办公厅印发的《关于创新体制机制推进农业绿色发展的意见》和省委省政府实施五大发展行动计划的决策部署，省农业农村厅组织开展了现代生态农业产业化示范创建等工作，全省以绿色发展作为农业高质量发展的切入点，深入实施化肥农药使用减量化行动，强力推进畜禽粪污资源化利用和秸秆综合利用等工作。通过全省上下的努力、全要素、全产业链的探索，创新出了许多新型特色生产模式，在种植业方面，出现了测土配方施肥、种植绿肥、稻虾共育、绿色数字果园等模式，在生产过程中减少化肥、农药的施用和排放；在畜禽和水产养殖方面，坚持绿色循环、健康养殖的理念，形成了农牧结合、制肥还田等许多生态种养循环模式，提高了经济效益和生态效益；在秸秆利用方面，出现了多元化、大型化特点，形成了肥料化、饲料化、基料化、能源化、材料化利用等一些典型模式和案例，并向专业化、综合化方向发展；在畜禽粪污资源化治理利用方面，各地因地制宜，根据大、中、小型养殖场的不同特点，建立有机肥厂、制沼发电、截污建池、发酵还田等等。这些模式无疑在安徽省农业绿色发展实践中发挥着重要作用，并将进一步引领全省农业的发展方向。

为在全省范围内交流、推广各地农业绿色发展经验，加快农业绿色发展步伐，受安徽省农业农村厅委托，安徽省农业科学院农业工程研究所组织有关专家在广泛调研搜集的基础上，总结提炼了一批典型模式，编辑成本书，可供各地在推动农业绿色发展工作中参考和借鉴。这些模式无论是在产生和形成的实践中，还是在凝练与提升的编辑中，都浸透了安徽省农业科技工作者的汗水，体现了安徽省农业工作者的探索精神、创新精神。在本书编写过程中，安徽省农业农村厅发展规划处、农业生态环境总站等相关部门和人员给予了大力的支持和帮助,有关市、县(区)和企业等相关人员提供了宝贵的案例素材,相关专家为模式编制和解析做出了重要贡献,这是集体智慧的结晶,在此一并表示衷心的感谢!本书能够为广大农业科技工作者、农业生产经营人员、农业新型经营主体等提供指导和借鉴,也可以作为农技人员和新型农民的培训教材。

"一花引得百花开。"我们相信并期待,经过全省农业工作者的共同努力,一些新的农业绿色生产、经营模式还将不断涌现。在大力推进乡村振兴的新形势下,我们希望通过本书的出版发行,能够有效推动安徽农业更好地转变发展方式,向更高的绿色发展层次迈进,形成生产、生活、生态相得益彰的农业农村可持续发展新格局,为农业强、农村美、农民富做出新的贡献。

由于编写水平有限,书中难免存在不足和疏漏之处,在此我们真诚欢迎各界有识之士批评指正!

编委会
2021 年 1 月 20 日

目 录
CONTENTS

序言 ………………………………………………………………………………（ⅰ）

第一章　绿色种植典型模式及解析 ……………………………………………（ 1 ）
　模式一　单季稻绿色生产模式 …………………………………………………（ 1 ）
　模式二　有机水稻-绿肥种植模式 ………………………………………………（ 5 ）
　模式三　有机水稻-有机肥模式 …………………………………………………（ 8 ）
　模式四　水稻机械化秧肥同步一次性施肥模式 ………………………………（ 12 ）
　模式五　水稻-马铃薯绿色轮作模式 ……………………………………………（ 15 ）
　模式六　小麦-青毛豆绿色轮作模式 ……………………………………………（ 19 ）
　模式七　鲜食玉米-草莓绿色轮作模式 …………………………………………（ 22 ）
　模式八　茶园间作绿肥模式 ……………………………………………………（ 25 ）
　模式九　果园生态复合栽培模式 ………………………………………………（ 28 ）
　模式十　葡萄园废膜覆盖控草模式 ……………………………………………（ 31 ）
　模式十一　生态数字果园绿色生产管理模式 …………………………………（ 35 ）
　模式十二　化肥减施增效绿色技术模式 ………………………………………（ 39 ）
　模式十三　紫云英-水稻秸秆协同还田技术模式 ………………………………（ 43 ）
　模式十四　水稻测土配方施肥技术模式 ………………………………………（ 46 ）

第二章　绿色种养循环典型模式及解析 ………………………………………（ 49 ）
　模式一　岳西黑猪-有机茶绿色种养模式 ………………………………………（ 49 ）
　模式二　"羊-有机肥-作物-青贮饲料"联合体循环模式 ………………………（ 53 ）
　模式三　土鸡"3000"生态放养模式 ……………………………………………（ 56 ）
　模式四　"猪-沼-肥-田"牧农生态循环模式 ……………………………………（ 60 ）
　模式五　牛-沼-草模式 …………………………………………………………（ 65 ）
　模式六　鹅场粪污种养循环模式 ………………………………………………（ 69 ）
　模式七　农牧结合制肥还田模式 ………………………………………………（ 73 ）
　模式八　现代农牧业与休闲农业绿色循环创新模式 …………………………（ 76 ）
　模式九　农牧结合生态循环模式 ………………………………………………（ 81 ）
　模式十　种养加区域生态循环模式 ……………………………………………（ 85 ）
　模式十一　禾本科作物秸秆改良氨化技术模式 ………………………………（ 89 ）
　模式十二　稻鸭共育生态种养技术模式 ………………………………………（ 92 ）
　模式十三　"林-草-鸡"绿色生态种养技术模式 ………………………………（ 94 ）

第三章　水产健康养殖典型模式及解析 ………………………………………（ 96 ）
　模式一　池塘主养草鱼绿色高效养殖模式 ……………………………………（ 96 ）

模式二　高效低碳池塘循环水养殖模式 …………………………………………… (102)
模式三　山泉流水养鱼技术模式 …………………………………………………… (109)
模式四　稻鳖综合种养技术模式 …………………………………………………… (115)
模式五　稻虾综合种养技术模式 …………………………………………………… (120)
模式六　名特水产循环种养模式 …………………………………………………… (132)
模式七　池塘养殖尾水"三池两坝"处理技术模式 ……………………………… (137)
模式八　生物浮床水质调控技术模式 ……………………………………………… (141)

第四章　农作物秸秆综合利用典型模式及解析 ……………………………… (144)
模式一　农作物秸秆原料化利用的木塑复合材料模式 …………………………… (144)
模式二　农作物秸秆填埋式发酵制备育秧基质模式 ……………………………… (148)
模式三　农作物秸秆离田进园覆盖技术模式 ……………………………………… (151)
模式四　农作物秸秆覆盖生态催笋模式 …………………………………………… (154)
模式五　农作物秸秆食用菌轻简化栽培模式 ……………………………………… (158)
模式六　农作物秸秆绿色循环利用模式 …………………………………………… (161)
模式七　农作物秸秆清洁制浆造纸技术模式 ……………………………………… (164)
模式八　农作物秸秆三素分离分级利用联产模式 ………………………………… (167)
模式九　农作物秸秆人造板绿色生产模式 ………………………………………… (172)
模式十　农作物秸秆颗粒燃料清洁生产模式 ……………………………………… (177)
模式十一　农作物秸秆气化利用模式 ……………………………………………… (181)
模式十二　农作物秸秆沼气化利用模式 …………………………………………… (185)
模式十三　农作物秸秆收储模式 …………………………………………………… (191)
模式十四　农作物秸秆综合利用政策驱动模式 …………………………………… (194)

第五章　畜禽粪污综合利用典型模式及解析 …………………………………… (197)
模式一　禽类非接触式发酵床养殖模式 …………………………………………… (197)
模式二　畜禽粪污资源化利用"12345"模式 …………………………………… (203)
模式三　蛋鸡养殖履带清粪及反应器堆肥一体化模式 …………………………… (209)
模式四　粪污异地集中处理基质化利用模式 ……………………………………… (212)
模式五　中小散养户粪污处理截污建池收运还田模式 …………………………… (217)
模式六　生猪散养户秸秆发酵床技术模式 ………………………………………… (220)
模式七　畜禽粪污第三方收集利用PPP模式 ……………………………………… (223)

第六章　农业环境绿色治理典型模式及解析 …………………………………… (226)
模式一　农村废弃物积分兑换模式 ………………………………………………… (226)
模式二　农村分散式污水低成本生态处理模式 …………………………………… (232)
模式三　农业面源污染"一创两减三循环"治理模式 …………………………… (236)
模式四　适应性农业绿色发展模式 ………………………………………………… (239)
模式五　丘岗区小流域综合治理模式 ……………………………………………… (242)
模式六　采煤塌陷区生态综合治理模式 …………………………………………… (246)
模式七　"一户一块田"绿色高效发展模式 ……………………………………… (251)

彩图 ……………………………………………………………………………………… (255)

第一章 绿色种植典型模式及解析

模式一 单季稻绿色生产模式
——以桐城市南山种植专业合作社为例

1 背景条件

单季稻作为安徽江淮地区主要粮食作物,虽然稻作技术已经有了长足进步,并在生产中发挥了关键性作用,水稻单产和总产水平逐年稳步提高,但仍存在着资源环境压力大、可持续发展动能不足、高产与优质难统一等问题。

2 模式流程图

本模式流程图如图1.1.1所示。

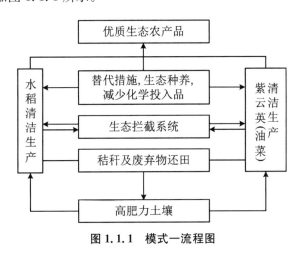

图1.1.1 模式一流程图

3 模式特点与具体做法

3.1 模式特点

一是源头控制,采取油/绿肥-稻轮作培育基础地力,为绿色生产提供条件(图1.1.2、图

1.1.3);二是中间减量,通过有机肥替代和科学施肥技术,提高肥料利用率,通过综合防控和生态种养控制病虫草害,减少农药用量;三是末端降解,通过建设生态拦截系统阻控、降解,净化农田尾水,实现环境友好。

图 1.1.2　紫云英翻压还田

图 1.1.3　稻油轮作

3.2　具体做法

(1) 品种选择:中籼稻选用杂交组合 Y 两优 900、Y 两优 2 号,中粳稻选用常规粳稻镇稻 18、镇稻 16;油菜选择杂交甘蓝型品种,如沣油 737、秦油 10 号等;紫云英选择中迟熟品种,如弋江籽、皖紫 2 号、皖江紫 3 号、弋江大叶等。

(2) 秧苗培育:实行全钵苗工厂化育秧,提倡基质育苗。中籼稻 5 月 5~10 日播种,大田亩用种量为 1.25~1.5 kg(1 亩=666.7 m^2),亩用 25 cm 宽秧盘 20~25 个。中粳稻 5 月 15~20 日播种,大田亩用种量为 4~5 kg,亩用 25 cm 宽秧盘 30~35 个。机插秧栽插时秧龄为 20~25 天。

(3) 机械插秧:大田田面高差不超过 3 cm。中籼稻按照 16 cm×25 cm 规格插秧,亩插 1.7 万穴左右,每穴 2 谷粒苗左右;中粳稻按 14 cm×25 cm 规格插秧,亩插 1.9 万穴左右,每穴 5~6 谷粒苗。栽后视情况进行补棵。

(4) 土肥管理:5 月中下旬油菜成熟后机收,秸秆全部粉碎还田,并施用秸秆腐熟剂加速腐熟;4 月中下旬紫云英鲜草翻压,5 月中下旬做田。

基肥:每亩基施二次发酵菜籽饼肥 40 kg 和 45% 控(缓)释(失)肥 25 kg 左右,加硫酸锌 2 kg,化肥较本地常规施肥减少 20%~30%。

分蘖肥:栽后 5~7 天结合除草剂施用,亩施尿素 5~7.5 kg,分蘖肥较常规施肥减少 50%。

穗肥:中粳稻施促花肥,在抽穗前 25 天左右施用,亩施 40% 高氮钾复合肥 15~20 kg;中籼稻施保花肥,在抽穗前 15 天左右施用,亩施 40% 高氮钾复合肥 10~15 kg。

(5) 水浆管理:秧苗实行旱管,薄水插秧,浅水返青,分蘖前中期(栽后 20 天内)浅水湿润交替,栽后 25 天左右排水烤田,孕穗期至抽穗后 15 天保持水层,抽穗后 15 天至成熟干湿交替,收获前一周完全断水。

(6) 病虫草害防治:实施病虫草害绿色防控,保护农田生态,减少农药、除草剂使用。

① 物理、生物、农业技术防治:

一是安装杀虫灯和性诱剂。每 40 亩稻田安装 1 盏频振式杀虫灯,每亩安装 1 套性诱剂以诱杀二化螟和稻纵卷叶螟等害虫,降低虫口基数。

二是开展病虫害监测调查。准确掌握病虫害动态,改进施药器械,应用大型机械和飞机防治;多使用生物农药,减少化学农药使用量。

三是实施"稻鸭共育"生态种养。当秧苗返青开始分蘖时,每亩投放半斤(1斤=0.5千克)左右鸭苗10~12只,控制田间杂草和害虫。水稻抽穗扬花后10天左右,停止放鸭,转入棚养或栏养。

② 药剂防治:重点抓住关键生育阶段开展总体防治。第一次是秧苗期,预防大田前期病虫害;第二次是分蘖末期至拔节期,主治飞虱、二化螟、三化螟、稻纵卷叶螟等;第三次是破口前,主治稻曲病、纹枯病、穗颈瘟等穗期病害。尽可能选用生物农药而不用化学农药。

通过综合防控,在正常年份,水稻季可以减少2次化学农药防治,"稻鸭共育"区可以不使用茎叶除草剂。

(7) 油菜、紫云英种植:水稻茬后种油菜的,9月下旬10月初水稻收割后,及时整地或免耕直播油菜;水稻茬后种紫云英的,9月底10月初套播紫云英,粳稻田水稻与紫云英共生1月左右;杂交稻田收割后整田播种。在紫云英和油菜生产过程中,要开好三沟,防止渍害。

(8) 建设农田生态拦截系统:

① 生态沟渠建设:兼顾稻田排水功能进行整体设计。渠道分为两层:下层为水泥浇筑的矩形渠,分段蓄积农田排水,利用浮床种植黄菖蒲、千屈菜、梭鱼草等水生植物;上层为梯形土渠,铺设生态砖,植草护坡,防止水土流失。

② 生态池塘和湿地建设:将农田下游低洼田田埂加高加固,种植莲藕、茭白等水生植物,吸收水稻田排水中的富余氮磷;将稻田周边原有的沟、塘进行改造,建成湿地景观带。

4 效益分析

4.1 经济效益

本模式与当地常规栽培的水稻产量基本持平,平均亩产600 kg。每亩减少化肥投入30元、农药和除草剂投入30元;每亩稻田养10只鸭子,纯收入100元。每亩可增收160元。随着生态大米品牌开发,增收空间会更大。

4.2 生态效益

多种种植模式轮换和化学投入品减量使用,使得农田生物多样性更加丰富,保护了害虫的天敌,提高了耕地质量,改善了农产品品质;实施生态拦截,改善了农田水环境,有效控制了农业面源污染。

4.3 社会效益

常规种植业效益空间逐渐缩小,社会对农产品质量要求不断提高,种植大户也在不断探索新的发展方式。本模式起到了很好的示范带动作用,也引起了当地政府的高度重视和社会的高度关注。

5　模式应用和推广前景

本模式继承和发扬了传统农业的精髓,2014年以来,已在桐城、巢湖等地多个新型经营主体规模化生产中应用,能有效控制化学投入品的使用,可减少化肥、化学农药使用量30%以上,适应性广,可在巢湖流域、长江中下游稻作区作为水稻绿色生产技术进行大范围推广应用。

6　专家解析

目前,在安徽省传统水稻生产中,水稻病虫草害发生频率高、程度重,长期大量施用化学农药,不仅导致生产成本提高,而且造成环境污染、生态失衡以及稻米质量安全问题。2018年7月,农业农村部印发《农业绿色发展技术导则(2018—2030年)》,着力构建支撑农业绿色发展的技术体系,大力推动生态文明建设和农业绿色发展。

在本模式中,通过物理、生物等方法实现了单季稻全程生产中的绿色防控,可以有效减少化肥、农药的投入,减少其使用过程中的环境及生态风险。同时,本模式中的生态沟渠,尤其下游生态池塘和湿地建设也是一个亮点,配合适当的水生植物种植,可兼顾对上游污染物的消纳和下游经济效益链的扩展,具有较大的生态及经济意义。建议可以重点发展相关的水生动植物种养、观光旅游,并以底泥还田等实现完全的物质能量循环。

模式二　有机水稻-绿肥种植模式
——以贵池区为例

1　背景条件

水稻是贵池区主要粮食作物,常年种植面积60万亩。该地区利用山区自然生态条件优势,如自然盆地、森林覆盖率高、水质好、昼夜温差大等特点,发展优质高档有机稻米生产,具有一定的品质优势,结合冬季紫云英种植,为水稻提供优质富硒肥源,形成紫云英-有机水稻周年生产模式,打造优质稻米生产基地,通过品牌产业链带动,把资源优势转变成产品优势,实现增值,提高经济效益。

2　模式流程图

本模式流程图如图1.2.1所示。

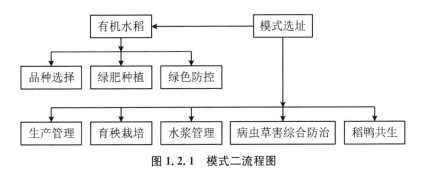

图1.2.1　模式二流程图

3　模式特点与具体做法

3.1　模式特点

采用稻肥(紫云英,图1.2.1)轮作、稻鸭共育(图1.2.3)、秸秆还田等循环模式,为有机水稻种植提供充足的有机肥料,同时可培肥地力,改良土壤,为有机水稻提供良好的生长环境。紫云英属于豆科绿肥,固氮作用强,含有机质12%~15%,含氮0.48%,含磷0.11%,含钾0.24%。种植紫云英2~3年后,土壤肥力会显著提升。同时,通过稻鸭共育、频振式太阳能杀虫灯、性诱剂、色板(诱虫板)等生物和物理措施,防控病虫害。

3.2　具体做法

(1)选种及育秧:选用米质达到国标二级以上的高产多抗、熟期适中、市场前景好的玉针香、鄂香2号、南粳5055品种。种子播种前先晒种1~2天,然后用1%石灰水浸种2~3

天,再催芽播种。采用工厂化育秧毯苗移栽方式,播种期5月中旬～6月上旬,秧龄掌握在20天左右,用种量(大田)2.5～4 kg/亩。

图1.2.2　紫云英

图1.2.3　稻鸭共育

(2) 有机肥料及运筹:大田采用有机肥料做基肥,一次性施用,紫云英(鲜草)1500 kg/亩,实施秸秆粉碎还田,补充和平衡土壤养分。

稻绿肥套种:选用产量高的弋江种、安徽大叶青等紫云英品种,采用稻田套播方式,于9月下旬～10月上旬播种,亩用种1～1.5 kg加根瘤菌接种,稻绿肥共生期35天。水稻收获后,田间应及时开沟防渍,于次年春季紫云英盛花期翻压用作水稻有机肥料。

秸秆粉碎还田:秸秆机械化全量还田,秸秆全部粉碎并均匀抛撒覆盖紫云英。还田量约550 kg/亩,秸秆切碎后的长度小于10 cm,割茬高度小于15 cm。

(3) 病虫草害防治:

农业措施:采取抗病虫品种,合理密植,适时烤田,科学施肥,以增强稻株抗性,控(抑)制病虫害发生。杂草防除,主要采取提前泡田诱草、深耕除草、深水灭草,合理设置株行距以封行压草、人工除草等措施。

物理措施:频振式太阳能杀虫灯(PS-15VI-4型),每盏灯防控30～50亩,6月下旬安装使用,9月下旬结束;性诱剂(新型飞蛾诱捕器PT-FMT、二化螟诱芯CS06、稻纵诱芯CM04),每1～2亩安装一个诱捕器,诱芯每两月换一次,6月下旬安装使用,9月下旬结束;诱虫板,规格24 cm×20 cm,黄、蓝两色,每亩20～30片,6月下旬安装使用,9月下旬结束。

生物措施:采用稻鸭共育模式,鸭选用生活力和抗逆性强、适应性广、觅食能力强、体型中等的役用鸭品种,如巢湖麻鸭等。栽后7～10天水稻返青活棵放鸭,按照10只/亩左右投放鸭苗,水稻抽穗前将鸭子从大田中赶出,共生期70～80天。

此外,依据病虫情报,选用"三源"农药,防治二化螟、稻纵卷叶螟和稻瘟病、稻曲病等病虫害。

(4) 水分管理:采用"干干湿湿法"管理水分,促进水稻稳健生长,增加根系活力,提高稻株抗逆性,抑制病虫害发生。提倡寸水护苗活棵,活棵后深水灭草一次,分蘖前期湿润灌溉,够苗晒田,幼穗分化至抽穗扬花期保持水层,灌浆结实期干湿交替灌溉,收割前7天断水。

4 效益分析

4.1 经济效益

采用有机水稻种植复合循环模式,每亩有机水稻收入可达到3000元,鸭子收入450元,除去水稻种子25元、紫云英种植150元、养鸭成本320元、诱虫灯35元、性诱剂45元、诱虫板15元、稻田农机作业160元、劳力投入800元、租金500元等合计成本2050元,净效益1400元,是传统水稻种植的5倍。

4.2 生态效益

推广有机肥料及农业防治、物理防治、生物防治等病虫害绿色防控技术,杜绝化学合成化肥、农药的使用,控制了农业面源污染,改善了农业生态环境,为实现粮食提质增效、绿色增效,促进农业可持续发展,起到了重要的示范作用。

4.3 社会效益

有机大米及优质鸭等农副产品在市场上深受欢迎,有机大米价格比普通大米高,可提高农民收入和生产积极性。

5 模式应用和推广前景

本模式已在池州市广泛推广。有机水稻种植基地对产地条件要求高,适宜在生产基地边界清晰,与常规生产区有自然隔离带,5 km范围内无污染源的山地周边、湖泊湿地周边、森林周边和水库周边等区域推广。同时要求农业基础设施完善,基地农户自觉性高,稻作技术好,可根据生产规模进行产业化开发和稻米品牌销售。

6 专家解析

当前水稻生产中,存在长期大量施用化肥导致肥料利用率低、生产成本增加、环境污染等问题,它们已成为安徽省水稻生产急需解决的突出问题。具体在肥料施用方面,速效化肥施用量大,施用方法不科学,导致肥料流失严重和水稻吸收利用率低;同时,有机肥料替代困难,有机肥数量、质量均不稳定,成本居高不下。充分合理利用有机肥生物资源、减少施肥造成的生态环境问题,是实现安徽省现代生态农业产业化的迫切需要。

本模式以绿肥种植利用为核心,充分利用了稻田冬季闲置的温光资源,通过绿肥作为原位、绿色、无污染的有机肥源,为下茬水稻提供养分。需要注意的是,绿肥本身可以活化土壤磷素,但如果长期利用绿肥供应有机水稻生产全量养分,则土壤总磷平衡将处于亏缺状态,土壤肥力有退化风险。建议在绿肥种植季节适当补充少量磷肥,或在水稻季基肥中加入部分含磷的外源有机肥。同时有机水稻生产过程中,应注意病虫害绿色防控及产地环境需符合有机稻生产要求。

模式三 有机水稻-有机肥模式
——以马鞍山市顺天水稻种植家庭农场为例

1 背景条件

马鞍山市顺天水稻种植家庭农场,于2014年在和县石杨镇剪尔圩开展500亩有机水稻种植示范,2016年获得有机产品认证。由于有机大米和小龙虾品质好、口感佳,投放市场后深受用户喜爱,获得了良好的收益回报。本模式适用于沿江圩区,但对产地条件要求较高:基地应边界清晰,与常规生产区有自然隔离带,3 km范围内无污染源;土壤肥力中等以上,水源充足;农田平整,道路、沟渠配套,灌排条件好;基地农户自觉性高,稻作技术好。

2 模式流程图

本模式流程图如图1.3.1所示。

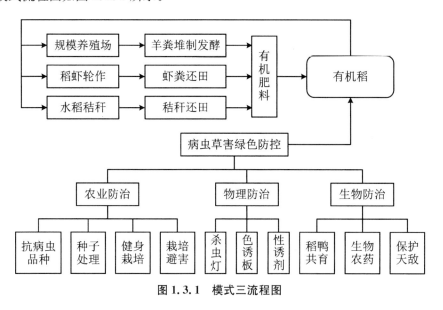

图1.3.1 模式三流程图

3 模式特点与具体做法

3.1 模式特点

全程遵循国家标准《有机产品生产、加工、标识与管理体系要求》(GB/T 19630—2019)和南京国环有机产品认证中心《OFDC有机产品标准手册》。灌溉用水为生物净化后的滁河清澈水源,符合《农田灌溉水质标准》(GB 5084—2005)相关要求。每年检测生产基地的大气环境质量达到《环境空气质量标准》(GB 3095—2012)中规定的二级标准。基地土壤环境质量符合《土壤环境质量 农用地土壤污染风险管控标准(试行)》(GB 15618—2018)。

有机产品生产采用稻牧(羊)结合、稻虾轮作、稻鸭共育、秸秆还田等循环模式,为有机水稻种植提供充足的有机肥料。同时通过稻鸭共育、频振式太阳能杀虫灯、性诱剂、诱虫板、赤眼蜂、香根草等生物和物理措施,防控病虫害(图1.3.2)。

图 1.3.2　有机稻-有机肥生产相关场景

3.2　具体做法

(1) 选种及育秧:选用米质达到国标二级以上的高产多抗、熟期适中、市场前景好的南粳46、南粳5055品种。采用中大苗湿润育秧方式,播种期5月中旬,秧龄30天左右。

(2) 有机肥料及运筹:大田全部采用有机肥料,基肥一次性施用腐熟羊粪1500 kg/亩、菜籽饼100 kg/亩。

稻绿肥轮作:选用产量高的弋江种、安徽大叶青等红花草品种,于9月下旬稻田套播,亩产鲜草约1500 kg,于次年春季红花草盛花期翻压。

羊粪发酵处理:早春将羊粪堆放于发酵池中密封发酵1~2月,稍晾后施用。

秸秆粉碎还田:秸秆留高茬机械化全量还田,秸秆全部粉碎并均匀抛撒覆盖红花草。还田量约550 kg/亩,秸秆切碎后的长度小于10 cm,割茬高度在30 cm左右。

(3) 草害防治:

杂草诱发防除:在4月中旬,对前茬田块杂草诱发后深耕翻,控制压低杂草基数。

以苗压草、以水压草:通过合理密植增加基本苗和科学的水浆管理措施抑制杂草。

稻鸭共作:利用鸭子的杂食性和活动混水抑制杂草。

人工灭除:不适合养鸭的田块和通过养鸭不能消除的恶性杂草,人工拔除。

(4) 病虫害防治:

物理措施:频振式太阳能杀虫灯,每盏灯防控30~50亩;性诱剂(新型飞蛾诱捕器),每1~2亩一个诱捕器;诱虫板,每亩20~30片。一般6月下旬安装使用,9月下旬结束。

生物措施:选用适应性广、觅食能力强的役用鸭品种。水稻栽后7~10天,按15只/亩左右投放鸭苗,水稻抽穗前将鸭子从大田中移出。

植物措施:使用香根草驱虫。

此外,依据病虫情报,选用经"有机评估"的生物源和植物源农药,防治二化螟、稻纵卷叶螟和稻瘟病、稻曲病等病虫害。

(5) 水分管理:采用"干干湿湿法"管理水分,增加根系活力,提高稻株抗逆性,抑制病虫害发生。

3.3　防止有机产品生长过程受禁用物质污染的规程

（1）每年开始耕种时，调查并检查有机种植区域邻近周边使用的农药、化肥种类及使用过程，以免受到影响；

（2）在有机种植基地边界处设置有效缓冲带或物理屏障，防止偶然性的漂移污染；

（3）在有机种植区设置标牌，写明"有机种植区"、有机种植相关管理要求，避免外界人为污染。

3.4　防止有机产品与其他常规产品相互混合的规程

（1）有机产品收获前，设立有机产品生产批号。

（2）收获前，对采收者的采收范围进行划分，并统一发放已标示的采收容器。

（3）收获时，采收人要将收获的有机产品放入指定的有编号的容器中；不合格产品收集在贴有"不合格"标志的专用容器中。各地块负责人与内部检查员做好检查、记录与更正。

（4）以地块为单位，将收获的合格产品送到统一地点，由检验部门负责验收，技术质管部进行监督。

（5）在装载有机产品之前，对运输工具进行清洗检查，确保运输工具无有毒、有害等禁用物质残留。

（6）同时运输有机产品和常规产品时，有机产品与非有机产品应专区存放。

（7）确认运输工具符合标准以后，装载已通过验收的合格产品，并做好运输记录。

3.5　收获、晾晒、存放

适期收获，进行单收、单运、单烘干、单存放，避免混杂和污染。脱粒后，应及时机械烘干，切忌在沥青或水泥公路上晒谷。包装物上应有生产者、品种、采收日期、田块号等相关信息。

4　效益分析

4.1　经济效益

采用有机水稻种植复合循环模式，每亩有机水稻收入可达到 3500 元，虾收入 3500 元，鸭子收入 450 元，除去水稻种子 56 元、虾投入 2200 元、羊粪发酵成本 600 元、菜籽饼 200 元、养鸭成本 320 元、诱虫灯 35 元、性诱剂 45 元、诱虫板 15 元、防治农药 30 元、稻田农机作业 250 元、劳力投入 700 元、租金 650 元等成本 5101 元，净效益 2349 元，是传统水稻种植的 8～10 倍。

4.2　生态效益

推广有机肥料及农业防治、物理防治、生物防治等病虫害绿色防控技术，杜绝化学合成化肥、农药的使用，控制了农业面源污染，改善了农业生态环境，为实现水稻提质增效、绿色增效，促进农业可持续发展，起到了重要的示范作用。

4.3 社会效益

有机大米及优质鸭等农副产品在市场上深受欢迎,有机大米价格比普通大米高,提高了农民收入和生产积极性。

5 模式应用和推广前景

本模式适合在马鞍山市及沿江沿湖地区示范推广。存在问题如下:对产地条件要求高,生产基地应边界清晰,与常规生产区有自然隔离带,否则一旦内涝就会引起化肥、农药交叉污染;稻瘟病、稻曲病发生危害较重,影响产量和品质;人工除草成本较高。改进要点如下:完善排灌设施,控制内涝发生;选用米质优、抗性强的品种;优化绿色防控技术,引进示范适宜的"三源"农药防治病虫害。本模式以在相对独立圩田及山地周边、湖泊湿地周边、森林周边和水库周边等区域推广为宜。

6 专家解析

随着现代农业发展模式的转变及农业供给侧结构性改革的进行,目前农业发展由以传统种植产量为主的方式逐步转向以质量为主攻方向、提高土地单位面积产能产值、促进种植户增收的绿色生态农业模式。

本模式严格遵照国家有机农业生产标准,在生产中不采用由基因工程获得的生物及其产物,不使用化学合成的农药、化肥、生长调节剂、饲料添加剂等,遵循自然规律和生态学原理,协调了种植业和养殖业的平衡。同时,本模式中采用了一系列可持续发展的农业技术,以维持持续稳定的农业生产体系,实现了环境友好和农田生态的平衡。

实际生产推广中需要注意,由于本模式中部分恶性杂草的人工拔除,有机肥的收集、施用等需要的人工数量高于常规种养模式,整体属于高投入-高产出模式。在积极引导并鼓励种植户进行绿色、有机水稻种植的同时,应根据市场需求趋势,适时打造优势产品品牌,全力推进鸭稻、虾稻、有机米等产业发展,保证销售渠道的畅通,以实现高投入、高效益目标。

模式四　水稻机械化秧肥同步一次性施肥模式
——以明光市为例

1　背景条件

传统肥料撒施在水稻生产中存在肥料养分流失和增加生产成本等问题,随着农业机械化的发展,水稻机械化秧肥同步一次性施肥技术应运而生,它是水稻插秧机配置施肥器,在水稻插秧的同时将肥料施于秧苗侧位土壤中的施肥方法。本模式在安徽水稻生产中均适用,但需要给插秧机配置施肥器,并且要配合水稻专用缓/控释配方肥,才能一次性满足水稻整个生育期的生长。本模式可实现水稻种植的节约化、机械化和现代化,提高水稻产量,增加农民收益。

2　模式流程图

本模式流程图如图1.4.1所示。

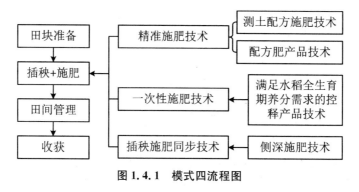

图1.4.1　模式四流程图

3　模式要点与具体做法

3.1　模式要点

本模式主要针对水稻机插秧生产中的施肥问题,根据水稻养分吸收规律、土壤供肥规律和水稻需肥规律等,集成和运用精准施肥技术、一次性施肥技术和插秧施肥同步技术等,使肥料养分的释放和水稻需肥规律相吻合,最大限度地利用养分;同时应用树脂包膜缓/控释配方肥等产品,实现一次施肥满足水稻全生育期养分需求,真正实现水稻施肥机械化、轻简化和精准化。

3.2　具体做法

（1）田块准备:根据茬口、土壤性状采用适宜的耕整方式,耕整后地表平整,无残茬、杂草等,田块内高低落差不能大于30 mm。灌水整平后的田面适宜水深为10~30 mm,如果水太深应及时排水。此外,整地还应根据土质情况进行泥浆沉实,一般沙质土沉实1天左右,壤土沉实2天左右,黏土沉实3天左右,达到沉淀不板结,插秧时不陷机、不壅泥。泥脚深度不大于300 mm。

(2) 插秧施肥:采用配置施肥器的插秧机一次性将插秧和施肥同时完成(图1.4.2),水稻后期不需要追施肥料。本模式核心包括以下三方面:

① 精准施肥技术:包括测土配方施肥技术和配方肥产品技术,解决了施肥量、品种和养分配比的问题。

② 一次性施肥技术:是应用树脂包膜缓/控释配方肥产品实现一次施肥满足水稻全生育期养分需求的控释产品技术,解决了施肥时期的问题。肥料产品特点如下:N、P_2O_5、K_2O配方比为28∶9∶13,符合水稻养分需求规律和当地土壤养分供应特征;特殊膜材与工艺,包膜尿素在水中不漂浮;

图1.4.2 水稻机插秧施肥同步

缓释N含量≥13%,缓释期60天、90天包膜尿素与速效尿素配比同步水稻氮营养需求。

③ 插秧施肥同步技术:采用机械穴深施技术,在机械插秧的同时,将肥料机械施入秧根斜下方3~5 cm,解决施肥方法和位置的问题。

(3) 田间管理:

① 水分管理:机械插秧后要保持浅水护苗,湿润立苗,薄水分蘖,促早返青、早分蘖。水稻拔节、孕穗至抽穗后10天,通过浅水与湿润相结合促进孕穗、抽穗,同时要注意保水抗旱;水稻齐穗后25天左右可自然落干田水;后期以间歇灌溉为主,然后干湿交替促进灌浆。采用机收的田块,应在稻穗2/3转黄时放水以利于机械作业。

② 病虫草害管理:根据相关部门田间病虫测报,采用以高频灯、Bt杀虫剂及其他生物农药或国家标准允许的低毒、低残留、安全、高效农药为主的稻田病虫草害综合防治技术,在关键时期重点防治好水稻二化螟、稻飞虱、稻纵卷叶螟和稻瘟病、纹枯病等病虫害。防治时间根据当地病虫监测预报情况制定。

③ 收获:在黄熟末期及时实施机械化收获,干燥处理,使水分下降到13.5%(籼)或14.5%(粳)后贮藏。

4 效益分析

4.1 经济效益

在安徽省明光市古沛镇水稻机械化秧肥同步一次性施肥技术示范区与非示范区随机抽样测产结果表明,水稻种植株间距30 cm×17 cm,示范区平均产量749.1 kg/亩,非示范区平均产量622.7 kg/亩,增产20.3%。示范区施配方肥(N、P_2O_5、K_2O配方比为28∶9∶13)37 kg,总养分量18.5 kg/亩,比非示范区减少化肥总养分用量4.5 kg/亩,减量19.6%,化肥偏生产力

(PFP)提高49.6%。示范区每亩节本(节约成本)150元左右,增收328.6元,示范区面积11266亩,净增收益539.2万元。

4.2 生态效益

本模式可全面提高化肥利用效率,显著降低肥料施用量,有效控制化肥流失对水体的污染,对减少农业面源污染具有重大意义。

4.3 社会效益

本模式有效解决了水稻施肥次数多、田间作业繁重等问题,省工节本增效,提高了肥料利用率,实现了水稻减肥增效,以及农机、农艺、农化相结合。

5 模式应用和推广前景

目前,本模式已在明光市水稻生产中广泛应用,得到农民、农技人员的认可,适宜在全省水稻生产中推广应用,但在实践中必须保证田块精细平整,田面水层控制在10～30 mm。

6 专家解析

受传统观念影响,安徽省农民投入化肥时大多不是根据作物产量水平和地力水平来合理投入,仍趋于以高产为目标,尽可能地多投入化肥,造成水稻施肥过程中存在施肥总量偏高,农户施肥过量和不足并存的现象;由于技术的到位率低,农户间施肥变异较大。施肥量、肥料种类或品种、养分配比、施肥时间、施肥方法、施肥位置等是作物科学施肥的关键技术,如何把此六项技术集成应用,实现作物高产高效,一直是科研工作者和技术推广部门追求的目标。

安徽省农业科学院土壤肥料研究所联合明光市土壤肥料工作站开展了"水稻机械化秧肥同步一次性施肥模式"集成研究与示范。本模式通过测土配方实现施肥量最优,通过配方肥产品实现肥料品种和养分配比最佳,通过缓/控释配方肥产品解决施肥时期的问题,通过专用插秧施肥一体化机械满足科学施肥方法和合理施肥位置的技术需求,实现了一种模式集成六项技术。本模式的应用可实现减施化肥、节约劳力成本、提高产量,经济效益、生态效益和社会效益显著,值得大面积推广。

实际应用本模式时,要求田块有较高平整度,且田面水不宜太深。由于不同地区基础地力、土壤类型不同,配方肥需参照各地区情况而适当调整。同时要特别注意的是,操作过程中要实时关注肥料施肥是否顺畅,防止施肥管堵塞,影响施肥均匀度。

模式五 水稻-马铃薯绿色轮作模式
——以芜湖县水稻-马铃薯轮作模式为例

1 背景条件

安徽省大力推行农业方式转变,提高效益,强调绿色增产,其中一项重要举措就是推广"粮食作物+经济作物"高效集约耕作模式。目前,水稻收获后冬闲田现象较为普遍,水稻-马铃薯绿色轮作的出现,为优化种植结构、充分利用冬闲稻田和冬春光热资源、提升农业生产效益探索了一条新路子。

2 模式流程图

本模式流程图如图1.5.1所示。

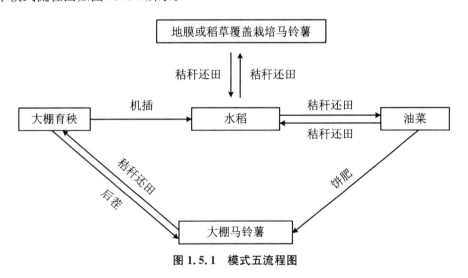

图1.5.1 模式五流程图

3 模式特点与具体做法

3.1 模式特点

本模式分为水稻大棚育秧-大棚马铃薯-油菜栽培模式和水稻-水稻-马铃薯栽培模式两部分。前者将工厂化大棚育秧、冬春季大棚马铃薯与大田水稻、油菜生产相结合,提高土地、光温利用率,实现育秧大棚高效利用。后者采用"稻-稻-薯"轮作,充分利用晚稻后茬空闲土地、光温资源,开展地膜或稻草覆盖马铃薯种植,提高资源利用率,同时通过病虫害绿色防控、有机肥增施和秸秆粉碎还田等技术措施减少农药化肥的使用。

3.2 具体做法

1. 水稻种植

(1) 育秧：

① 选种："水稻大棚育秧-大棚马铃薯-油菜栽培模式"可选择丰两优香1号、两优6326、武运粳7号等中熟单季稻品种；"水稻-水稻-马铃薯栽培模式"可选嘉兴8号、浙福991等早稻品种，以及金优207等生育期短的晚稻品种。

② 播种与苗期管理：上茬作物收获期前15天播种。视苗情施肥，亩用尿素不超过5 kg，防治稻蓟马和飞虱。

(2) 插秧：

① 插秧期：机插秧秧龄16～20天，早稻4月中下旬、单季稻5月中下旬、晚稻7月中下旬移栽。

② 大田耕整：田块内落差不大于3 cm，无杂草残茬，水深1～3 cm。

③ 插秧密度与方法：常规稻每亩1.8万～2.0万丛，每丛3～5株；杂交稻每亩1.6万～1.7万丛，每丛2～3株。

(3) 大田管理：

① 肥水管理：插前1天亩施基肥复合肥20 kg、尿素5 kg；插后5～7天亩追施复合肥5 kg、尿素5 kg；12～15天亩追施腐熟饼肥30 kg、尿素7.5～10 kg；30天亩施氯化钾7.5～9 kg。

② 病虫害防治：第一、二次追肥时施除草剂。病虫害防治依照当地植保站水稻病虫情报防治要求。

(4) 水稻收割：抢晴好天气，机械收割，秸秆粉碎还田。

2. 油菜种植

(1) 开沟整地：单季稻收获后清理稻草，用开沟机开沟，沟宽25 cm、深30 cm、畦宽1.2～1.6 m，同时整理出"三沟"。

(2) 适时播种：9月下旬到10月上旬，播种量0.2～0.25 kg/亩。

(3) 田间管理：

① 适时间苗：每亩留苗1.8万～2.5万株。

② 苗期除草：在3～4叶期进行。

③ 科学施肥：

基肥：播种前，亩撒施45%配方肥(18∶12∶15，下同)25～30 kg、尿素5 kg。

苗期追肥：直播后30～40天施尿素7.5 kg/亩。越冬前施腊肥，施45%三元复合肥12.5～15 kg/亩。

蕾苔肥：2月上中旬，施尿素9～10 kg/亩。

④ 病虫害防治：在盛花初期与盛花期注重防治菌核病。

⑤ 适时收获：角果外观95%呈深黄色、籽粒绝大部分变黑时开始机收。

3. 马铃薯栽培

(1) 品种选择：选用早大黄、早大白等早熟、优质、丰产、抗病性好、抗逆性强、适应性广、商品性好的脱毒种薯。

(2) 整地施肥：

① 整地:(a) 育秧大棚早熟栽培:水稻育秧结束后,播种前一周起垄、整地;(b) 地膜或稻草覆盖栽培:水稻成熟后排除田间积水,收获后翻耕。

② 施肥:底肥占施肥总量的80%。亩施有机肥(如鸡粪)3000 kg、复合肥(N,P,K 配方比为15:12:18)75 kg左右、硫酸锌1.2 kg、硼酸1 kg。在薯块膨大期,亩追施尿素15 kg、硫酸钾16 kg。

(3) 种薯处理:

① 切薯:播种前3天,根据芽眼分布进行切块,要求薯块重50 g以上。

② 拌种:80%多菌灵100 g(混合2.5 kg滑石粉)与100 kg种薯混匀后播种。

③ 播种:育秧大棚早熟栽培在当年12月中旬前后播种;地膜或稻草覆盖栽培在翌年1月中旬~2月初播种。

播种密度:育秧大棚早熟栽培亩种3000~3500株,地膜或稻草覆盖栽培亩种4000~4500株。

播种方法:高畦栽培,畦面开沟深8~10 cm。

(4) 田间管理:

① 破膜放苗:出苗后20~25天及时破膜放苗。

② 查苗补种:查苗、补苗,拔除病株,补种同品种种薯。

③ 温度管理:育秧大棚栽培保持白天20~26 ℃,夜间12~14 ℃。35 ℃以上时须及时掀棚,防止烧苗。

④ 肥水管理:幼苗长势弱的地块结合喷水亩穴施速效氮肥20~30 kg,收获前7~10天停止喷水,以利于储运。

⑤ 病虫害防治:优先物理、生物防治,合理使用化学防治。

(5) 收获:育秧大棚早熟栽培以菜用鲜食市场为主要销售方向,一般在3月中下旬即可陆续采收上市,地膜或稻草覆盖栽培于4月中下旬~5月底收获。采收时要避免曝晒、机械损伤,捡拾残膜。

4 效益分析

4.1 经济效益

水稻大棚育秧-大棚马铃薯-油菜栽培模式,马铃薯亩产1500 kg,产值4500~6000元;水稻亩产量600 kg,产值1600元;油菜亩产量200 kg,产值1000元。水稻-水稻-马铃薯栽培模式,马铃薯亩产2000 kg,产值4000~6000元;早稻亩产量450 kg左右,产值1200元左右;晚稻亩产量500 kg左右,产值1300元,经济效益显著。

4.2 生态效益

通过开展精准施肥、增施有机肥及应用秸秆粉碎速腐还田配套技术等,有效提高了肥料利用率、土壤有机质含量,改善了土壤肥水特性。通过引进新型高效植保器械、科学防控等措施,有效减少了农药使用量,减轻了环境污染。

4.3 社会效益

本模式提高了农产品品质,增加了农产品商品附加值,并提高了农业种植生产的综合效益和农民生产积极性,具有显著的社会效益。

5 模式应用和推广前景

目前,本模式已在芜湖、宣城、六安、合肥等地推广。本模式以优质稻油产业为基础,适合在沿江、江淮地区优质稻油产区大力推广。

6 专家解析

安徽省是我国水稻主产区之一,常年种植面积超过 3300 万亩,一直以来,种植模式以稻麦或稻油为主。由于油菜种植用工量大,小麦产量、品质和产值较低,近年出现水稻收获后农田大量闲置的现象。本模式采用水稻-马铃薯轮作模式,大大缓解了收获后冬季农田闲置较为普遍的问题。

水稻-马铃薯轮作模式提高了自然资源利用效率和产值,种植马铃薯时由于起垄等操作,增加了土壤通透性;马铃薯收获后茎叶回田后铺沤、腐烂,又可作为有机肥料,增加了土壤有机质,改善了土壤质地结构,减少了下茬水稻的肥料用量,同时减少了杂草的生存空间,促进了农业生态良性循环发展。马铃薯生产的增加,也贯彻落实了国家马铃薯主粮化战略,优化了农业种植结构,进一步挖掘了粮食绿色增产潜力。

安徽不同区域光温条件差异较大,实际生产中,建议注意茬口衔接。马铃薯种植时不仅要起垄种植,还要注意开排水沟,增加土壤通透性。在水稻产区,农民种植马铃薯的经验相对匮乏,要加强栽培技术指导,增加产业链配套措施,注意适度规模,以免造成不必要的损失。

模式六 小麦-青毛豆绿色轮作模式
——以寿县涧沟镇金龙蔬菜种植专业合作社为例

1 背景条件

传统小麦种植区,目前存在施肥量大、种植效益低等问题。毛豆连作,会造成土壤毒害、缺素以及病虫害严重,大大影响产量和品质。采用毛豆-小麦轮作,既可解决这一生产难题,又可利用豆秆回田,改善目前小麦有机肥成本高及来源缺乏的问题。

2 模式流程图

本模式流程图如图1.6.1所示。

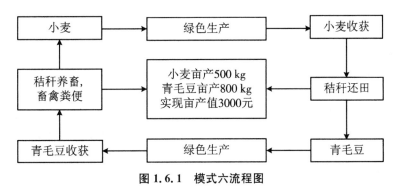

图1.6.1 模式六流程图

3 模式特点与具体做法

3.1 模式特点

本模式的主要技术为小麦-青毛豆轮作及绿色生产技术,充分利用豆科作物具有固氮培肥土壤的作用,减少小麦生产化肥的投入,实现化肥的减量增效,采取综合措施进行病虫害绿色防控。青毛豆是具有较高附加值的蔬菜产品,通过加工出口创汇可提高土地的生产效益,豆秸作为优质青饲料,可带动周边牛羊等养殖业的发展。

（1）小麦种植:选用高产优质品种＋深松、播种、施肥、镇压一体化作业＋配方施肥＋病虫草害绿色综合防治＋后期一喷多防＋机械化收获等关键技术,把"绿色"的内涵和要求贯穿整个生产过程。

（2）青毛豆栽培:选用良种＋精细条播＋测土配方施肥＋病虫草害绿色统防统治＋适时采摘＋加工出口创汇,实现绿色增效。

3.2 具体做法

(1) 茬口安排:小麦于10月中下旬播种,5月底～6月上旬收割让茬。青毛豆于6月中旬播种,9月上中旬收获鲜豆,也可于7月中旬播种,10月中旬收获鲜豆。

(2) 小麦绿色生产技术:

① 选用良种:沿淮地区选用抗病性和耐病性强(抗、耐赤霉病)的中早熟品种,如西农979、泛麦5号、轮选22、南农0686、扬辐麦5号、皖垦麦076等。

② 科学施肥:由于前茬青毛豆有固氮作用,加之小麦播种前,土壤施用沼渣和沼液,所以亩施纯氮比一般田块少2%。播前亩施基肥45%复合肥(15∶15∶15)40 kg、尿素5 kg;拔节时用化肥深施机追施尿素5 kg、45%复合肥10 kg。

③ 深松土壤:改变过去的传统旋耕模式,用大马力拖拉机带动深松犁深入土壤35 cm下深松,边震动边松动土层,打破犁底层,利于保水保肥及根系下扎。

④ 科学播种:播前用小麦拌种剂进行拌种,防治小麦蚜虫和苗期病害。播种时间为10月中下旬。10月中旬播半冬性品种,10月下旬播春性品种。播种量依品种、土壤墒情、播期等确定,半冬性品种亩播8～10 kg,春性品种亩播10～12.5 kg。播期推迟和土壤墒情差的,应酌情加大播种量。采用机械条播,行距20 cm,播种深度3～4 cm,播后镇压。

⑤ 病虫草害绿色防控:

物理防控:安装太阳能杀虫灯和粘虫板。

农业防控:选用抗病品种及健身栽培,提高品种抗逆性。

化学防控:使用农药减量助剂"激健",减少农药使用量。草害防治时间主要在年前的11月中下旬～12月初(冬季除草)和2月下旬～3月初(春节除草),杂草主要为猪殃殃、大巢菜等阔叶类,使用苯磺隆、使他隆等。苯磺隆使用时气温要达8 ℃以上,其他除草剂要求气温5 ℃以上。

小麦病虫害的防治主要有两次:一是3月上中旬结合化学除草,防治小麦纹枯病,用20%井冈霉素粉剂50 g或者10%井腊芽120 mL防治。二是在小麦穗期进行以防治小麦赤霉病为重点的"一喷三防"(防虫、防病、防干热风),推行大型自走式喷雾器专业化统防统治,提高防治效果及作业效益。防治时间为小麦扬花初期(见花打药),在扬花期雨水较多时,应该喷施两次,即第一次施药后5～7天再打一次药。药剂配方为每亩3%啶虫脒乳油30 mL+磷酸二氢钾100 g+10%井腊芽120 mL或者48%氰烯戊唑醇20 g,兑水30 kg细喷雾。

⑥ 收获:小麦成熟后,及时机械收获,烘干入库,同时,秸秆机械粉碎,全量还田。

(3) 青毛豆绿色生产技术:

① 早熟品种主要栽培技术:6月中旬播种,品种为绿毛2号,每亩播种量6 kg,机械条播,行株距40 cm×15 cm;每亩施基肥45%三元复合肥20～25 kg,结荚期每亩追施尿素7.5 kg。

病虫草害防治:播后苗前用96%金都尔乳油每亩60 mL封闭除草,在三叶一心期看草情,用25%虎威水剂67～100 mL+10.8%高效盖草能30～50 mL化除。开花前,用10%吡虫啉60 g+20%氯虫苯甲酰胺10 mL,防治蚜虫、大豆卷叶螟;结荚初期,用10%除尽50 mL+10%吡虫啉60 g防治蚜虫、大豆卷叶螟;9月上中旬采收鲜豆。

② 中熟品种主要栽培技术:7月中旬播种,品种为六月半,栽培管理措施与早熟品种类似,10月中旬采收鲜豆。

4　效益分析

4.1　经济效益

小麦亩产 500 kg 左右，每千克 2.2 元，亩收入 1100 元左右；青毛豆亩产 800 kg，每千克 2.24 元，亩收入 1792 元左右。小麦亩生产成本 600 元，青毛豆亩生产成本（含人工）800 元，每亩纯收益 1492 元。

4.2　生态效益

因前茬毛豆固氮效应，故小麦亩减纯氮 2 kg。小麦秸秆全量还田，青豆秸秆做牛羊等饲料，牛羊粪做沼气原料，沼渣沼液还田，实现了秸秆小循环，在提高土壤肥力的同时，减少了对环境的污染。小麦和青豆的病虫草害全部采用绿色防控技术，减少农药使用量，最大限度地保护天敌和生态环境。

4.3　社会效益

本模式投入少，生产技术简单，便于推广，青豆统一由合作社收购外销，有一定创汇潜力，同时摘青毛豆能解决部分贫困户季节性工作。

5　模式应用和推广前景

本模式已在寿县广泛推广运用，面积 2 万亩以上，并且扩展迅速；适合在沿淮地区旱茬地或者排水方便的水旱地推广。

6　专家解析

在本模式中，青毛豆作为豆科作物，其外源固氮作用可有效减少农田化肥氮的投入；小麦秸秆全量还田，青豆秸秆做牛羊等饲料，牛羊粪做沼气原料，沼渣沼液还田，实现了秸秆小循环，在提高土壤肥力的同时，减少了对环境的污染。青毛豆作为经济价值较高的作物，可以进一步开发加工产业链，提高经济效益，推动当地经济发展及扶贫增收。需要注意的是：豆科作物根瘤固氮量占其一生总吸氮量的 2/3 左右，青毛豆施氮肥过多会造成其根瘤固氮能力大大降低，不利于发挥豆科作物根瘤固氮和减肥的优势。因此，本模式只要控制好氮肥用量，尤其是豆茬的氮肥用量，产量、效益、环境等都会得到显著改善。

模式七　鲜食玉米-草莓绿色轮作模式

1　背景条件

草莓是淡季水果供应的珍品,其果实柔嫩多汁、甜酸适度、芳香浓郁、味道鲜美、营养丰富,备受消费者青睐。长期种植草莓,容易造成连作障碍,同时草莓收获后有 3 个月以上的夏季休闲期,如何选择合适的作物与草莓搭配种植以形成优质高效茬口,成为目前草莓绿色生产中需要解决的问题。

2　模式流程图

本模式流程图如图 1.7.1 所示。

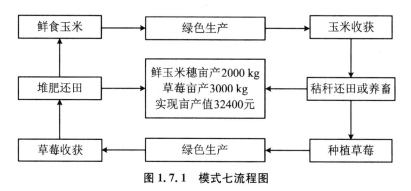

图 1.7.1　模式七流程图

3　模式特点与具体做法

3.1　模式特点

本模式的主要技术为鲜食玉米-草莓绿色轮作技术。

(1) 鲜食玉米种植:选用高产优质品种＋隔离种植＋增施基肥＋拔节后追施氮肥＋病虫草害综合防治＋适期采收,把"绿色"的内涵和要求贯穿整个生产过程。

(2) 草莓栽培:选用良种＋起垄栽培＋配方施肥＋铺设地膜防草＋病虫害统防统治＋设施控温＋适时通风透光＋适时人工采摘＋加工出口创汇,全程绿色生产,实现绿色增效。

3.2　具体做法

(1) 茬口安排:鲜食玉米露地栽培,4 月下旬～5 月上旬播种,7 月中下旬收割。草莓于 8 月中下旬起垄栽培,11 月下旬开始收获,持续到翌年 4 月下旬～5 月结束。

(2) 鲜食玉米绿色生产技术:

① 品种选择:鲜食玉米选用高产、稳产、适应性强、抗病虫,且外观品质好、果穗大小均

匀、籽粒饱满整齐、种皮较薄、出籽粒高的品种,如皖糯5号、凤糯2146、中糯2号、垦粘1号、苏玉糯5号、苏玉糯10号等。

② 适期播种:糯玉米应根据上市季节,合理安排播种期,可每隔5天或10天播种一期。春季露地种植安排4月底~5月上旬,播种后,应及时镇压。

③ 隔离种植:糯玉米生产过程中隔离其他类型玉米的花粉,分两种方式:空间隔离要求300 m范围内不种其他类型的玉米;时间隔离是指隔离区内的玉米与周边玉米花期错开,春播间隔30天,夏播间隔20天。

④ 合理密植:一般每亩种植4000~4500株,行距60 cm,株距随密度而定。

⑤ 科学施肥:亩施有机肥1000~2000 kg,复合肥35~45 kg,磷钾肥一次用作基肥,集中施于播种行侧。氮肥总量的50%用作基肥,50%用作拔节后穗肥。

⑥ 防治病虫害:苗期用50%辛硫磷乳油1000倍液浇根,防治地老虎和蝼蛄。玉米出苗后喷吡蚜酮以防治灰飞虱,预防粗缩病。玉米播后苗前喷施乙草胺进行封闭除草;在土壤墒情不足情况下,于幼苗可见2~5叶期喷施甲基磺草酮类除草剂进行茎叶除草。注意防治黏虫、蓟马。

⑦ 适期采收:鲜食玉米在7月中下旬,玉米开花授粉后的22~25天采收;收获、运输过程中尽量摊开、晾开,降低温度,延长保鲜时间。鲜食玉米收获后,秸秆青贮作为养牛羊辅料或直接粉碎还田。

(3) 草莓绿色生产技术:

① 品种选择:根据销售时间和地点选择不同的高产优质品种,如品质优良的章姬、丰香、甜宝、京藏香、白雪公主,耐运输的甜查理、佐贺清香、法兰蒂、红颜、宁玉等品种。

② 地块选择与整理:选择地势稍高、地面平整、排灌方便、有机质丰富、保水力强、通气性良好的肥沃土地。土地平整后按80 cm做畦,畦高15 cm。

③ 温湿度控制:适宜温度22 ℃左右,土壤湿度50%左右。冬季大棚的保温尤为重要,但要结合通风透光。

④ 合理施肥:基肥的施用尤为重要。缓苗期应注意肥水控制,以利于根系的生长。生长旺盛期和结果期要及时进行追肥,并结合喷施叶面肥。植株生长较弱时增施氮肥,开花结果期多施用钾肥。发棵肥:一般亩施复合肥10~15 kg或尿素7~10 kg。花前:亩施复合肥8~10 kg。还可叶面喷肥,开花前喷施0.3%尿素或0.2%~0.3%磷酸二氢钾2~3次,可提高坐果率,增加果重,有利于提高产量和品质。

⑤ 辅助授粉:可在棚内放置蜂箱,提高授粉率。同时注意合理施肥,少施用氮肥,并适量施用硼砂。

⑥ 摘叶疏花疏果:及时摘除老病残叶、疏花疏果和去除匍匐茎。这样可以有效降低发病率,使果实个大,提高果实整齐度。

⑦ 病虫草害防治:以农业防治为主,药剂防治为辅。要严格掌握施药时间。采收前尽量少用药,必须用药时应选择低残毒的药剂,并且喷药后2~3天内停止采收果实,防止果实残毒影响人体健康。

⑧ 适时采收:大棚草莓果实在70%以上果面呈红色时方可采收。冬季和早春,在果实八九成熟时采收。采摘时轻拿、轻摘、轻放,不要损伤花萼,同时分级盛放并包装。

4 效益分析

4.1 经济效益

鲜食玉米亩产量 2000 kg,每千克 1.2 元,亩收入 2400 元左右;草莓亩产量 3000 kg,每千克 10 元,亩收入 30000 元左右;玉米亩生产成本 600 元,草莓亩生产成本(含人工)12000 元,每亩纯收益 19800 元。

4.2 生态效益

鲜食玉米秸秆还田后,有利于土壤团粒结构、土壤理化状况的改善,既可防止病虫害滋生,又可培肥土壤,提高土壤有机质含量,改良土壤结构和质地。秸秆还可以作为青贮饲料进行牛羊养殖,牛羊粪做沼气原料,沼渣沼液还田,整个秸秆实现小循环,在提高土壤肥力的同时,减少了对环境的污染。草莓和玉米的病虫草害全部采用绿色防控技术,减少了农药使用量,最大程度保护了天敌和生态环境。

4.3 社会效益

本模式可显著增加农民收入,提高农民生产积极性。

5 模式应用和推广前景

本模式已在阜阳市颍泉区广泛推广运用,面积 5000 亩以上,并且扩展迅速;适合在黄淮地区排水方便的地块推广。

6 专家解析

草莓长期连作,会造成病虫害的滋生和蔓延,以及土壤理化性质和根际微生物群落的恶化,使草莓易感染黄萎病、线虫病、根腐病等多种土传病害。玉米根系通气组织发达,其轮作换茬有利于改善土壤结构,秸秆还田后既可培肥土壤、提高土壤有机质含量,而且对解决草莓土壤连作问题有帮助。

种植草莓施肥量较高,通过后茬玉米种植,可以吸收前茬肥料剩余养分,实现肥料减量增效。

鲜食玉米与草莓经济效益及加工附加值高,不仅提高了土地的生产效益,而且玉米秸秆作为优质饲料,可带动周边牛羊等养殖业的发展。

模式八 茶园间作绿肥模式

1 背景条件

当前安徽省茶园普遍存在用养脱节、投产失调等现象,导致土壤有机质与微量元素含量下降、土壤酸化程度加剧、再生能力明显降低,茶园生态环境的抗逆能力日益脆弱,进而对茶树产量、质量等造成影响。2017年,桐城市实施果蔬茶有机肥替代化肥试点项目,桐城市双创农业科技有限公司、桐城市龙眠生态农业种植有限公司通过在茶园间作箭筈豌豆、三叶草等绿肥,提高了秋冬季茶园生物覆盖,培肥土壤、改善生态环境、提高茶叶品质,取得了很好的效果。

2 模式流程图

本模式流程图如图1.8.1所示。

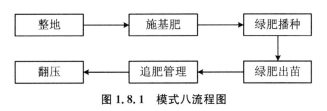

图1.8.1 模式八流程图

3 模式特点与具体做法

3.1 模式特点

本模式针对目前茶园有机肥缺乏、运输困难及幼龄茶园土壤裸露、水土流失、生物多样性差等问题,通过茶园行间绿肥间作、翻压,为茶园生产提供充足的有机肥料,达到改良土壤、提高肥力的效果;通过行间种草,增加植被覆盖,保水固坡,改善茶园小气候,有利于提升茶叶的品质和产量;同时通过绿肥生长覆盖抑制了杂草,减少除草成本,有利于减轻农药和除草剂污染。

3.2 具体做法

(1)绿肥品种选择:1年幼龄茶园,选择匍匐型的草本绿肥(图1.8.2)或者矮生的豆科绿肥(箭筈豌豆(图1.8.3)、紫云英等);1~2年生茶园,可以尽量选择生物量大的苕子等。

图 1.8.2　茶园间作鼠茅草　　　　　图 1.8.3　茶园间作箭筈豌豆

（2）绿肥种植时间：冬季绿肥一般在 9 月中下旬～10 月中上旬播种，江淮中部或海拔较高地区适当提前，一般不迟于 9 月下旬。

（3）绿肥种植方式：除大片空地外，绿肥行间播种一般采用条播或点播方式，点播穴距 10～12 cm，条播行距 10～15 cm。一般绿肥和绿肥之间距离要适当近一些，绿肥和茶树之间的距离要远一些，以防绿肥生长影响茶苗。绿肥与茶树间距根据茶树年龄增长逐渐增大，一般一年生茶园行间间作三行绿肥，二年生茶园行间间作两行绿肥，三年生茶园行间间作一行绿肥。茶行间空间小、不宜间作绿肥的成龄茶园，可以单独开辟绿肥基地，或者充分利用茶园周边的零星地头种植绿肥。坡地或梯地茶园可种于梯壁以保梯护坎。

（4）绿肥生育期管理：

施肥：对于豆科绿肥，注意适量施用磷肥及钼肥，促进绿肥根瘤发育，进而提高绿肥产量及品质，以小肥换大肥。非豆科绿肥应施用部分磷钾肥做基肥，并在苗期酌情适量施氮肥；新垦或土壤过瘦的茶园，应注意施用有机肥做底肥。

抗寒防冻：江淮中部及高山地区，冬季绿肥存在冻害风险，越冬前要适当盖草或盖谷壳、麦糠、豆叶等，或施草木灰，提高幼苗抗寒能力。

病虫草害防治：主要注意冬季绿肥中紫云英的菌核病、炭疽病、肥田萝卜的猿叶虫等。如果发现有菌核病和炭疽病，要马上拔去病株，并加以消毒。当发现虫害时，要及时防治，也可与茶树病虫防治结合进行。

（5）绿肥利用方式：

翻压：一般冬季绿肥在生物量最高的盛花期翻压/刈割。若生物量过大，则可分次翻压。

自然生草：绿肥自然生长产生种子，残体覆盖/翻压还田。行间距较小的茶园不宜采用。

4　效益分析

4.1　经济效益

种植绿肥亩投入 210 元，减施化肥 20%～30%，节本 25 元，茶叶价格提高 10% 左右，增收 60 元×15＝900 元。亩平均增收 715 元。

4.2　社会效益

部分绿肥（紫云英等）开花前可作为鲜菜或干菜食用，或作为畜禽饲料用（箭筈豌豆等有轻微毒性,注意用量及脱毒处理)。同时不同花期绿肥可用于观光,实现"茶＋"叠加效应。

4.3 生态效益

绿肥种植利用是茶园改良土壤、提高肥力和解决肥源的重要措施,也是改善茶园生态条件、增加生物多样性、防止水土流失的重要手段。

5 模式应用和推广前景

茶园间作绿肥可以改善土壤理化性质、调节温湿度、促进作物生长、改善作物品质、增加微生物区系量,并且可以保水固坡、改良土壤、提高肥力,节省除草成本,提高作物主产品的品质、产量,并增加茶园生态系统的光能利用率。本模式在桐城市示范推广以来,取得了良好的应用效果。适合在1~3年幼龄或茶树行距较大的茶园中推广应用。

6 专家解析

目前茶园有机肥替代或使用过程中,存在以下问题:① 有机肥来源及质量不稳定,由于目前标准不完善,采购的有机肥料在养分达标情况下,也可能存在重金属、抗生素、有害微生物等积累风险;② 有机肥运输困难,尤其是山地和丘陵茶园,有机肥运输及施用人工成本也有所增加。调查表明,杂草已成为目前茶园规模生产中的重要问题(尤其是幼龄茶园),如采用人工/机械除草,会导致成本增加;采用化学方式防治,可能存在环境污染及农产品残留风险。桐城作为果菜茶有机肥替代示范县,做了积极有益的探索。

茶园行间绿肥间作,一方面充分利用了行间水土热资源,并通过绿肥翻压达到改良土壤、提供养分、提高产量和品质的效果;另一方面通过绿肥生长覆盖抑制了杂草,可大幅减少除草成本,有利于减轻或防止农药污染。相对于商品有机肥及畜禽粪有机肥,原位生长利用的绿肥也更清洁安全,且运输成本和环境风险均较低,经济效益和环境效益大大提高。优质茶叶生产基地尤其是有机茶生产基地应大力推广茶园绿肥间作。

模式九　果园生态复合栽培模式
——以含山县青峰含翠果业公司生态栽培模式为例

1　背景条件

含山县青峰含翠果业公司(简称"含翠果业"),位于巢湖郁金香高地东侧含山县清溪镇姚垄村,生态环境优越。在安徽省农科院、省园艺学会等单位指导下,首次在新建的200多亩果园中采用果园"有机肥＋绿肥生草＋铺稻草＋水肥一体化"生态复合栽培模式,通过增施有机肥、种植绿肥生草、厚铺稻草、水肥一体化滴灌系统等技术集成推广,提供充足的有机肥料,培肥地力,改良土壤,减少果园杂草,减少化肥和农药用量,减少农业面源污染,改善果园微气候,提高果品品质,美化果园景观环境,对发展果园生态观光、休闲农业都具有重要意义,取得了很好的经济、生态和社会效益。

2　模式流程图

本模式流程图如图1.9.1所示。

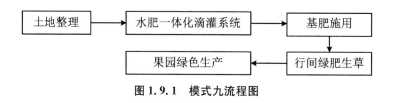

图1.9.1　模式九流程图

3　模式特点与具体做法

3.1　模式特点

本模式在丘陵岗地果园内创新土壤管理制度,通过增施有机肥(羊粪、菜籽饼肥),行间种植油菜、鼠茅草绿肥生草(图1.9.2)、白花三叶草(图1.9.3),果树种植垄上厚铺稻草秸秆,为果树生产提供充足的有机肥料,替代部分化肥,促进果园土壤团粒结构形成,减少果园杂草,改善微气候,改良土壤,可培肥地力,提高果品品质。同时,通过建设果园水肥一体化滴灌系统,实现果园化肥和微量元素精准施用,使果园化肥和农药减量,有效减少农业面源污染。果园种植油菜等绿肥,油菜花与桃花同期竞相开放,对发展生态观光和休闲农业也有促进作用。

3.2　具体做法

(1)重施果园有机肥:秋冬季果园栽植前整地时重施基肥,每亩一次性施腐熟羊粪

8000 kg、磷肥 80 kg 后,聚土起垄 50 cm 左右。10 月,亩施秋季腐熟羊粪 2000 kg、菜籽饼肥 150 kg,每亩配合施用磷肥 60 kg。

图 1.9.2　行间种植鼠茅草

图 1.9.3　行间种植白花三叶草

羊粪质地细密而干燥,养分含量高,含有机质 31.4%、氮素 0.65%、磷 0.47%、钾 0.23%。菜籽饼肥含磷 1% 左右、蛋白质 35% 以上,可以用来改善、肥沃土壤,促进果树生长。

(2) 果树行间种植绿肥:选用白花三叶草、鼠茅草、油菜绿肥等品种,在果园行间及果树种植垄两侧种植。白花三叶草、油菜等豆科、十字花科绿肥,能有效提高土壤有机质含量,减少化肥投入;能够覆盖地表,改善果园微气候,防治水土流失;稳定地温,涵养水分,节水效果明显;疏松土壤,改善土壤的理化性状;自然倒伏、枯死,秋季自然萌发,省工、省钱;以草治草,彻底消除除草剂对环境的危害等。

白花三叶草,又名车轴草,多年生草本植物,植株低矮,能有效覆盖地表,形成绿色"地毯",美化果园,涵养土壤水分、养分,抑制杂草生长。春、秋播均可。

冬季油菜绿肥,一般秋季播种,4 月底盛花期可翻压做绿肥,增肥果园效果较好。金黄色油菜花与粉红色桃花同期开放,果园景观优美。

鼠茅草,9 月下旬～10 月中旬播种。匍匐生长的针叶在地面编织成 20～30 cm 厚、波浪式的葱绿色"云海",覆盖果树行间地面,既防止土壤水分蒸发,又避免地面太阳暴晒,提高果树的抗旱能力。

(3) 果树种植垄上厚铺稻草秸秆:每亩果园在果树种植垄上均匀厚铺新鲜稻草秸秆 2000 kg,控制果园杂草生长,果园少用或不用除草剂,稻草腐烂后培肥地力,可有效增加土壤有机质,改善土壤团粒结构。

(4) 果园水肥一体化滴灌系统:采用国内先进水肥一体化滴灌系统。可根据果树不同品种生长特性、不同生育期对水肥的需求,以及肥料特点、土壤环境和土壤养分含量,为果树及时定量提供水分和养分,实现水肥同步管理和高效利用。

4　效益分析

4.1　经济效益

采用果园"有机肥＋绿肥生草＋铺稻草＋水肥一体化"生态栽培模式,每亩桃园收入可达 15000 元,每亩樱桃收入 18000 元,采摘、观花等旅游收入折合每亩 3000 元;新建果园每亩需种苗、整地、基肥、灌溉系统等一次性投资 9250 元;每年每亩种植绿肥费用 150 元、羊粪 500 元、菜籽饼肥 450 元、稻草 650 元、化学肥料 200 元、电费支出 50 元、劳力投入 800 元、土地租金 600 元、其他费用 500 元,每亩每年合计成本 3900 元,果园投产当年就可收回全部投资,以后正常年份可以实现纯收入 15000 元以上。

4.2 生态效益

通过采用增施有机肥、种植绿肥(生草)、厚铺稻草、水肥一体化滴灌系统等技术集成,为果树生产提供充足的有机肥料,改良土壤,大幅度减少了化肥、农药的使用,改善果园微气候,有效减少农业面源污染,提高了果品品质。

4.3 社会效益

优质安全的樱桃、黄桃、鲜桃、柑橘农产品在市场上深受欢迎,价格高于其他普通水果,促进了农民增收,提高了生产积极性。

5 模式应用和推广前景

本模式在马鞍山市、合肥市部分果园推广以来,取得了良好的应用效果,发展前景广阔,增值潜力较大。

本模式适用于土壤肥力中等以上,水源充足,农业基础设施较为完善的果树基地;拟建和推广的果园经营主体需有一定的经济实力,能满足果园投产前期的资金投入要求,且要求经营者技术执行率高、自觉性高,开展有机和绿色水果种植的意识较强。

6 专家解析

国内外相关研究表明:北方果园干旱和南方季节性干旱均不利于果树的生长发育,因而绿肥与生物覆盖成为改善土壤理化性质、节水增产的重要措施之一。目前,安徽省果园生产实践中,除草主要依靠除草剂或人工除草,施用除草剂污染环境,人工除草费工费力,而绿肥生草覆盖及秸秆覆盖可大幅度抑制杂草的滋生,并对果树病虫害有一定的控制作用。

绿肥的种植利用,可改善果园景观和土壤环境,协调果树与环境间的相互关系,促进果树生长发育,有利于果品的高产优质与果园持续发展。本模式有利于生产绿色、有机水果,产品市场竞争力显著增强。伴随着观光农业的发展,本模式的经济效益将进一步提高。

模式十　葡萄园废膜覆盖控草模式
——以安徽鲜来鲜得生态农业有限公司为例

1　背景条件

随着人民生活水平不断提高,葡萄酒与鲜食葡萄的消费量与日俱增,随之带动了葡萄种植产业的发展。据统计,2016 年我国葡萄种植总产量 13745 kt,总产量 2675.8 kt。葡萄种植规模不断扩大,加速了我国葡萄机械化生产的进程,而在葡萄种植的整个过程中,葡萄园除草环节是影响葡萄品质与产量的主要因素之一。

过多的杂草会消耗土壤中大量的养分和水分,也可能成为某些病虫害的中间媒介,进而影响葡萄的生长。目前,除草方法分为化学除草方法和非化学除草方法,化学合成的除草剂对环境和人类健康都造成了极大的威胁,有些生物也因为除草剂的使用而灭绝或濒临灭绝。

安徽鲜来鲜得生态农业有限公司针对葡萄栽培杂草防治和废膜资源化再利用的问题,采用葡萄园废膜覆盖控草栽培的技术方法,实施标准化管理,开展绿色葡萄休闲采摘,实现肥料、除草剂减量化使用,经济、社会和生态效益共赢。

2　模式流程图

本模式流程图如图 1.10.1 所示。

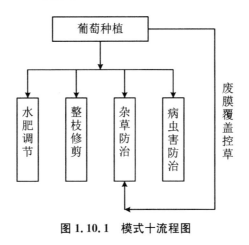

图 1.10.1　模式十流程图

3　模式特点与具体做法

3.1　模式特点

本模式在葡萄种植过程中,利用废弃的避雨棚膜对葡萄畦沟进行覆盖(图 1.10.2),再配合使用除草布,可有效抑制杂草生长,无须使用化学除草剂除草,从而减少环境污染,避免水土流失,节约人工,实现废弃物资源化综合利用。

图 1.10.2　葡萄废弃农膜覆盖控草

3.2　具体做法

(1) 葡萄种植:

产地选择:选择地势较高、排灌方便、地面平坦的地块。以土层深厚、土质疏松、保水保肥的壤土或沙壤土为宜。

基肥施用:每公顷宜施腐熟有机肥 5 t,深翻 35 cm,东西方向按 3.5 m 的行距开沟,沟深 100 cm,宽 80 cm,底层填入碎秸秆、麦草、稻草、杂草等,用表土压盖 20 cm,上面再放腐熟有机肥约 20 cm,填入表土 20 cm,然后填心土高于沟面 10 cm,灌冬水。

品种选择:选择适应地方气候的优良葡萄品种,具有早熟、高产、抗逆性强的特点。如巨玫瑰、阳光玫瑰、夏黑、醉金香、巨峰等。

建园:选择稀植健树模式,采用 H 形省力化棚架栽培方式、大冠稀植。采用拱形钢管连栋大棚,棚宽 6~8 m,肩宽 1.6~2 m,顶高 1.8~3.2 m,南北向,覆盖薄膜采用聚乙烯长寿膜或乙烯-醋酸乙烯膜等。

定植:日平均气温达 12 ℃以上或地温达 10 ℃以上时定植。安徽淮河以南地区栽种宜在 4 月上中旬。

栽植前修剪根尖,剪掉烂根和伤根,留根长 20 cm 左右,剪根刺激伤口,重新发新根,提高成活率。开直通大沟,深 60~80 cm,宽 80 cm,以每亩 5 t 腐熟有机肥混合 2% 过磷酸钙或钙镁磷肥做基肥,并与土充分拌匀翻入沟中,准备定植。

大棚内栽植两行,行距 3~4 m,株距 1.5~2 m,避雨栽培。采用宽 1.5 m、厚 0.03 mm 的聚乙烯薄膜,随盖膜随扦插。涂有药膜的面向下,铺膜的同时用湿土把膜的边缘压实,使薄膜贴紧地面。

(2) 田间管理:

水肥调节:秋季距根系 40 cm 处,开挖深 40 cm 的穴或沟,施腐熟粪肥,施用量为每公顷 2~3 t。采用水肥一体化施肥技术,葡萄生长前期以氮肥为主,每公顷施用尿素约 20 kg,后期追施硫酸钾约每公顷 50 kg。

整枝修剪:葡萄萌芽期 5 月中旬进行抹芽,抹掉弱芽、基部萌蘖,留下壮芽、饱满芽。在新梢长到 10~12 cm 能看到花序时进行抹芽与定梢。

在 5 月下旬,开花前 7 天至开花初期进行摘心,保留花序以上 4~6 片功能叶。营养枝和主蔓延长枝处理可根据整形和实际需要确定摘心程度,副梢处理与新梢摘心应同时进行。

6月上中旬进行结果枝副梢处理,除去第1果穗以下的全部副梢,第1果穗以上各节副梢留1~2摘心。预备枝、营养枝的各节副梢均留1~2片叶摘心,至生长停止。新植园在8~12节摘心,第1次摘心后,第2次副梢摘心保留最上面的副梢,待长到6~8节时再摘心,新梢长至60 cm左右进行引绑,随时除去卷须。

6月中下旬疏花疏果,弱枝不留穗,强壮枝留1~2穗,中庸枝留1穗,其余花序去除。掐花序尖和去副穗为花序整形,使果穗大小整齐,成熟一致。

(3) 杂草及病虫害防控:

杂草防治:定植前,结合翻耕整地清除杂草,定植后至覆膜前,人工拔除杂草。用废弃的避雨棚膜对葡萄畦沟进行覆盖,再配合使用除草布,无须使用化学除草剂,废膜使用一年后再人工回收利用。

病虫害防治:① 物理防治:使用防虫网、杀虫灯、昆虫诱捕器、黄蓝粘虫板等(图1.10.3)。园区大棚100%使用防虫网,每40亩安装1台杀虫灯,每亩安置1个昆虫诱捕器。② 化学防治:在葡萄芽绒球末期,地面和枝蔓、架体喷铲除剂波美3~5度石硫合剂或强力清园剂。花前7~8叶时用施佳乐1000~1500倍液或扑海因1000~1500倍液+20%速乐硼2000倍液。花后用凯泽防治灰霉病、穗轴褐枯病。套袋前使用22.2%抑霉唑1000~1200倍液喷果穗或阿米西达、凯润浸喷果穗。采果后揭除顶膜,用80%必备400~500倍液或78%科博600倍液防病,用10%歼乳油3000倍液防虫。

图1.10.3 物理生物防控技术效果图

4 效益分析

4.1 经济效益

通过休闲观光农业清洁生产示范基地的建设,调整产业结构,改变传统果农收入仅来源于果品销售的现状,安徽鲜来鲜得生态农业有限公司创新性地采用废膜覆盖控草栽培技术,并开展葡萄采摘活动,开发以葡萄绿色种植为特色的高品质果园生产,实现年纯利润300万元的经济效益。

4.2 生态效益

坚持生态循环种植模式,有效地解决了生产过程中农业面源污染问题,在获得优质安全农产品的同时又有效地保护了自然生态环境,获得了良好的生态效益。通过绿色农产品生产,全面控制化肥、农药等化学品施用,废弃农膜再次用来覆盖控草,直接降低了除草剂的用量,减少了农业面源污染,使得农业废弃物得到资源化循环利用,减少了农业废弃物对水体、土壤和大气的污染,改善了土壤环境和土壤质量。

4.3 社会效益

随着无害化、品牌化农产品供应量的增加,绿色农产品的消费减少了疾病的发生,提高了人们的身体素质;休闲观光农业的快速发展,将极大地促进园区农业经济发展,优化周边环境,树立良好的对外形象,提高了果园生产竞争力。

5 模式应用和推广前景

本模式结合配套绿色栽植技术的应用,在安徽鲜来鲜得生态农业有限公司取得了良好的应用效果,全省各地纷纷来人参观学习,适合在葡萄栽培中生态防治杂草和废膜资源化再利用的新型经营主体中推广应用。

6 专家解析

废膜覆盖控草模式利用废弃的避雨棚膜对葡萄畦沟进行覆盖,控制杂草的生长,实现了大棚废膜资源化再利用,配合使用除草布,可有效地抑制杂草产生,无须使用化学除草剂除草,从而减少环境污染,避免水土流失,节约人工。废膜使用一年后再人工回收出售,增加农户收入的同时也可减少农膜污染。目前,该项技术已经由安徽省农科院农业工程所申请形成废膜覆盖抑草技术规程,在安徽鲜来鲜得生态农业有限公司示范推广,控制杂草生长、降低农药污染效果良好。

模式十一 生态数字果园绿色生产管理模式
——以砀山生态数字果园绿色生产模式为例

1 背景条件

水果产业是砀山农民增收的支柱产业，在当地农村经济发展中占有重要地位。建立现代水果产业体系、生产体系及经营体系，发展生态化、信息化、智能化果园，对砀山水果产业供给侧结构性改革具有重要的现实意义，是提高水果产业竞争力的迫切需要。随着现代果园对生态化、精准化管理水平的要求越来越高，将生态绿色理念及数字技术综合、全面、系统地应用到果园生产经营系统的各个环节，运用智慧化手段开展水果生产、管理、经营、流通、科研等，促进数字农业及生态农业理念在果园生产管理中的具体实施应用，是提高果园管理水平，保证果园生产经营系统按照生态绿色方向发展的必然要求。

2 模式流程图

本模式流程图如图1.11.1所示。

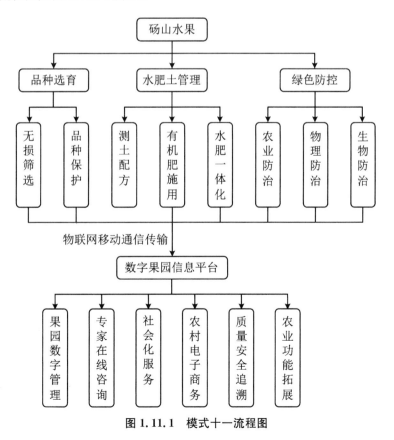

图 1.11.1 模式十一流程图

3 模式特点与具体做法

3.1 模式特点

以政产学研推相结合,以现代农业三大体系为基础,在黄河故道绿色生态环境下,选择适宜品种,适地栽培,建设数字果园,开展数字化管理、质量安全追溯、电子商务等,实施绿色防控、节水、节肥、节药等先进数字管理技术,配套农业废弃物综合再利用等循环经济发展措施,生产优质绿色水果及年份砀山酥梨品牌,拓展水果加工、文旅功能,促进三产融合、精细化管理、绿色化发展,实现果业增效、果农增收、乡村振兴。

3.2 具体做法

(1) 优化水果产业结构和布局:完善砀山酥梨原产地保护及砀山酥梨、黄桃地理标志使用制度,选择适宜水果品种,在适宜的立地环境下,规定产区范围,优化栽培。

(2) 规范生产管理:明确生产管理机构,制定标准化生产操作规范,从品种选育、栽培路线、土肥水管理、绿色防控到农产品质量安全监测、采后分级处理及加工等,严格遵守操作规范。

(3) 实施农业健身栽培:推广果园宽窄行种植、机械化操作、简化修剪、省力管理、授粉疏花疏果等技术,规范树形、合理负载、科学肥水管理等措施,培养健壮树势。实施老果园改造,适时间伐,改变栽培模式,改造树形及树体结构,培育阳光果园。

(4) 强化绿色防控促进生态栽培,创建标准果园(图1.11.2):实施以农业防治、物理防治、生物防治为主的绿色防治技术(图1.11.3),重点推广应用清园、刮树皮、太阳能杀虫灯、驱鸟音响、梨小迷向丝、粘虫板、诱虫胶带、性引诱剂、生物农药等防治技术;同时加强基地统防统治,使用无人机统一施药,实现农药用量减少30%,病虫果率降低到1%以下,果品优质率提高。应用测土配方施肥、水肥一体化技术及有机肥施用技术,提高施肥的准确性及水肥的利用率,减少化肥施用量。树下养殖鹅等家禽,实现循环发展。

图1.11.2 数字果园标准化种植

图 1.11.3 数字果园绿色防控

(5)"数字果园"创新工程:精心打造高标准果园,加强水果品牌建设和"砀山酥梨"原产地保护,开展绿色产品溯源。利用互联网、物联网、云计算、大数据、移动通信传输等技术,建立了砀山数字果园信息化平台,建设果园数字管理、专家在线咨询、社会化信息服务、农村电子商务、质量安全追溯、农业功能拓展等六大系统,构建支撑砀山县水果产业发展的综合服务体系,促进全县水果产业创新发展、转型发展、绿色发展。

(6)营销服务:建立"龙头企业+合作社+基地+电商+农户"模式,开展中介服务、电子商务等,打造知名品牌。培育新型经营主体,规范市场管理,实施网上网下联动。

(7)配套措施:主要是推广林下畜禽绿色健康养殖技术、严格畜禽养殖禁限养区划定、农业投入品包装回收利用、农作物秸秆综合再利用、畜禽养殖及农产品加工废弃物生态循环利用等措施。

(8)多功能拓展:围绕水果生态发展,开展现代农业庄园建设,发展农耕文化旅游模式,打造农家乐旅游亮点,创建掌上 APP 导游系统。

(9)建立组织体系:"政产学研推"多方结合,建立有效的监测评价和长效监管机制,整合统筹财政资金,强化工作考核,建立技术支撑体系,加大宣传推介力度。

4 效益分析

4.1 经济效益

砀山县涉及数字果园管理面积可达 300 万亩,每亩水果产量 3000 kg,每千克售价 3 元,年度销售额达 270 亿元。

4.2 生态效益

对果园生产全过程进行生态数字监控,从源头上控制化肥农药的施用量,实现了生态绿色种植、数字化管理、资源再生循环利用,减轻了环境污染。

4.3 社会效益

通过本模式运作,已带动周边果农 10000 余户,帮助果农实现年增收 1 万元以上,带动水果销售电商每年增加收入 2 万元以上。

5　模式应用和推广前景

2018 年底已在黄河故道地区推广近 300 万亩,在砀山县建成物联网示范园 43 个、休闲观光果园 5 个、标准化果园 18 个,绿色食品、有机食品生产基地 10 万亩,水果销售电商超过 1500 家。

6　专家解析

安徽省是果树种植大省,果园面积和水果产量均居全国前列,果品种植在农业生产中仅次于粮食与蔬菜,其相关产业成为很多地区的经济支柱产业,在脱贫攻坚中也发挥了十分重要的作用。当前,传统的果园种植模式已不能满足现代果园的生产需求,如何依托物联网、数据云等数字技术,构建现代果园生产经营体系,实现果园的绿色化生产、精细化管理、网络化营销成为现代果业发展的新方向。生态数字果园绿色生产管理模式是面向现代果园生产的数字化管理技术体系,其最大的特点是生产绿色化、管理精准化,可实现从品种选育、栽培技术、果园管理、绿色防控到农产品质量安全监测、采后分级处理及加工、营销等全生产链的绿色化、精准化、数字化运行,具有很高的推广应用价值。

模式十二　化肥减施增效绿色技术模式

1　背景条件

我国是世界上最大的化肥生产与消费国,化肥用量大约占世界总量的35%,高达346 kg/hm²,远高于世界平均水平;而肥料利用率较低,仅30%左右。化肥的过量施用致使农作物产量品质降低、土壤板结退化、水体严重污染,引发农产品质量安全、环境污染与资源浪费等亟须解决的社会问题。2015年农业部制定化肥使用量零增长行动方案,明确2020年实现主要农作物化肥使用量零增长。因此,实施化肥减施增效绿色技术工作迫在眉睫。

2　模式流程图

本模式流程图如图1.12.1所示。

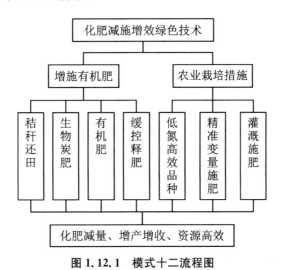

图1.12.1　模式十二流程图

3　模式特点与具体做法

3.1　模式特点

围绕粮食增产、生产高效、资源高效及生态环保的理念,贯彻国际最新的养分管理技术"4R"概念,即选择正确的肥料种类(right source)、正确的施用量(right rate)、正确的施肥时间(right time)和正确的施肥位置(right place),开展测土配方施肥,平衡土壤养分,矫正缺素状况,提高农作物产量,改善品质,最终提高肥料利用效率,减少化肥施用量,降低农业生产成本,实现增产增收增效,同时减少养分流失损失,减轻环境污染。应用新型缓控释肥料,可以减少施肥次数,保障农作物各生长期养分的长效供给。实施精准变量施肥,因地制宜全面平衡肥料用量;水肥一体化的灌溉施肥,可将施肥与灌溉有效结合,提高水分和养分利用效率;大宗农作物施肥,需要结合土壤养分状况和作物需肥规律,进行总量控制与调节。

3.2 具体做法

(1) 测土配方施肥:以土壤测试和肥料田间试验为依据,结合农作物需肥规律、土壤供肥特性和肥料效应,提出氮磷钾及中微量元素肥料配合施用量、施肥时期和施用方法,可实现农作物营养供应平衡,有效提高肥料利用率及农作物产量品质。此项技术主要由测土、配方、配肥、供肥和施肥等五个环节措施组成。

① 测土:即测试项目区土壤养分。按照项目区面积,以及地形地势变化特征和要求的精度,确定采集的土壤样品数量。对于万亩以上的项目区,在北方平原地区,100~200 亩采集一个土壤样品,南方丘陵区 80~120 亩、南方山区 50~100 亩采集一个土壤样品。采用多点 S 形采集 5~10 钻土壤样品混合成一个样品,自然风干。

② 配方:土壤样品处理后,按照规范化的方法与标准测定 pH、有机质、全量及速效 NPK 和有效锌硼硫等中微量元素含量。根据土壤养分丰缺指标判断测定结果的养分状况,结合目标产量,确定作物施肥配方。

③ 配肥:将确定的作物施肥配方提供给肥料生产厂家,按照配方生产出作物专用肥。也可以购买各种化学肥料原料自行配制作物专用肥料。

④ 供肥:生产厂家按照给定的配方生产合格的肥料产品后,即可向指定地点运输和销售。

⑤ 施肥:根据作物种类和目标产量,结合土壤养分状况,确定当前配方肥料的施肥量,包括基肥用量和后期追肥量,以及具体追肥种类与数量、施肥时期、施用方法和施肥位置,即按照上述"4R"施肥。

(2) 秸秆还田:主要有三种方式。

① 直接还田:包括留高茬还田和粉碎还田两种,前者主要应用于北方旱地后季经济作物的遮阴,收获时保留 15~10 cm 高茬,在行间直接播种下季作物,如小麦收获留有高茬直接种植玉米、大豆等。随着秸秆量的增加和禁止焚烧工作的推广应用,这种方法逐渐被粉碎还田取代。秸秆粉碎还田:先将前茬农作物秸秆处理成 5~10 cm 长,平铺地面,后撒施或淋施腐熟菌剂并配施 0.5% 的氮素于秸秆,再深耕翻压入土。翻耕深度:北方旱地以 20~23 cm 为宜,将秸秆压于 18 cm 土层下面,防止影响作物播种。南方水田翻耕 18~20 cm,将秸秆埋压于 15 cm 土层下面后灌水泡田,促进秸秆尽快分解。

② 堆腐还田:在田外垛堆秸秆,并分层撒施或淋施腐熟菌剂及尿素于秸秆,待秸秆腐烂分解后再施入田间。

③ 过腹还田:饲养牛、羊等食草动物消化秸秆,过腹后的牛羊粪肥还田。

(3) 增施有机肥:基肥应该以有机肥为主、化肥为辅,配施一定数量的速效氮肥,一般占总施氮量的 40%~50%。对于中上肥力水平稻田,一般施猪粪或者鸡粪 1~2 t、25% 的低浓度复合肥 25 kg/亩。有机肥、复合肥等全部基施。对于种植绿肥的田块,绿肥应在插秧前 10 天以上进行翻耕,畜禽粪等有机肥在第二次翻耕时施用。后期根据水稻长势,适当追肥施用尿素。

(4) 缓控释肥:水稻施用氮磷钾比例 24∶6∶10 的缓控释肥料 600 kg/hm²,在移栽前一次性施用。控释肥做基肥最好一次性全层施用,即在最后一次耙田前均匀撒施,之后耙田插秧。施用水稻控释肥前必须调好田间水位,施肥后3天内不要排水和灌水,以免影响肥料养分在田间分布的均匀性,防止肥料流失,降低肥料养分效果。沙质稻田施用水稻控释肥,一半做基肥,另一半在插秧后5~7天做追肥,这样效果较好。根据目标产量施足控释肥,基本无须再施用其他肥料。若遇漏肥严重的地块,可适当追肥。

4 效益分析

4.1 经济效益

本模式可使化学肥料减施10%~20%,降低农业生产成本,提质增收,促进农民节本增效。根据有关试验和大面积示范结果估算,每亩节省化肥投入20~50元,水稻、小麦、玉米等粮食作物增产5%~10%,增产量达30~50 kg/亩,增收60~120元,创直接经济效益80~150元/亩;蔬菜瓜果等经济作物减肥20%~30%,增产10%~20%,每亩增收300~500元,节约农药成本50~100元,减少用工量数2~4个,每亩增产节本增收效益达500~1000元。

4.2 生态效益

本模式可以减少农业生产化肥投入量,提高肥料利用率,改善土壤板结、酸化,减轻环境污染,改善和提高生态环境质量,实现农产品产量与质量安全、农业生态环境保护相协调的可持续发展。

4.3 社会效益

本模式改变农作物对化肥农药过分依赖的传统方式,在稳产增产前提下,大力发展化肥替代技术及相关产品研发,促进化学肥料高效利用、传统化学防治向现代绿色防控的转变。

5 推广应用前景

化肥减施增效绿色技术模式包括测土配方施肥技术、化肥减施增效技术、秸秆直接还田技术、施用有机肥技术,完全符合国家农业政策,都是国家大力支持和全面推广应用的成熟技术成果,具有广阔的推广应用前景。2005年我国全面实施测土配方施肥行动,经过10多年的努力,取得重要进展。禁止焚烧农作物秸秆,实施全量直接还田,提高土壤肥力,保护环境的政策也已经深入人心,得到全面应用。近年来实施的增施有机肥、减少化肥施用量、提高肥料利用率、减轻环境污染、增加农业效益的行动,正在全国范围内逐步推进,大面积示范效果显著,应用前景广阔。

6 专家解析

确定采集土样的田块要有代表性,严格按照标准规范采样、处理和化验;对分析结果中的异常数字要重新化验校正。需要有丰富的理论与实践经验的专家根据田间试验结果,结合经验,开出配方。

化肥减施需要建立在提高肥料利用效率的基础上,减施幅度一般在10%左右,土壤肥力高的地块通常不超过20%,否则容易造成减产。改善施肥方法,提高肥料利用率,才能保证减肥不减产甚至有所增产,达到增收增效的绿色目标,不然就失去了减肥的意义。

秸秆还田需要与土壤深翻耕作相结合,前茬作物秸秆需要处理至10 cm左右的长度,并被深埋于耕作层下部,以免影响下季作物播种和出苗。同时还田的秸秆量也不易过大,不宜超过5000 kg/hm^2,北方小麦产区秸秆量过大,可考虑移出部分秸秆至其他田块。在有条件的地区,可以配施60 kg/hm^{2}的秸秆快速腐熟剂,加快秸秆腐烂降解。

模式十三 紫云英-水稻秸秆协同还田技术模式
——以南陵县为例

1 背景条件

作为安徽省江淮地区最重要的作物,水稻对我省粮食生产具有重要意义。随着农村劳动力紧张及燃料结构变化,水稻秸秆废弃数量急剧上升,秸秆直接还田和综合利用已成为农业生产中的重大课题。另外,由于秸秆 C/N 比过高,长期全量直接还田会造成秸秆腐解与秧苗争氮、水稻苗期缓苗时间长等问题,严重影响还田效果及农民积极性。同时,随着目前水稻产量提高,越来越大的秸秆生物量对水稻后茬紫云英播种萌发也造成影响。

2 模式流程图

本模式流程图如图 1.13.1 所示。

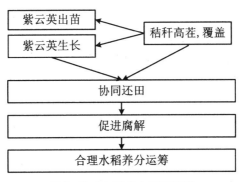

图 1.13.1 模式十三流程图

3 模式特点与具体做法

3.1 模式特点

(1) 通过紫云英种植中的原位固氮,减少化肥使用量,为水稻提供养分;
(2) 通过水稻收割后合理留茬(图 1.13.2)及秸秆覆盖处理方式,在不影响紫云英出苗情况下,为其前期生长提供荫蔽;
(3) 通过紫云英-水稻秸秆联合翻压(图 1.13.3),促进水稻秸秆腐解,调节有机投入物碳氮比。

图1.13.2 秸秆留高茬套种紫云英

图1.13.3 紫云英-秸秆翻压还田

3.2 具体做法

(1) 紫云英品种选择：根据不同稻作制、水稻茬口，选用自主培育的，具有早、中、晚熟等不同生育期的高产优质紫云英新品种(安徽单季稻区主要选择中迟熟紫云英品种，如弋江籽、皖紫2号、皖紫3号、弋江大叶等；对于双季稻区，注意选择早熟紫云英品种，如皖紫1号、皖紫早花、闽紫1号等)。

(2) 水稻收割与紫云英播种：单季稻收获时留茬40~50 cm，矮秆单季稻、双季稻留茬30~35 cm。根据留茬高度占水稻秸秆长度的比例估算田间覆盖稻草总量，然后根据稻草量选择不同处理方法：当稻草量大于400 kg时，稻草切碎成小段，撒播紫云英后用机械浅旋耕；当稻草量为300~400 kg时，水稻秸秆留高茬，多余稻草切碎成大段均匀抛洒，紫云英根据播种期采用套播或直播；当稻草量为200~300 kg时，稻草切碎成大段后均匀抛洒，紫云英根据播种期采用套播或直播；当稻草量小于200 kg时，稻草切碎成小段后均匀抛洒，紫云英根据播种期采用套播或直播。

(3) 紫云英-稻草协同还田技术：水稻收获采用高茬收获，紫云英-高茬稻草套种，碎稻草均匀覆盖。直播早稻一般提前7~10天，移栽早稻及中稻提前10~15天实施紫云英翻压还田，翻压深度15~18 cm。直播早稻绿肥翻压量1000~1500 kg/亩，移栽早稻翻压量1500~2000 kg/亩，中稻翻压量2000~2500 kg/亩。

(4) 水稻季化肥运筹：紫云英-秸秆协同还田后，可以稳定基肥，适当增加分蘖肥，减少穗肥。基-蘖-穗肥比例推荐运筹：单季为5∶3∶2或7∶3∶0，双季早稻为5∶3∶2或7∶3∶0，双季晚稻为7∶3∶0或5∶5∶0。

4 效益分析

4.1 经济效益

通过有机养分替代、新型肥料周年运筹等技术，每亩可减施化肥5~10 kg，单季稻亩增产30 kg以上，双季稻亩增产50 kg以上，扣除紫云英种植及秸秆还田费用，单季稻亩节肥增产效益60元，双季稻亩节肥增产效益110元。

4.2 生态效益

本模式不仅提高了土壤培肥效率,而且可以较大幅度地替代化学肥料产品,降低因过量施用化肥造成的面源污染,同时通过绿肥的种植利用及秸秆还田,达到生物固氮、固碳的效果,减少农田养分流失,生态效益显著。

4.3 社会效益

紫云英种植利用可与休闲农业、观光农业和城郊型农业结合,促进农业结构调整,有利于推动项目实施地区旅游资源的开发,社会效益显著。

5 模式应用和推广前景

以紫云英为代表的绿肥,历史上对安徽省粮食稳定和发展做出了重大贡献。20世纪80年代前全省紫云英种植面积一度超过1500万亩,但其后迅速萎缩。目前安徽稻区冬季紫云英生产利用面积不足200万亩。以安徽稻区为例,如果充分利用冬闲田种植绿肥,翻压后可提供氮磷钾养分总量13.9万t,其中通过生物固氮,为农田输入纯氮3万t左右;稻区各类秸秆翻压还田后,可归还氮磷钾总养分97.1万t;两者总和每年共计约110万t,相当于安徽稻区当年化肥总投入量的48.8%。本模式具有较大的发展空间及养分替代潜力。

6 专家解析

紫云英-秸秆协同还田条件下,不仅可替代部分化肥,为作物提供大量养分资源,且可促进土壤固碳和肥力水平提升,是充分发挥肥料资源的生产效率和潜力以及提高农田生产力和肥料利用率的重要保证。国家和安徽省政府一直鼓励绿肥、秸秆还田等发展,随着化肥使用量零增长行动、绿色增产模式等的开展,紫云英-秸秆协同还田利用技术的重要性越来越得到体现。

本模式利用紫云英具有可固氮、C/N比低的特点,通过秸秆与紫云英"碳氮共济",减轻秸秆长期全量直接还田对后茬作物生长的负面影响,有利于进一步稳定安徽稻区秸秆全量还田面积;紫云英-秸秆协同还田,可有效提高土壤培肥改良效果,并改善水稻后茬紫云英播种条件,实现稻田冬季绿色覆盖。实际生产中,可充分利用大面积的稻区冬闲田,结合目前化肥零增长等项目的推广,积极推广紫云英等冬季绿肥种植利用,同时解决秸秆还田中的部分问题。具体操作中,应注意稻田紫云英生长季排水管理。

模式十四　水稻测土配方施肥技术模式
——以芜湖县为例

1　背景条件

为了促进农民施肥观念的转变和推广科学施肥模式,自 2005 年以来,农业部开始实施测土配方施肥行动。测土配方施肥是一种科学的作物施肥管理技术,根据不同土壤的养分状况、不同作物的需肥规律以及农业生产要求进行科学合理施肥,以达到作物高产高效、提高肥料利用率和作物品质等目的。水稻配方肥是高产高效测土配方施肥技术的物化载体,是推广水稻测土配方施肥的有效途径。

2　模式流程图

本模式流程图如图 1.14.1 所示。

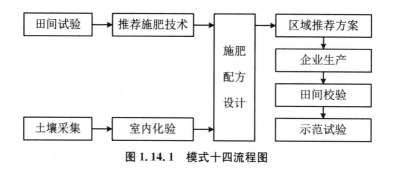

图 1.14.1　模式十四流程图

3　模式特点与具体做法

3.1　模式特点

本模式主要针对县域水稻生产,通过总结田间试验和土壤养分数据,结合专家经验,提出县域水稻的施肥配方,同时进行配方的校正试验,完善肥料配方和技术参数,指导企业生产适宜的配方肥,建立测土配方施肥示范区(图 1.14.2),全面展示测土配方施肥技术效果。本模式是兼顾了产量提升和环境友好的高效施肥技术。

3.2　具体做法

(1)田间试验:通过田间试验,掌握各个施肥单元不同作物优化施肥量,基肥、追肥分配比例,施肥时期和施肥方法;摸清土壤养分校正系数、土壤供肥量、农作物需肥参数和肥料利用率等基本参数;构建作物施肥模型,为施肥分区和肥料配方提供依据。

(2) 土壤测试:通过开展土壤氮、磷、钾及中、微量元素养分测试,了解土壤供肥能力状况。

图 1.14.2 示范及培训技术推广

(3) 配方设计:利用土壤养分丰缺评价技术和区域配肥技术,建立县域水稻土壤磷钾素丰缺指标体系和推荐施肥指标体系,设计县域水稻配方肥配方。

① 芜湖县土壤有效磷分为极低、低、中、高(有效磷＜5,5～10,10～20,＞20 mg/kg)四个等级,土壤速效钾分为低、中、高、极高(速效钾＜50,50～70,70～100,＞100 mg/kg)四个等级;

② 土壤磷肥力从极低到高级分别对应磷施肥量 135,105,75,30 kg/hm²,土壤钾肥力从极低到高级别肥力对应钾施肥量 150,120,90,30 kg/hm²;

③ 利用芜湖县县域 2645 个土壤磷钾数据,基于 GIS 平台,绘制配方图,最终确定芜湖县县域一季稻有四个配方:N、P_2O_5、K_2O 配比为 17∶15∶13,15∶18∶12,18∶12∶15,20∶15∶10。

(4) 配方校正试验:为保证肥料配方的精确性,最大限度地减少配方肥料批量生产和大面积应用的风险,在每个施肥分区单元设置配方施肥、农户习惯施肥、空白施肥三种处理区,对比配方施肥的增产效果,校验施肥参数,验证并完善肥料配方,改进测土配方施肥技术参数。以芜湖县为例,N、P_2O_5、K_2O 配比为 18∶12∶15 的 15 个试验数据表明,配方肥处理的产量平均值为 9929 kg/hm²,与农民习惯处理的平均值 8890 kg/hm² 相比,增产 4%,配方肥处理的 PFPN(氮肥偏生产力)平均值为 47 kg/kg,与农民习惯的平均值 37 kg/kg 相比,增加 27%,增效显著。

(5) 配方加工:根据前期的研究结果,芜湖县主打推荐 N、P_2O_5、K_2O 配比为 18∶12∶15,指导肥料企业生产水稻配方肥。

(6) 示范推广:建立测土配方施肥示范区,为农民创建窗口,树立样板,全面展示测土配方施肥技术效果,是推广前要做的工作。推广"一袋子肥"模式,将测土配方施肥技术物化成产品,也有利于打破技术推广"最后一公里"的"坚冰"。

(7) 宣传培训:测土配方施肥技术宣传培训是提高农民科学施肥意识、普及技术的重要手段。农民是测土配方施肥技术的最终使用者,迫切需要向农民传授科学施肥方法和模式。

4 效益分析

4.1 经济效益

2011~2016年,本模式在芜湖县累积示范推广10万亩,水稻每亩增产11.5%,每亩增加收入185.2元。

4.2 生态效益

本模式实施全面提高了化肥利用效率,显著降低了肥料施用量,有效控制了化肥对水体的污染,对减少农业面源污染具有重大意义。

4.3 社会效益

通过水稻配方施肥技术的示范和培训,显著提高了农民科学施肥的意识,不仅增加了农民收入,还促进了农业的转型升级和可持续发展。

5 模式应用和推广前景

目前,本模式已在芜湖县水稻生产中全面推广,得到农民、农技人员的认可,适合在全省水稻生产中推广应用。

6 专家解析

测土配方施肥是以土壤测试和肥料田间试验为基础,根据作物对养分的需求规律、土壤养分的供应能力和肥料效应,提出氮、磷、钾及中、微量元素肥料的施用数量、施用时期和施用方法的一套施肥技术体系,是国内外普遍应用的推荐施肥方法。因为大田作物对土壤养分依赖性大,所以大田作物施肥不仅要考虑作物养分需求规律,还要考虑土壤养分供应能力,测土是了解土壤养分供应的重要途径。

农业部始于2005年的测土配方施肥项目,在每个项目县开展了大量的肥料田间试验,测定了近10000个土壤样品养分数据,但如何应用这些成果,还没有很好的模式。2010年,安徽省农业科学院土壤肥料研究所联合芜湖县土壤肥料工作站,基于GIS平台,根据土壤养分供应特征,结合水稻产量对肥料的响应,设计县域水稻施肥配方,联合肥料企业生产配方肥、建立示范片,实现了区域水稻增产增效,为农业部测土配方施肥项目的继续开展提供了很好的典范,后连续多年开展示范,配方肥应用比例逐年上升,技术模式经济效益、生态效益和社会效益显著,具有很好的推广价值。

本模式中配方肥是核心,是测土配方施肥技术的重要抓手,是实现区域水稻高产高效的关键,配套栽培技术(品种、移栽时期、病虫草害防治、水分管理等)是配方肥效果的重要保障。建议加强测土配方施肥与水稻机械化生产技术、机具相配合,努力实现水稻生产全程机械化。

第二章　绿色种养循环典型模式及解析

模式一　岳西黑猪-有机茶绿色种养模式

1　背景条件

岳西黑猪产于岳西县,属于袖珍型山地黑猪,生长周期为10~13个月,毛黑密、短小精干、皮厚多褶,肉质具有鲜红细嫩、大理石纹明显、含水量少、肌间脂肪丰富、肉味鲜香筋道等显著质量特色,是畅销长三角的安徽名优特产,素有"一家食肉满村香"的美誉。岳西地理环境具有高海拔、高坡度、高风速、高湿度、空气负氧离子含量高等诸多特点,是放牧山地黑猪的天然牧场。截至目前,岳西县共有各类规模的岳西黑猪养殖大户340个,家庭畜牧农场15个,畜牧专业合作社17个,年出栏岳西黑猪生猪6万头,年综合产值1.8亿元,产品销往苏、浙、沪等20多个省市。

岳西茶叶源自大别山深处,这里群峰林立,山清水秀,云雾缭绕,满光照射,自然湿地,深得云雾滋润其芽,植物落叶沃其根,遍山野花香味熏其身,小黄泥土育其质,孕育出著名茶叶品牌岳西翠兰、岳西翠尖、岳西兰花、岳西绿月、岳西黄茶等。优良的品质,加之几代人传承下来的生产传统与先进设备的精心制茶工艺成就名茶色泽嫩绿微黄披毫,口味鲜醇浓厚,清香甘甜之味持久悠长;汤色黄绿清澈明亮,具有提神醒脑、清肝明目、减脂养颜、延年益寿等功效,是很好的健康绿色饮品。通过种养结合,提高土地利用率,同时减少化肥使用量,茶叶品质得到提高。

2　模式流程图

本模式流程图如图2.1.1所示。

3　模式特点与具体做法

3.1　模式特点

本模式采用种植、养殖结合,长短互补,产销互动的模式,实现可持续发展。在饲养生猪过程中,将养殖粪便实行干清处理,尿和污水进入沼气池发酵,干粪堆积发酵为有机肥以用于茶叶生产,茶叶边角料用于饲喂生猪,实现废弃物资源化综合利用。

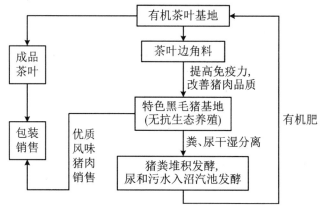

图 2.1.1 模式一流程图

3.2 具体做法

(1) 生猪养殖：

① 选择特色地方品种岳西黑猪。

② 圈舍采用自然通风、自然采光，冬季适当密封保温。

③ 猪群按后备公猪、后备母猪、配种公猪、配种母猪、怀孕母猪、哺乳母猪、哺乳仔猪、保育猪、生长猪、育肥猪分阶段分区饲养管理，小群饲养，流水式作业。后备公猪、配种公猪每天放入运动场运动，夏季在早、晚凉爽时运动，上、下午各1次，冬季在中午运动1次，每次行程1~2 km，增强体质。育肥猪后期，上市前1~2个月，适当放养，改善肌肉品质。

④ 根据各阶段猪群的营养需要，配制不同营养水平的精料日粮，辅以青绿饲料。茶叶主要成分包括蛋白质、氨基酸、糖类、矿物质、维生素和茶多酚等。其中茶多酚在绿茶中含量为20%~30%，是一种强还原剂，能够清除肌体内的自由基，具有抗氧化、减肥降脂、提高免疫力等多种功能。后备公猪、后备母猪、配种公猪、配种母猪、怀孕母猪精料日粮中添加2%茶叶边角料粉，可提高肌体免疫力。育肥猪精料日粮中添加3%茶叶边角料粉，可减少肥猪背膘厚度，改善肌肉品质，提高抗病力。

⑤ 充分利用山区天然的防疫隔离条件，同时加强场内生物安全设施和措施，特别是严控入场的猪流、人流、物流，强化地方流行病的免疫接种和场区日常消毒。

⑥ 猪舍外雨污分离，舍内粪尿干湿分离，干粪堆积发酵后深埋茶园，作为有机肥料，尿和污水经沼气池发酵，进行无害化处理及资源化利用。

(2) 茶叶种植：

① 选种：选本地优势种茶叶。

② 种植条件：选择雨量充沛、云雾多、空气湿度大、漫光强、对茶树生育有利、海拔1 000 m以下的地区，土层厚1 m以上，不含石灰石，有机质含量为1%~2%，通气性、透水性和蓄水性能好。酸碱度pH为4.5~6.5的土壤。

③ 施肥管理：施足底肥，种苗前开好种植沟，亩施有机肥125~150 kg，以后每年亩施肥(150±15) kg。

④ 定植修剪：种下茶苗后即进行定型修剪，一般在15~20 cm处剪去，第二、三年分别在前一年高度基础上提高10 cm处剪去。

⑤ 防治病虫害:

以"种"防虫:即采用适当的种植方式减少病虫害发生。如开辟新园时用无病虫的种苗,并用新高脂膜溶液喷施,驱避地下病虫,隔离病毒感染,提高抗自然灾害能力。尽量采取丛栽或条栽的方式,避免过度密植,创造良好的茶园生态环境;茶园合理间作,防止大面积单一种植,以保持较丰富的自然植被,减少病虫害发生的概率。

以采(剪)控虫:及时采摘,合理修剪,剪口及时涂抹防腐膜,促进伤口愈合,防止病菌侵袭感染。改善茶园通风透光条件,抑制喜湿或喜郁闭条件的黑刺粉虱、介壳虫等发生。对有虫芽叶要重采、强采。夏、秋季节要尽量多采摘、少留叶。秋季如害虫多,可延长采摘时间,适当推迟封园。

以肥抗虫:施用有机氮肥可提高茶树对茶橙瘿螨的抗性;施用石灰不利于蓟马、叶蝉的生存;用磷矿粉浸提液做根外追肥可杀伤红蜘蛛。重施基肥,合理追施春肥、夏肥、秋肥,以有机肥为主,化肥为辅,氮磷钾平衡施用,并注意排渍、灌水防旱和喷施壮茎灵,使植物杆茎粗壮、植株茂盛,可显著提高抗虫能力,减少农药化肥用量,降低残毒。

4 效益分析

4.1 经济效益

年销售额达 160 万元,年度可支配收入为 30 万元,投资利润率达 23%。

4.2 生态效益

对养殖粪污进行无害化处理,从源头上控制氮、磷等污染物的排放量,实现了绿色畜牧养殖,资源再生循环利用,避免环境污染。

4.3 社会效益

通过本模式经营,已带动周边 50 余农户,吸纳农村闲散劳动力 200 人,帮助农户实现年增收 2 万元以上,帮助邻近乡镇农户年增收 1.5 万元以上。

5 模式应用和推广前景

目前,本模式已在岳西县古坊乡同心家庭农场应用,并在安庆市部分地区推广应用,取得了良好效果,适合在我省高山茶叶种植区域推广,实现生态平衡。本模式以经济效益为中心,发展特色农业,促进区域经济发展,提高经济效益。在农业上优化土地用地结构,提高山地的综合利用率和土地产出能力。荒山将变绿,生态环境得到明显改善,森林覆盖率明显提高,土壤侵蚀明显下降,肥力得到提升。

6 专家解析

本模式依托岳西县特色资源(岳西黑猪、茶叶)和良好的自然生态环境,发展风味黑毛猪生态养殖和茶叶绿色种植,通过种养结合,使废弃物资源化利用。猪场粪污经处理后用于种茶,减少化肥使用量,提高茶叶品质。茶叶边角料用于喂猪,降低饲料成本,提高猪肉品质,增强生猪的免疫力。综合经济效益提高,生态环境改善,可持续发展。本模式适合在我省皖西、皖南山区推广,助力脱贫攻坚和乡村振兴。注意生猪须选择地方品种猪,耐粗饲,单个养殖场规模不宜过大;茶叶选择当地特色品种;养殖和种植过程实行标准化,便于产品质量控制和模式复制;形成区域特色,联合创建品牌,共建电商平台,加强市场开拓。

模式二 "羊-有机肥-作物-青贮饲料"联合体循环模式

1 背景条件

自2017年农业部颁布《粮改饲工作实施方案》(农牧发〔2017〕8号)以来,安徽省围绕"为养而种,以种促养,以养增收"的目标,按照"草畜配套、产销平衡"的原则发展以青贮玉米为主的优质饲草料产业,取得了很大进展。阜阳、亳州、宿州、蚌埠、六安等试点市县采取"以养带种"方式推动种植、养殖结构调整,促进玉米、饲用大麦等作物种植,收获加工后以青贮饲料产品形式由肉羊就地转化,积极探索种养结合的粮改饲新模式,逐步形成了"羊-有机肥-作物-青贮饲料"联合体循环模式。

2 模式流程图

本模式流程图如图2.2.1所示。

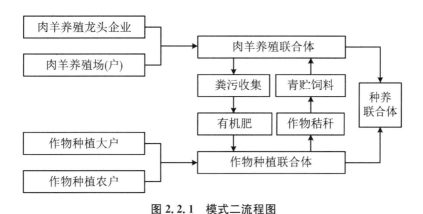

图2.2.1 模式二流程图

3 模式特点与具体做法

3.1 模式特点

以肉羊养殖规模企业和种植大户为龙头,联合肉羊小规模养殖场(户)、种植农户,组成种养联合体(图2.2.2)。肉羊养殖企业与种植户签订协议,肉羊养殖产生的粪污等废弃物经发酵处理后作为有机肥料供种植户使用,种植户种植的全株玉米、饲用大麦等作物适期收割后供给肉羊养殖企业加工成青贮饲料饲喂肉羊。

3.2 具体做法

(1)成立种养联合体:以肉羊养殖规模企业为龙头,联合附近小规模肉羊养殖场(农户),组成肉羊养殖联合体;以龙头企业所在区域为中心,作物种植大户与周边种植农户组成种植联合体;肉羊养殖联合体与种植联合体再联合成立种养联合体。肉羊养殖企业根据存栏肉羊数量,按年均每天 3 kg/只,估算年需要作物秸秆数量;按照全株玉米、大麦等作物秸秆每亩生物学产量,确定需要的农作物种植面积,与种植农户签订相应联合协议。肉羊养殖产生的粪污等废弃物经堆肥发酵处理后作为有机肥给种植户使用,种植户根据协议种植的全株玉米、饲用大麦或其他作物秸秆给肉羊养殖企业、场(户)制成青贮饲料,作为粗饲料饲喂肉羊。

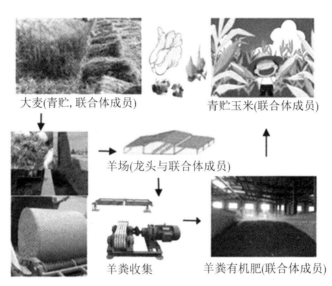

图 2.2.2 "羊-有机肥-作物-青贮饲料"联合体循环模式

(2) 作物种植:以种植全株玉米、鲜食玉米、饲用大麦等作物为主。根据联合体协议和肉羊养殖企业秸秆需求量,制定年度种植计划,确定种植面积和种植作物种类。一般可采用"饲用大麦+玉米"轮作模式,每年 4 月上旬、7 月下旬种植两季玉米,11 月份种植一季饲用大麦。

(3) 作物秸秆青贮:青贮方式主要有青贮窖(池)、裹(打)包青贮等。一般肉羊存栏量较大的规模养殖企业可采用青贮窖,小规模肉羊养殖场(户)建议采用裹包青贮。不同作物青贮适宜刈割时间稍有不同,一般全株玉米青贮宜在玉米籽实蜡熟期收割,饲用大麦青贮宜在抽穗期至灌浆期刈割。青贮时应注意压实、密封,秸秆含水率保持在 65%～70%,粉碎长度为 2～3 cm。

(4) 肉羊养殖:育肥羊以全舍饲圈养为主,种羊尤其是种公羊应有室外运动场,运动场面积满足每只 4 m² 左右。日粮除饲喂青贮秸秆外,根据肉羊体重及不同生理阶段应补饲配合精料每天每只 0.25～0.5 kg。为防止因长期饲喂青贮饲料造成肉羊瘤胃酸中毒,精料中应添加 0.3%～0.5%碳酸氢钠。有条件的规模肉羊养殖企业提倡饲喂全混日粮(TMR)。

4 效益分析

4.1 经济效益

采用"羊-有机肥-作物-青贮饲料"联合体循环模式,种植两季全株玉米秸秆,每亩产量 5 000 kg,按 0.34 元/kg 计算,小计收入 1 700 元,较种植一季籽实玉米收入提高 500 元左右。肉羊养殖企业由于联合体就近提供优质青贮作物秸秆,每只肉羊出栏成本降低 5%～10%,增加利润 50 元。

4.2 生态效益

联合体的建立有效解决了"种养两张皮"的问题,实现了种养有机结合。肉羊养殖企业的粪污和作物种植户的秸秆均有了出路。肉羊养殖场实现了粪污处理的良性循环,减少粪污直接排放对周围环境的污染。作物种植大户减少了玉米等农作物收获后秸秆处理难题和因焚烧秸秆造成的环境污染。种养结合杜绝了环境的零散点源污染,从而改善了生态环境,使环境资源、土地资源和水资源得到有效保护、合理开发和持续利用,具有较大的生态效益。

4.3 社会效益

立足当地肉羊养殖和作物种植资源优势,着力发展种养结合产业模式,在促进畜禽养殖业、种植业产业结构调整和农业供给侧结构性改革等方面具有重要意义。

5 模式应用和推广前景

本模式在安徽省天长市周氏羊业有限公司、安徽省争华羊业集团有限公司、利辛县绿墅畜牧业有限公司、太和县好好山羊养殖场等多家肉羊养殖企业推广,取得了良好的应用效果,并在 2017 年"安徽畜牧业绿色循环模式主题创新大赛"中取得了不俗成绩。同时,本模式被列入安徽省畜牧业绿色循环养殖十大模式之一,在省内得到了大力推广和应用。

6 专家解析

本模式将畜牧业与种植业有机融合,解决了"种植不养殖、养殖不种植"的种养分离问题,实现了种养互作、循环联动,推动了安徽省农牧业良性循环发展。但现有种养联合体实际操作中在一定程度上保障了种养大户的利益,小规模散户利益缺少可靠保障。如何建立切实可行的联合体利益联结机制,实现联合体各方利益最大化,特别是有效保障肉羊养殖和作物种植散户、小户的利益,确保"秸秆收得上来,羊粪下得了田"等问题仍值得进一步探索。

模式三 土鸡"3000"生态放养模式

1 背景条件

当涂县处于长江下游,属亚热带季风气候,四季分明,雨量充沛,农作物资源十分丰富,物产门类齐全,是典型的江南鱼米之乡。地势平坦,水网密布,无大面积成片养殖用地,但饲料用粮资源丰富,具有发展小规模土鸡生态放养的独特条件,且区位优势突出,交通便利,处于南京一小时都市圈,紧临经济发达的长三角,有广阔的销售市场。近年来,当涂县强化畜禽养殖废弃物综合利用力度,大力推行土鸡种养结合、农牧循环发展模式,土鸡"3000"生态放养得到了长足发展。土鸡"3000"生态放养模式以3000只为一个养殖单位,全程实行放养、种养结合。

2 模式流程图

本模式流程图如图 2.3.1 所示。

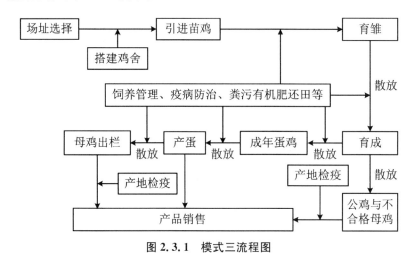

图 2.3.1 模式三流程图

3 模式特点与具体做法

3.1 模式特点

土鸡"3000"生态放养模式具体指家庭2个劳力、3000只同日龄的土鸡为一个饲养单位,利用3~5亩玉米地、棉田、林(果)园等自然生态资源,用围网的形式放养。在每个田块下水侧开挖积水沟渠,渠中栽植水芹菜等喜潮湿性、耐干旱的水生植物,用于接纳、净化养殖田块中过多的污水,净化后的水再灌溉自种牧草地或农田。这种生态型、家庭型集约化养殖模式,投资少,风险可控,既节省养鸡饲料成本,又为玉米地、棉田、果园等除害去杂,粪便就地肥田,又为鸡群提供丰富的青绿饲料,实现绿色生态循环养殖,促进农业可持续发展。

3.2 具体做法

(1) 选好场址:养殖场区应选择在地势高燥、背风向阳、环境安静、水源充足卫生、排水和供电方便的地方,且有适宜放养的玉米地、棉田、果园等其他经济林(农)地,满足卫生防疫要求。场区距离干线公路、村镇居民集中居住点、生活饮用水源地 500 m 以上,与其他畜禽养殖场及屠宰场距离 1 km 以上,周围 3 km 内无污染源。

生活区有住宿、饲料房和药房。用保温板做成简易工棚,面积适中。生产区主要包括育雏舍、育成大棚和活动场地,每组 3~5 亩,生产区设栅门、消毒池。育雏舍应与放养区严格分开。育成大棚为钢架大棚,放养区四周设围栏,围网使用铁丝网或尼龙网,高度一般为 2.0 m。围栏四周设有电猫,防老鼠野兽。隔离区设在场区下风向及地势相对较低之处,主要隔离鸡舍等。为防止相互污染,隔离区与外界接触要有专门的道路相通。

(2) 建好鸡舍:每组鸡舍场地面积 2000 m^2,中间可套种玉米、黑麦草等植物或植被。育雏舍(5 m×5 m)为塑料大棚或活动板房,采用网上立体育雏或平面育雏。舍内使用料槽和水槽时,每只鸡的料位为 3 cm,水位为 2 cm;或按照每 60 只雏鸡配置 1 个直径 30 cm 的料桶,每 150 只雏鸡配置 1 个直径 20 cm 的饮水器,并配备取暖、通风、光照及防鼠等设施。育成鸡舍建筑面积约 200 m^2(按 10~15 只/m^2),育成舍为钢构大棚(弧形大棚),大棚长 25~30 m、宽 7.5 m、高 2.5 m。棚顶由内到外共覆盖 4 层,分别为芦席、草帘或保温棉、花雨布、蓝胶布;大棚两边下面 0.7 m 为通风区,需加一层细网眼的塑料网;棚内有 0.5~0.7 m 高的栖息架和产蛋筐。舍内及周围放置足够的喂料和饮水设备,使用料槽和水槽时,每只鸡的料位为 10 cm,水位为 5 cm;也可按照每 30 只鸡配置 1 个直径 30 cm 的料桶,每 50 只鸡配置 1 个直径 20 cm 的饮水器或普拉松自动供水器,水塔高 2.5 m,外用保温材料,防寒防冻,防太阳直射。隔离鸡舍为活动板房(3 m×4 m)。

(3) 选好品种、定好规模:放养品种一般选用抗病力强、环境要求低、适应性强以及肉质好的土鸡种,如淮南麻黄鸡、皖南五华鸡等地方品种,当涂县以皖南五华鸡、淮南麻黄鸡为好。

养殖户选购正规厂家健康土种苗鸡每组 3000 只,经地平面或网上育雏 30 天后,在玉米地(果园)等场地放养。90 天左右出售仔公鸡约 1500 只,育成后,剔除 200 只左右低产母鸡,选留后备高产母鸡 1200 只。

根据劳力情况、鸡场大小及市场行情,每年饲养 2~5 批次不等。

(4) 搞好饲养管理:

① 育雏:采用平面或立体分层育雏,用煤饼炉或电加热器、燃油热风机等供热,自动控温。平面育雏地面铺厚度为 10 cm 的干燥无霉变稻壳;立体分层育雏一般为三层,采用叠层式排列,底层离地 40 cm 左右,层高以便于操作为原则。用叠床或可移动木板把大群雏鸡分成 100~200 羽的小群,有利于雏鸡采食均匀,提高雏鸡均匀度,还可有效地防止鸡群拥挤扎堆。

育雏舍要在进雏前 15 天准备好,打扫干净,检查电路,挂好温湿度计,棚壁用 10% 石灰乳刷白消毒,准备好供温设备。进雏前一周,铺好垫料,每立方米空间用甲醛 28 mL,高锰酸钾 14 g,对鸡舍及用具进行熏蒸消毒,4 小时后打开大棚两头通风换气。在进雏的前 1~3 天舍温升高到32~35 ℃。雏鸡进入育雏室,第一周,每平方米50只,且隔开为一群,在弹性塑料网上或竹编网上铺新鲜干净的干稻草,铺草厚度以雏鸡粪便能从其空隙中落到接粪板上为宜。第二周每平方米40只,撤去铺草,使鸡粪直接通过网眼落到接粪板上。之后按每平方米30只、10只分群隔开。按日龄、强弱、大小分群饲养雏鸡。鸡舍温度第一周为32 ℃,以后每周降2.5 ℃,最后至自然温度。雏鸡应尽早饮水,全天候供水,防止出现僵鸡。适时开食,开食前先用0.4‰的高锰酸钾液饮水一次,用于消毒和排出胎粪,清理肠道。注意场地消毒,室内可用10%~20%的石灰水或者2%烧碱消毒,老场地育雏前用高锰酸钾和甲醛进行熏蒸消毒。

② 放养:随着苗鸡的长大和鸡舍温度的降低,30天后就可转入大棚舍饲,地面多垫干草(稻壳),并注意保温,防温差过大鸡产生应激反应。在天气晴好或气温适宜时,可逐渐诱使小鸡出棚活动、采食。

场地:放养场地上需有生长期不低于8个月的植物(植被),场区养殖实行分区轮牧。每组鸡群出栏后,场地要用20%石灰水消毒,然后翻土,自然净化15天后栽植谷物或种植牧草。

时间:一般育雏21~28天后,转入大棚,并择时场地放养,放牧初期适当控制放养时间和距离,逐渐诱导鸡群由短到长、由近到远在林中采食,并注意雷雨天气和兽害。为了使土鸡更具"土"味,放养期要求在5个月以上,体重以1.5~2.0 kg为宜。

喂料:在晴好天气,一般采用早晚各饲喂2小时,中途,以自然觅草、虫为主;雨天,人为补充青绿饲草。

③ 免疫预防:出壳后,立即皮下注射马立克疫苗;3日龄用球虫疫苗免疫一次;7日龄,用鸡新支h120二联苗滴鼻或饮水;14日龄,用鸡传染性法氏囊弱毒苗饮水;17日龄,用禽流感灭活苗0.3 mL皮下注射;22日龄用鸡法氏囊弱毒苗饮水;28日龄用鸡新支h52二联苗饮水;32日龄,用鸡痘刺种;80日龄用鸡新城疫1头份肌注;90日龄用禽流感灭活苗0.5 mL肌注;110日龄用新支减灭活苗肌注。同时,注意多发的大肠杆菌、沙门氏菌防治工作。

④ 消毒隔离:对禽舍、活动场地、饲料、用具、垫料、工作服、运料车等进行定期消毒,不留死角。消毒药物可交替使用生石灰、消毒威、百毒杀等。土鸡养殖场不得混养水禽,相互间隔3 km以上,且不得共用1个水源。杜绝鸡贩子及无关人员入场。

⑤ 科学用药:在放养期间要利用每天放鸡、补料、下午鸡回舍的时机,勤观察,发现异常立即隔离。在兽医指导下,对症用药,不滥用药物,不超量用药,严格实行休药期。为了保证土鸡产品品质优良、无污染、无药残,要充分利用中草药制剂替代抗生素来进行疫病防治。由于中草药在禽病防治上显示出多向性和广泛的适应证,防治疫病效果较为明显,长期使用不会产生耐药性;同时,中草药不易在畜禽产品中形成有害残留,能明显提高家禽的生产性能,改善肉质品质。

4 效益分析

4.1 经济效益

按生态"3000"放养模式,养一只土公鸡3个月可达1.25 kg,每只仔公鸡纯利为13元;留下的老母鸡经一个产蛋期后到年底出售,蛋的利润可保产蛋期养殖成本,老母鸡体重按

1.5 kg 计,一只老母鸡纯利润为 40 元左右。一只土鸡的综合利润为 26.5 元。全县年出售 1100 万只土鸡、土鸡蛋 5 万 t,年产值可达 8.2 亿元,年利润约 3.1 亿元。

4.2 社会效益

随着畜牧业的发展,人畜争粮加剧、畜禽养殖废弃物增多,影响了人居环境,给人们的生活和健康带来严重威胁。土鸡"3000"生态放养模式推进了当涂县种养结合、农牧循环发展进程。

4.3 生态效益

土鸡通过捕食昆虫杂草有利于玉米地、果林除草灭虫,同时,鸡粪又可作为有机肥料改善和提高土壤肥力,提高土地利用率,减少了农药、化肥使用量,减少对环境的污染,有效保持耕地面积,促进种养结合、生态循环养殖。

5 模式应用和推广前景

近年来,当涂县土鸡"3000"生态放养模式已形成了集产、学、研、销于一体的产业体系,目前有 850 多农户在玉米地、棉田、果园等场地从事土鸡养殖,从业人员达 2500 人,其产品有"绿草地""皖江贡鸡""太平草鸡蛋"等注册商标,产品被做成礼盒,远销江、浙、沪及周边城市。

6 专家解析

土鸡"3000"生态放养模式投资少、风险可控,节省了养鸡饲料成本,粪便经处理就地肥田,给养殖户带来了较大的养殖效益,在一定程度上促进了种养结合、农牧循环发展。

本模式做到不让一滴粪污污染场外环境,实现养分循环链条闭锁;种养紧密结合,显著减少了化肥、农药使用量,降低除草、施肥人力成本,粪污治理与生态效益十分显著。这是安徽省基层农技人员与广大养殖户在长期养殖实践中,自我摸索、总结出来的一套适合适度规模肉禽放养的生态养殖模式,值得在类似地区示范推广。

模式四 "猪-沼-肥-田"牧农生态循环模式
——以安徽浩翔农牧有限公司为例

1 背景条件

"猪-沼-肥-田"牧农生态循环模式,以安徽浩翔农牧有限公司为主体进行示范,以公司养殖场废弃物处理为起点,其他产业配合。养殖场产生的污水进入污水高效利用处理设施,处理后产生的沼液用于浇灌种植区;产生的沼气一部分作为清洁能源使用,剩下的全部用于发电,满足养殖场部分用电需求;猪粪用于加工有机肥并施用到种植区,增加粮食产量。种植区产生的秸秆部分用于加工有机肥,部分堆沤还田。

2 模式流程图

本模式流程图如图 2.4.1 所示。

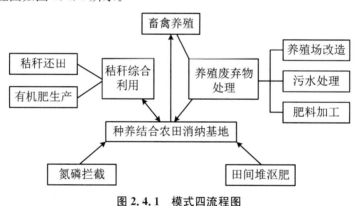

图 2.4.1 模式四流程图

3 模式特点与具体做法

3.1 模式特点

"猪-沼-肥-田"牧农生态循环模式运用循环农业原理,形成"粮食种植(秸秆作为有机肥原料,粮食作为生猪养殖饲料)—生猪—猪粪—与秸秆经发酵处理—有机肥还田—粮食种植(或其他经济作物)—生猪饲料"的物质转化链(图 2.4.2),让猪粪变废为宝,解决养殖废弃物和秸秆污染环境的问题。种植业、养殖业有机结合,推进养殖业、种植业协同发展,实现清洁化生产、资源化利用、无害化处理、绿色化增效。

本模式是以资源高效循环利用为核心,以低消耗、低排放、高产出为基本特征,以清洁生产为重要手段,达到物质资源的有效利用以及经济与生态的可持续发展的一种生态型循环生产模式。通过对养殖场废弃物高效处理,将其加工成固态有机肥和液态有机肥,将养殖所产生的猪粪经固液分离发酵后,加入添加剂,使肥料中有机物质达40%~80%,并富含氮、磷、钾、钙、镁、锌、铁等植物必需的营养元素及生物活性物质,养分齐全,肥效迟速兼备,长期施用能改良土壤理化性状,提高土壤养分的有效性,改善作物品质,提高作物产量。

生猪养殖

沼液利用

果蔬种植

图 2.4.2 模式四相关图片

3.2 主要做法

本模式由畜禽养殖、养殖废弃物处理、种养结合农田消纳基地、秸秆综合利用四部分组成,项目建设与生态农业示范基地紧密结合,推动生态循环农业发展,同时根据资源禀赋和产业特点,兼顾资源利用的多样性和废弃物处理的不同方式,促进循环农业发展。

本模式以养殖场废弃物处理为核心,种植与养殖有机结合,借助养殖工程、种植工程、秸秆综合利用等,实施"猪-沼-肥(液)-田(果、菜、粮、苗木)"的生态循环生产。通过对生猪养殖产生的粪污进行有效处理为种植业提供优质的有机肥料,农作物又作为生猪养殖的饲料来源,物质能量在动植物体间充分利用,形成良性循环链。主要技术如下:

(1)尿泡粪和固液分离技术:前端采用尿泡粪工艺,在节水的同时利于养分资源利用。后端采用固液分离设备首先进行固液分离,带出45%左右的粪水,固粪进行高温堆肥,液体与秸秆进行混合发酵。

(2)秸秆好氧堆肥槽式发酵技术:对于农作物秸秆,在适合环境下,利用物料中好氧菌,分解其中的有机物,实现物料腐熟,最终使之成为有机肥。在这一过程中,物料升温杀死有害的菌类。在高温的作用下,物料中的水分以水蒸气的形式散发,从而降低含水率。此技术既充分利用了粪水营养,又让秸秆得到了综合利用。

(3)污水资源化利用技术:发酵后的沼液一部分用于秸秆发酵,一部分在作物生产季节,利用水肥资源进行果蔬、农田灌溉,另一部分用于液态有机肥的加工。

(4)沼气模式厌氧发酵技术:利用畜禽粪污进行沼气和沼肥生产,沼气发电,合理地循环利用物质和能量,解决燃料、肥料、饲料矛盾。在技术上改变传统的罐式发酵,采用半地下半地上式的膜式厌氧发酵技术,其优点有:不分季节常年有较好发酵效果,即使在冬天也不需要加温,借助半地下自身的地温及白天吸收的热量,常年有足够的热量能保证较好的发酵效果;发酵池既能达到大量储存液体的效果,又有良好的发酵和产沼气的效果,建设成本低,易维护,尤其适合中大型养殖企业。

(5)有机肥和有机无机复混肥制备技术:采用先进的固液分离技术,固体部分利用高温堆肥技术和设备,生产优质有机肥和商品化有机无机复混肥。

目前浩翔农牧有限公司有四个分场,共流转土地4000余亩,辐射土地1.5万亩,建有膜式沼气发酵池43000 m^3,采取三级厌氧发酵工艺,配有发电机、有机肥生产线。经高温发酵和水处理过的沼液通过专用管道部分回流用于冲洗猪舍,部分直接接到种植大棚和农田,沼渣作为有机肥还田,变废为宝,实现废弃物循环利用,产生的沼气用于发电。既节约了电、水,又减少了化肥、农药的施用量,减少了对环境的污染,改善了土壤,又提高了作物的产量和质量。

通过"猪-沼-肥-田"牧农生态循环发展模式打造循环经济示范基地。示范基地年种植优质粮食1.5万亩,粮食作为养殖的原料,秸秆和粪污通过发酵成为有机肥,基地年出栏生猪80000头,年可消耗粮食2万t以上,年可生产有机肥1.8万t,可供1.5万亩土地生产优质果蔬、粮食使用。

4 效益分析

4.1 经济效益

(1) 养殖业效益,以年总收入计算,2018年养殖基地出栏生猪100000头(种猪25000头、商品仔猪75000头),每头猪按照1300元计算,年产值可达13000万元,效益1600万元。

(2) 种植业效益,以综合产值计算,年产值3825万元,如表2.4.1所示。

表2.4.1 经济效益

作物品种	面积(亩)	亩产值(元)	总产值(万元)	备注
小麦	13000	1000	1300	
玉米	13000	1100	1430	
蔬菜	1300	6000	780	
水果	700	4500	315	
合计			3825	

4.2 生态效益

通过示范带动作用,不断增强周边养殖户的环保意识,养殖实现零排放,从而更好地保护生态环境,生态效益明显。

4.3 社会效益

推广生猪人工授精技术,每年向社会提供种猪精液20万剂,全县猪人工授精覆盖率达95%以上,每年至少节省近1000万元,社会效益显著。

5 模式应用和推广前景

通过本模式的推广应用,形成循环经济链,养殖场的粪污基本得到妥善处理,改善养殖场的养殖环境,降低养殖场的生猪死亡率,提高猪肉品质,间接提高养殖场的收入;同时,处理生产的有机肥、沼液、液态肥,通过运输和管道输送到区域内农民的土地,每亩化肥费用直接降低20%左右。本模式的推广可使周边的农民从中受益,有效改进项目区农业产业结构,增加农民收入。将粪污、秸秆等污染物、废弃物作为资源进行开发利用,不仅解决了环境污染,而且改良了土壤,增加了农业产出,并有利于生态保护,具有较好的可持续性。

目前本模式已在利辛县各乡镇大力推广,大中型养殖场皆适用。推广"猪-沼-肥-田"牧农循环模式,养殖场养殖排泄物基本实现资源化利用和达标排放,规模化畜禽养殖场排泄物综合利用率达100%;生产总成本降低10%以上,带动养殖户收入提高10%以上。

6　专家解析

"猪-沼-肥-田"生态循环模式在全国多地已示范应用多年,浩翔农牧有限公司的"猪-沼-肥-田"农牧循环模式之所以取得比较成功的发展,是因为其公司规模较大,单场养殖规模所产生的粪污总量巨大,适合沼气生产以及后续的有机肥、液肥和沼气发电项目的配建。在此必须提醒广大养殖企业,只有养殖规模较大且饲养量稳定性较好,同时拥有较多可自主支配耕地时方可示范应用,否则较小规模的沼气生产、有机肥生产与后续的发电成本均难以承受,影响企业效益。

模式五　牛-沼-草模式
——以现代牧业为例

1　背景条件

近年来,随着农业产业结构调整,畜牧业得到了空前发展,畜产品在农业中所占比例显著提高。但我国畜牧业发展仍面临许多问题,其中突出表现在畜禽粪污排放对环境造成污染,产生了较为严重的生态环境问题。建立"牛-沼-草"可循环的生态种养模式,可以提高资源利用率,降低环保压力,提高养殖的经济效益和生态效益。

2　模式流程图

本模式流程图如图2.5.1所示。

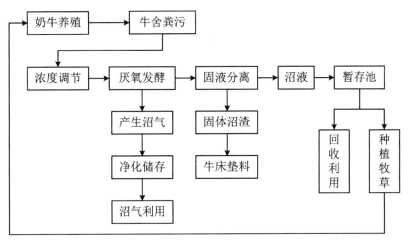

图 2.5.1　模式五流程图

3　模式特点与具体做法

3.1　模式特点

本模式将奶牛养殖场产生的粪污实行干湿分离,鲜牛粪、牛尿及冲洗混合废水全部进入沼气发酵池生产沼气,沼气用于发电及烧锅炉,沼渣干燥后做牛床垫料或生产有机肥料。沼液通过管道输送到沼液塔,作为液态有机肥用于牧草种植,牧草作为奶牛优质的粗饲料来源。本模式将奶牛产生的粪污进行了资源化充分利用,减少了对环境的污染。目前本模式已在安徽省现代牧业(五河)有限公司、伊利优然牧业等多家奶牛养殖企业推广应用,均取得了较好的经济及生态效益。

3.2 具体做法

(1) 粪污收集：牛舍粪污经机械刮粪进入粪沟，通过安装在粪沟前端的沼液回收系统，冲洗到收集池，粪沟与收集池之间设一定坡度，均采取硬化处理，以防渗漏，粪污收集池容积可按每头牛 1 m³ 建设。

(2) 浓度调节：将收集的粪污泵入浓度调节池，与回收的沼液一起用匀浆机均匀混合，使干物质浓度调节至 8%～10%。浓度调节池容积可按每头牛 1 m³ 建设。

(3) 厌氧发酵：经调节后的粪污用电磁流量计计量，采用半地下进料推流式分配到发酵池或泵入发酵池，进行厌氧发酵。料液在发酵池内发酵温度控制在 35～38 ℃，可采用盘管换热方式加热，加温热源为发电机组余热，经 20～25 天发酵完成。内设搅拌器，对发酵液进行搅拌、破壳、强化发酵，提高产气效率。发酵池容积可按每头牛 1 m³ 建设，发酵池底层主体要硬化处理，防渗漏；上层料质可用 PE 膜覆盖，用于收集所产沼气，上下层容积可按 1∶1 配套设计，实行沼气产储一体化。

(4) 固液分离：发酵后的出料进入混合搅拌池，经搅拌泵打碎混合均匀后，输送到一次分筛固液分离机，其筛网孔径为 0.3 mm，筛出的固体纤维物由传送带转送至螺旋挤压设备，进行脱水；一次筛分后的废液由二次筛分进料泵，输送到二次筛分设备，其筛网孔径为 0.1 mm，筛分出的固体纤维物由传送带转送至螺旋挤压设备，进行再脱水。筛分出的固体纤维物含水量约占 70%。

(5) 牛床垫料：分筛脱水后的固体纤维物料，经好氧堆积发酵后，含水率降至 30%，直接用于补充牛舍卧床垫料。

(6) 沼液处理：分离后的沼液进入暂储池，1 头牛不少于 10 m³。用于栏舍粪污冲洗和调节池调节粪污浓度，也可通过管道输送至农田利用。

(7) 沼气利用：厌氧发酵产生的沼气，经设备净化处理后，用于发电或沼气锅炉使用。

(8) 牧草种植与加工利用：发酵处理后的沼液作为肥料，通过管道进入农田，用于苜蓿(图 2.5.2)、燕麦或青贮玉米等优质牧草灌溉施肥(图 2.5.3)，替代化肥在牧草种植中使用。收割的燕麦或苜蓿等通过晾晒降低水分，制作青贮饲料后用于饲喂奶牛(图 2.5.4 和图 2.5.5)，也可以用鲜草饲喂奶牛，有条件的地方也可制作干草饲喂奶牛，形成"牛-沼-草"生态循环利用模式。

图 2.5.2 沼液灌溉牧草

图 2.5.3 紫花苜蓿草生产

图 2.5.4 半干青贮

图 2.5.5 转盘式挤奶台

4 效益分析

4.1 经济效益

该公司存栏奶牛 4 万头,建设 36.8 万 m^3 粪污处理沼气池设施,建立沼气综合利用发电设施 1 座,建立农田消纳基地秋实草业有限公司 10 万亩紫花苜蓿种植基地和产业化联合体 7 万多亩饲用玉米、小麦种植基地。日产 32000 m^3 沼气,其中 24000 m^3 用于发电(即热电联产),按每立方米沼气发电 1.5 kW·h 计算,每日可发电约 36000 kW·h,年发电 1314 万 kW·h,发电首先满足牧场需求,其余提供给周边农户使用;8000 m^3 用于烧锅炉,用于冬季牧场和职工宿舍的增温。热电联产的发电余热 40% 用于发酵池的增温,60% 用于牧场和办公楼的增温。通过沼气发电、沼液利用,10 万亩紫花苜蓿和 7 万多亩农作物,每年可减少化肥使用量 60 kg/亩(约 120 元/亩),减少农药费用 30 元/亩,合计每年节约费用 2550 万元。

4.2 生态效益

本模式减轻了养殖场粪污对土壤和牧场周边环境的污染,为养殖场普遍存在的粪尿流失、污染河道等问题找到了出路,对保护生态环境有着积极的推动作用。

4.3 社会效益

本模式能够增加养殖企业的收入,促进产业结构调整,美化环境,对发展农村经济具有重大的推动作用。

5 模式应用和推广前景

目前,本模式已在安徽五河县全面推广,适用于较大规模奶牛场,中小规模可根据实际需要,按比例建设相关设施。同时,适宜推广区域还要具备沼液输送管道、储液罐与增压泵、大型圆形喷灌机等基础设施,具有沼液使用的技术参数和能力。

6 专家解析

"牛-沼-草"模式是根据现代农业发展规律,结合农业结构调整实践,总结出来的一种新的实用型生态养殖模式。这一模式的应用,可缓解养殖场面临的巨大环保压力,实现了大农业内部物质和能量的多次利用、良性循环和多次增值,实现了增长方式的转变,达到了高产、优质、高效的目的,为生产绿色农产品奠定了良好的基础,也是实现农民增收、加快农民奔小康步伐的一条有效途径。大面积种植牧草的模式存在两方面问题:一是农区农田作为牧草种植,经济效益是否最优化值得探究,建议利用荒地或山坡地推广;二是养殖和牧草种植都是集团化运作,适合资金雄厚的企业,建议在规模化企业中推广。

模式六 鹅场粪污种养循环模式
——以安徽展羽生态农业开发有限公司为例

1 背景条件

安徽省养鹅历史悠久,有皖西白鹅、霍邱雁鹅等著名地方品种。沿淮区域河道滩地、丘陵坡地面积较大,水草资源丰富,养鹅规模逐年扩大,集约化程度越来越高,带来了大量粪污,若不及时、规范化处理,则可引起环境污染、疫病传染等问题,严重影响肉鹅养殖业的健康发展。安徽展羽生态农业开发有限公司是安徽省目前最大的皖西白鹅种苗生产企业,坐落于中国白鹅之乡、全国四大羽绒集散地之一、安徽57个产业集群镇之一的裕安区固镇镇,系六安市农业产业化龙头企业,主要从事皖西白鹅良种保种、繁育、孵化,标准化饲养以及配套处理粪污的芡实种植。公司建有标准化鹅舍16栋,计13000 m^2,水面运动场200余亩,并且存栏种鹅22000只,公司种养结合,经济效益显著,同时有效解决了养殖粪污问题,其模式值得推荐。

2 模式流程图

本模式流程图如图2.6.1所示。

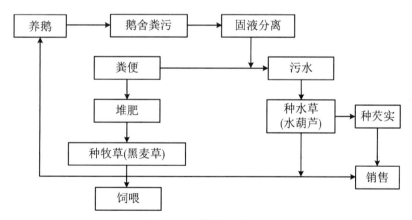

图 2.6.1 模式六流程图

3 模式特点与具体做法

3.1 模式特点

本模式将鹅场粪便和污水分别进行处理,粪便堆肥后用于种植黑麦草等牧草(图2.6.2),作为冬、春两季鹅的青饲料;污水用于种植水葫芦等水草(图2.6.3),作为夏、秋两季鹅的青饲料(图 2.6.4、图 2.6.5);同时,肥水可用于种植芡实,以提高经济收益。

图 2.6.2 黑麦草种植

图 2.6.3 水葫芦种植

图 2.6.4 饲喂牧草

图 2.6.5 饲喂水葫芦

3.2 具体做法

(1)鹅场粪便堆肥处理:鹅粪添加植物秸秆、稻壳等物料进行调节碳氮比至(20∶1)～(30∶1),必要时需添加菌剂;堆体起始含水率为 40%～60%,发酵过程温度控制在 55～65 ℃,且持续时间不少于 5 天,最高温度不宜高于 75 ℃。堆肥时间应根据碳氮比、湿度、天气条件、堆肥工艺类型和添加剂种类确定,堆肥物料各测试点的氧气浓度不宜低于 10%,适时采用翻堆方式自然通风或设有其他机械通风装置换气,调节堆肥物料的氧气浓度和温度。

(2)黑麦草种植:在晚稻收获前后播种黑麦草,播种量 1～1.5 kg/亩,选择土质疏松、质地肥沃、地势较为平坦、排灌方便的土地种植黑麦草。播种前对土地进行全面翻耕,并保持犁深到表土层下 20～30 cm,开沟做畦,沟深 30 cm,宽 30 cm,畦的方向依地形确定以便于排灌,每畦宽 2～3 m。施足底肥,亩施 1000 kg 鹅粪堆肥。每亩按 1.2～1.5 kg 进行播种,播种前将黑麦草种子用冷水浸泡 5～8 小时,捞起沥干后掺上细沙撒播。播种 40～50 天后即可割第一次草。割草时无论长势好坏都必须收割,第一次收割留茬不能低于 1 寸(约 3.3 cm),以后看牧草的长势情况,每隔 20～30 天收割一次,留茬不能低于 1 寸。同时根据实际情况,可留至拔节期收割。第一茬草适当早割,这样可促分蘖。饲喂牲畜后用不完的青草可进行青贮利用。

(3) 鹅场污水收集:鹅场污水可用于种植水葫芦、水花生、芡实等当地常见水生植物以进行净化处理,水生植物塘有效水深度宜为 0.4~1.0 m;塘内种植水葫芦,每 1000 只鹅的污水处理水生植物塘约为 16000 m^2。定期用 0.1% 浓度的石灰水,对水生植物塘进行消毒。

(4) 水葫芦的种植:当地平均气温 13 ℃ 以上,且已断霜时开始种养,以越冬种株发出新叶时种养较为合适。种苗宜放入静水向阳的一侧水面,较大的水面或流动的水中放养时须用竹竿扎成三角形或方形的围框,并用绳系于岸边桩上以固定位置;或在水中打桩,高出水面,并于几根桩之间齐水面系粗草绳围栏。然后将种苗种养其中,待植株生长繁殖长满框内时,再逐步放大围框,最后加以拆除,以减少风浪动荡,防止被风吹散,有利于生长繁殖。水葫芦生长、繁殖十分茂盛时,即可开始采收作为青饲料。每天可采收种植面积的 1/8~1/10,采后应将留存水面的植株均匀拨开,以便植株继续繁殖。

(5) 芡实的种植:一般在 3 月下旬或 4 月初播种,播种前应先做好苗池和种子催芽。苗池应设在背风向阳、地势平坦的洼地,池宽 2 m,池长因播种量而定。四周做埂,田内挖翻平整,施足基肥,保持水深 5~8 cm,等泥水沉淀澄清后,将发芽后的种子近水面均匀撒下,每平方播种 300~350 粒。种子催芽方法如下:先将种子用清水漂洗 1~2 次,置阳光下曝晒,至种壳发白时放入干净盘钵,钵中盛清水,以浸没种子为宜,日晒夜盖,保持日温 20 ℃ 以上,夜温 15 ℃ 左右,约 15 天后种子开始萌动,等 8% 以上种子胚芽初露时插入苗池。5 月中旬以后,当秧苗有 4~6 片绿叶、叶片直径达 25~30 cm 时起苗定植。每 5 kg 种子的秧苗可定植 5000~7000 m^2 水面。5 月中旬定植到 7 月下旬封行前,芡实苗尚小,四周杂草容易滋生,需耘田除草 3~4 次。7~8 月,水温高于 35 ℃ 时,应在清晨泼凉水于叶面,以降低叶面温度,促进开花结实。早熟品种,采收期为 8 月下旬至 10 月上旬,晚熟品种为 9 月上旬至 10 月下旬。

(6) 青饲料的饲喂:黑麦草和水葫芦可作为青饲料喂鹅,可用铡草机将草切成 1~2 cm 后再饲喂。1~15 天龄的雏鹅要以全价配合饲料为主,青饲料为辅,按先精料后青料的顺序饲喂;15~30 天龄的小鹅,全价配合饲料与青饲料各 50% 饲喂;30~60 天龄的青年鹅,饲喂以青饲料为主,精料为辅;出栏前 20 天左右要集中补饲育肥,以精饲料为主,青饲料为辅。用黑麦草喂鹅容易缺钙,要注意补充钙、磷等,防止鹅腿部麻痹、瘫痪。

4 效益分析

4.1 经济效益

鹅是食草水禽,觅食性强,耐粗饲,能充分利用青草,鹅的嗉囊大,能采食大量饲料,且消化力强,种草养鹅能节省精饲料,降低生产成本。以往农户养一只商品鹅从苗鹅到出售需耗用精料 10 kg,通过种草养鹅,仅需精饲料 6 kg,即每只商品鹅节省精饲料 4 kg,按配合料 2.60 元/kg 计算,可降低成本 10.40 元。

鹅场污水种植芡实,不仅净化效果良好,而且肥水的芡实籽粒饱满、粒大,经济效益较好,亩均增收达 8000~10000 元。

4.2 生态效益

本模式减轻了畜禽粪污对土壤和环境的污染,为解决养殖场普遍存在的粪尿流失、污染河道等问题找到了一条科学的道路,对保护生态环境有着积极的推动作用。

4.3 社会效益

能够增加农民收入,促进产业结构调整,美化环境,对发展农村经济具有重要的推动作用。

5 模式应用和推广前景

目前,本模式已在安徽省六安市固镇镇全面推广,适用于较大规模的养鹅场;中小规模鹅场可根据实际需要,按比例建设相关内容。

6 专家解析

安徽省种用水禽养殖近年来朝着规模化、集约化方向发展,单体养殖规模远远超出传统农户的养殖规模,随之而来的问题是粪污排放相对集中,单点排放数量显著增加。由于安徽省地方水禽如皖西白鹅仍保留较强野性而不适合旱养,要使繁殖种鹅发挥较好的繁殖性能,利用水上运动场完成其自然交配的养殖方式仍是主流。为了避免养殖水体富营养化而导致种鹅发病率上升,必须保证水上运动场水体清洁。传统做法是扩大水面或者使用流动河水稀释,现在耕地紧张,河水污染治理力度加大,因此传统方法已不适应现行要求。

本模式采用粪污原址固液分离,液体粪污流入运动场水体后通过种植芡实、水葫芦等水生植物进行消纳,不仅可及时净化水质,而且提高水生经济作物的产量、品质;固体粪污经简单堆置发酵后作为有机肥直接用于牧草种植。水草、牧草可作为种鹅青饲料返饲补充维生素、叶蛋白等必需营养,在节约精料的同时提高了种鹅繁殖性能。

本模式技术要点是匹配的水草、牧草品种要多样化,在满足多汁、营养、适口的同时,尽量选择生物量大,生长收获期时间长的组合,以做到全年四季均衡供青;根据养殖规模精确计算需要配套种植的水(牧)草面积;筛选适宜的补充精料配方,以配制针对性强的补充精料,确保其他养分均衡供给。

模式七 农牧结合制肥还田模式
——以安徽徽宝农林科技有限公司为例

1 背景条件

畜禽粪便一直是我国农业生产的主要有机肥源,种养结合、用地养地农业发展模式,支撑了我国几千年的农业文明史。但是,近年来随着畜牧业规模养殖的快速发展,粪便量大且集中,受季节限制、施用不便等因素制约,畜禽养殖产生的大量粪污对环境造成了日益严重的影响。

农牧结合制肥还田模式,按照种养结合发展思路,以畜禽养殖粪便综合利用为目标,依托农林种植公司规模化生产基地进行消纳,变废为宝、化害为利,推进畜禽规模养殖场粪污资源化利用。通过政策和财政资金,支持养殖场与周边的苗木花卉种植基地或农户进行有效对接,建设农林种植基地并配套建设相应规模的粪肥生产和施用设施,充分利用规模养殖场的粪污生产有机肥,实现规模养殖、规模绿色农产品生产与环境保护有机融合,促进现代畜牧业和现代生态农业发展。

2 模式流程图

本模式流程图如图 2.7.1 所示。

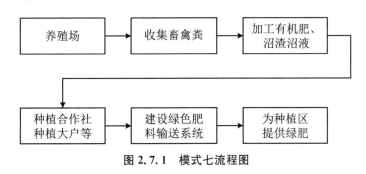

图 2.7.1 模式七流程图

3 模式特点与具体做法

3.1 模式特点

本模式中,地方农业主管部门通过政策和财政资金,支持养殖场与周边的苗木花卉种植基地或农户进行有效对接,依托农林种植公司规模化生产基地进行消纳,打通了粪污对接利用的最后一公里通道。这种种植业与养殖业有机结合的模式,破解了长期困扰种养企业粪污处理利用的难题,解决了粪污供需的矛盾。

3.2 具体做法

通过养殖场与周边的苗木花卉种植基地和农户的有效对接,农牧结合,实现畜禽粪肥综合利用。

(1)合理制定规划:选择卓山基地作为粪污利用试点,基地对粪污的需求量大,周边规模养殖场多,粪源有保障,距离近,运输成本低,本着方便、合理、有效的原则,根据不同林木品种对所需肥料的种类、用量的要求,对粪污运输路线、地磅安放地点、储存池的数量和位置、粪污管网的排列和开挖规格等进行了全面规划。

(2)就近落实粪源:2016年10月上旬,公司安排专人对卓山基地周边的城关镇和南港镇规模养殖场进行了现场考察、了解,筛选了畜禽养殖规模较大的舒城县南港镇振茂养殖场、舒城县城关镇大溪河生态养殖场、安徽雄丰养殖有限公司等几家养殖场,分别签订了长期利用粪污合同。这几家养殖场在栏生猪有2万头,鸡有10万只,而且经过雨污分流等综合治理,粪污肥效高,完全可以满足1000亩林地用肥。

(3)精心组织施工:公司统筹资源,集中人力、物力、财力,在较短时间内,完成了储存发酵池、地磅池、粪污明渠等基础设施工程建设,并购置了运输车辆、计量地磅、抽污水泵等。

(4)落实运行机制:公司就对接协调、运输调度、司磅计量、储存控容、粪污利用等做了部署安排,并建立了长效责任制,由一名副总主抓,按月考核。

以安徽徽宝农林科技有限公司为例。该公司主营优质木本油料和笋竹两用林。自2010年开始,在舒城租赁土地26000亩,栽植油茶、山核桃18000亩,雷竹300亩。目前,正进入旺盛生长期。农家肥的缺乏一直困扰着公司发展。2016年获得舒城县畜禽规模养殖场粪污综合利用试点项目支持。2016~2017年一年多时间,公司基地从5个养殖场运入粪污5060 t,其中猪粪4027 t,禽类粪便1033 t,1000亩林地上了2~3次粪污,施肥后的林木长势良好。

4 效益分析

4.1 经济效益

以前,基地所需粪污,要花钱购买,按试点面积1000亩计算,每年需要粪污5000 t左右,按每吨20元补贴,一年用肥成本就节约10万元。同时,使用粪污有机肥,土壤养分得到改善,利于植物生长。据现场比对,2017年利用粪污的木竹,比没有使用粪污的相邻地块,胸径平均增粗0.6 cm,树高增长40 cm,树冠增宽10 cm。据业内人士评估,1000亩在地生物增加值约为70万元。这一加一减,公司一年增加经济效益80万元。

4.2 生态效益

以前,粪污运达林地,随到随倒。林地粪污横流,臭气熏天,蚊蝇嗡嗡。现在,用罐装车运输,沿途不再有粪污撒漏;粪污通过储存发酵,不再漫溢横流;粪污通过管网输送,浇后用土覆盖,基本没有臭气,解决了粪污的二次污染问题。

4.3 社会效益

以前,基地使用粪污,污染了周边环境,引起一些群众不满,成为公司管理层的隐忧。现在,污染环境的问题得到解决,同周边群众的关系密切了,公司可以全身心地投入科学营林,群众也愿意学习本模式的做法。

5 模式应用和推广前景

安徽徽宝农林科技有限公司推广应用农牧结合制肥还田模式后,获得了充足的粪源,改变了过去粪源不足的困境。现在,政府牵头对接,供需渠道畅通,公司不再为解决基地粪源而奔波劳神。当前,美好乡村建设、生态环境建设、无害化种植和养殖,已提升到国家发展战略。农牧结合制肥还田模式,破解了长期困扰种养企业粪污处理利用的难题,解决了粪污供需矛盾。

6 专家解析

规模种植和规模养殖是两种不同的生产方式,长期分属不同的政府管理部门监管。畜牧管理部门只注重养殖,不管粪污利用;林业部门只管造林,不管肥源。种养企业间的对接也曾有过,但是效果不理想。从而形成养殖场粪污处理不掉,农林基地缺少农家肥的局面。舒城县畜牧局积极作为,部门跨界引导,推广农牧结合制肥还田模式,为规模养殖场和农林企业牵线搭桥,打通粪污对接利用的最后一公里通道,构建起绿色种植养殖的良性循环。

一直以来,畜禽产品市场价格波动剧烈,养殖场盈利不稳定,拿不出更多的钱进行雨污分流等粪污无害化处理。而种植类企业,前期投入大,收益慢,也拿不出更多的钱购建粪污处理必要的配套设备和设施。实施农牧结合制肥还田模式,破解了长期困扰规模养殖场和种植基地各自的难题。这种种植业与养殖业有机结合的模式,使种养企业粪污供需矛盾得到有效解决,探索出了一条通过地方农业主管部门积极引导的规模化养殖畜禽粪便"无害化、资源化、生态化"利用的有效途径,推广应用前景良好。

模式八 现代农牧业与休闲农业绿色循环创新模式
——以京徽蒙现代农牧有限公司为例

1 背景条件

京徽蒙现代农牧有限公司位于蒙城县境内,主要涵盖"生猪现代化养殖""粪污无害化处理""再生资源科学化利用""设施农业与农业种植""农业与农村休闲"等现代农业示范园生产运营。以"绿色、循环、创新"理念,确保企业低能耗、低排放、高品质、高效益;以猪-沼-菜、猪-沼-粮、猪-沼-果、猪-沼-林、猪-沼-渔等模式,实现"种养结合、农牧循环"与"环境友好""休闲农业"的协调发展。

2 模式流程图

本模式流程图如图2.8.1所示,相应的技术图线如图2.8.2~图2.8.4所示。

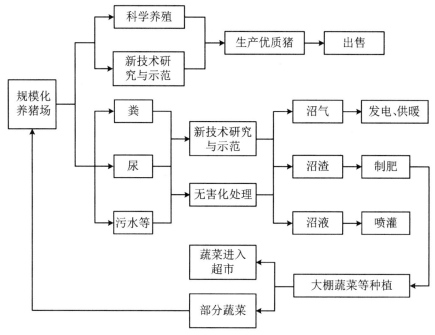

图 2.8.1 模式八流程图

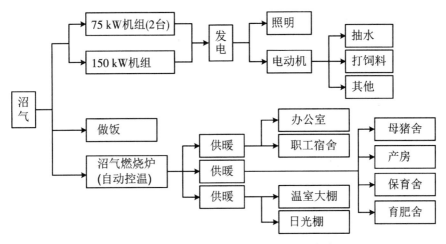

图 2.8.2 沼气在规模化养猪场的应用技术路线

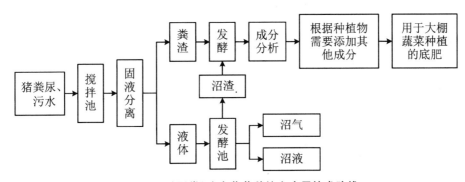

图 2.8.3 沼(粪)渣在蔬菜种植上应用技术路线

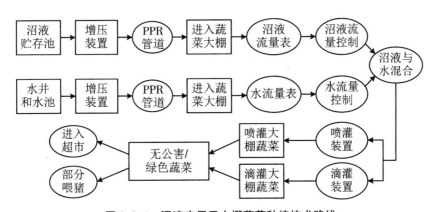

图 2.8.4 沼液应用于大棚蔬菜种植技术路线

3 模式特点与具体做法

3.1 模式特点

本模式的特点主要体现在以下关键技术及其指标。

(1) 关键技术:

① 母猪采食应激控制技术;
② 输精持续时间对后备母猪受胎率及产仔数影响技术;
③ 发酵豆粕对仔猪早期断奶应激控制和增重技术;
④ 节水、过滤粪污水冲技术;
⑤ PVC 管雨污分流技术;
⑥ 粪污干湿分离技术;
⑦ 沼气池发酵技术;
⑧ 沼气发电、燃烧供暖温度自控技术;
⑨ 沼液加压、管网输送技术;
⑩ 沼液施肥流量控制技术;
⑪ 发酵床养猪技术。

(2) 主要技术指标:

养猪场科学生产主要技术经济指标:
① 全年分娩率 88.3%;
② 断奶后发情率 96%;
③ 断奶仔猪成活率 96.2%;
④ 保育仔猪成活率 98%;
⑤ 育肥猪成活率 97.6%;

沼气工程的主要技术指标:
① 日处理粪、尿、污水等 50 余吨;
② 日产沼气 360 m^3;
③ 日产沼液近 47.5 m^3;
④ 日产沼渣 2.5 t。

沼液使用的主要技术指标如表 2.8.1 所示。

表 2.8.1 沼液使用的主要技术指标

苗期/生长阶段	施水/肥方式	沼液浓度(%)	备注
育苗	喷灌	10	黄瓜
移苗定植	滴灌	20	
缓苗至开花期	滴灌/喷灌	28	
结果至采收期	滴灌/喷	45~48	

根据不同蔬菜品种,施肥浓度各异。

沼气发电的主要技术指标:
每立方米沼气可发电 1.8 kW·h,每日可发电 648 kW·h 左右。

3.2 具体做法

(1) 粪污综合处理技术由多个单一处理技术集合而成,可由几种或多种自由搭配集成使用,适用于大、中、小型规模猪场,推广应用范围广泛。

(2) 这些技术可应用于粪污收集、处理,再生资源转换、利用,节能、降耗、增效等多个环节。

（3）在粪污与雨水分流、沼气供暖、沼液管网输送、沼液施肥流量控制等方面获重大突破。研制的"PVC管雨污分流装置""沼液施肥流量控制装置"等，2014年获国家实用新型专利。

4 效益分析

4.1 经济效益

（1）设计建造母猪采食应激控制设备60套。410头母猪使用该设备，能有效解决母猪采食应激问题。

（2）科学把握输精持续时间，每年多产仔猪1500头，年增加收入15万元，3年增收45万元。每年有1.2万头仔猪早期断奶后食用新型发酵豆粕，节约保健、医药费9.6万元，加快生长速度，增效60万元，年均增效69.6万元。

（3）设计建造沼液加压、管网输送设备1套，沼液施肥流量控制设备40套，蔬菜增产19.8%，年增收约65万元；蔬菜整齐度增加，使价格每千克提高0.2~0.5元，年增收36万余元。合计年均增效101万元。

（4）应用沼气燃烧炉及配套设施设备为猪舍和蔬菜大棚全自动控温供暖，促进猪和蔬菜的生长，年均增收46万元。

（5）利用沼气年发电32.4万kW·h（或产生热能），节约能源支出约18万元。

（6）发酵肥全部用于农作物种植，每年可减少农田化肥用量185 t（项目单位年产1.85万t发酵肥和沼渣、沼液，按1%折计成化肥量），按1.6元/kg计算，年节约农业肥料支出29.6万元。

（7）有机肥、发酵肥施于项目单位1200亩农田，不仅改良了土壤、增加了有机质含量，而且年均提高农作物产量90 kg/亩（春、秋两季）、提升农产品品质0.1元/kg；项目研究单位年均增收108 t（1200亩×90 kg/亩）、增效22.68万元（2100元/t），提升农产品品质增效10.8万元（1200亩×900 kg/亩×0.1元/kg）。合计年均增效33.48万元。

（8）环境优化，减少疫病发生。养殖场年均饲养生猪1.5万头，每年每头生猪少用保健、治疗等医药费5元，年节约支出7.5万元；同时，适宜的环境加快了猪的生长速度，每头猪日均多增重0.009 kg，按15元/kg、生长期150天，每头增效20元。年均出栏1.2万头，年增效24万元。合计年均增效31.5万元。

共计年产生经济效益329.18万元。

4.2 生态效益

PVC管雨污分流技术、循环经济模式的应用，使养殖业的粪尿、污水等废弃物不仅得到了有效的发酵、分解，保护了环境，而且变废为宝，节约了农作物的肥料成本，解决了土地板结等问题。

4.3 社会效益

目前本模式及相应技术在蒙城县86个规模猪场推广应用，年产生经济效益5200余万元。随着更多的猪场推广应用本技术，所产生的社会效益也会随之扩大。

5 模式应用和推广前景

本模式在气候寒冷地区不适宜,其他地区均可推广。推广应用本模式需要一定经济实力与农业配套耕地与设施,建议在中大型农牧企业示范推广。

6 专家解析

本模式相对于其他"猪-沼-肥-田"模式之所以取得更成功的发展,是在于其 PVC 管雨污分流技术以及建立的雨污分流系统比较合理且技术经济可行,减轻了粪污处理压力;沼液用途更加广泛(蔬菜、粮食、果园、林地、渔业),并且做到按需调控浓度与自动喷灌;配套的种养技术先进、成熟,有力地促进了固体粪污、沼液、沼渣科学的充分利用。由于实现了"种养结合、农牧循环"与"环境友好",农产品品质获得了显著提升,进而有效促进了"休闲农业"的协调发展,实现一、三产业良性互动。本模式积累的技术参数、经济指标比较真实、全面,可为辐射示范企业所借鉴。

模式九 农牧结合生态循环模式
——以康楼禽业有限公司为例

1 背景条件

近年来,全国养殖业发展迅速,但对环境影响日趋严重;同时化肥、农药等长期大量投入严重影响现代农业健康发展。国家对农业生态环境和农产品质量安全高度重视,出台相应政策以促进农业健康发展。康楼禽业有限公司及周边地区畜禽存栏量大,下游畜禽粪便资源丰富。同时亳州市中药材资源丰富,广大药企做精深加工提取后的药渣资源丰富。公司收购的农作物秸秆、中药渣与公司养殖基地的畜禽粪便及有益菌种混合,研究有机肥料和生物菌肥进一步改善养殖基地环境,使整个养殖产业链条真正做到无害化、绿色化和生态化。

2 模式流程图

本模式流程图如图 2.9.1 所示。

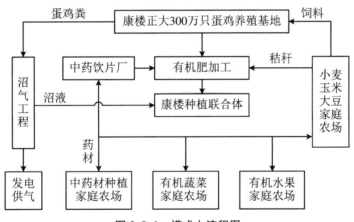

图 2.9.1 模式九流程图

3 模式特点与具体做法

3.1 模式特点

亳州市康楼禽业有限公司规模养殖生态循环建设项目,以养殖业为基础,以有机肥加工(图 2.9.2)为纽带,以养殖种植联合体为依托,发展循环农业,整合当地家庭农场,利用项目区生产的生物有机肥,种植绿色玉米、大豆、蔬菜等,真正做到植物生产(种植)—动物转化(养殖)—微生物还原(动植物废弃物发酵)的生物链,完成能量和物质的循环利用,发展生态农业。

公司新建占地44.56亩的畜禽粪便农作物秸秆处理加工基地,着手发展以有机肥为纽带的生态循环农业。公司以康楼生态循环农业产业化联合体养殖基地的优质鸡粪、谯城区小麦、玉米、大豆秸秆和亳州特色产业中药材的药渣秸秆为原料,根据科学配方,生产有机肥。高温杀菌、除臭干燥后,形成粗制肥料;而后经过分筛、粉碎等程序,生产出优质的大田作物有机肥、中药材专用有机肥、果树专用有机肥和育苗基质肥等优质有机肥产品,并通过发展养殖种植一体化现代生态循环农业产业化联合体,发展生态循环绿色有机农业。

图 2.9.2 堆肥处理现场图

3.2 具体做法

(1) 处理设施条件:建畜禽粪便堆放车间 10000 m^2,建畜禽粪沼气罐 5000 m^3,有机肥发酵车间 20000 m^2,农作物秸秆堆放场 20000 m^2,有机肥生产车间 5000 m^2,有机肥成品车间 10000 m^2(图 2.9.3~图 2.9.5),并完善雨污分流管网。具有粪便收集运输车 5 辆,农作物秸秆及中药渣专用运输车 20 辆,厂内运转铲车 3 辆;建化验检测室 1000 m^2。另有沼气沼液运输车 3 辆、液态肥生产灌装线 5 套、固态粉尘和防臭处理设备 10 台(套)。

图 2.9.3 储气柜

图 2.9.4 有机肥生物菌发酵

(2) 生产方式及实施流程:公司利用现有的技术方案,结合上海绿缘三元素生物科技有限公司技术、检测、管理方面的优势,通过以上原料的复配,调节混合原料的酸碱度、温湿度、碳氮比、物料水分等,按照生物菌对有机物质分解规律,发酵中温区温度控制在 45~55 ℃,保持 10 天左右;然后进入高温区,其温度控制在 60~70 ℃,保持 5 天左右。这一阶段发酵时间共计15～20天,发酵温度的控制以静态强制加氧和翻堆加氧相结合。经过处理,病害微生物、病虫卵等被彻底杀灭而达到无害化、稳定化和除去异味的效果。第二阶段是后腐熟,即一些新的微生物借助残余有机物生长,完成全部发酵过程,大约需30天。后期经过筛分除杂、粉碎、再筛分获得符合国家标准的有机肥原料。

图2.9.5 有机肥生产车间

4 效益分析

4.1 经济效益

项目实施后,年产总值2200万元左右,利润220万元左右,同时带动家庭农场发展种植,预计带动产值500万元左右,实现利润增加值110万元左右。

4.2 生态效益

本模式促进了现代畜牧产业发展,养殖实现了零排放,改善了县域生态环境。推广有机肥可有效地改变目前普遍存在的过度使用化肥,致使土壤板结硬化的状况,对农业生产具有相当重要的作用,是实现农业和农村可持续发展的有效途径。

4.3 社会效益

项目实施后,可向社会提供32个就业岗位,增加绿色农产品及食品的有效供给,促进循环农业的发展,降低了购买化肥等农业生产资料成本,促进了农民增收,同时农民生活环境得到了明显改善。

5 模式应用和推广前景

康楼生态循环农业以亳州市康楼禽业有限公司养殖场的废弃物处理为起点,其他产业配合。养殖场产生的污水进入污水高效利用处理设施;产生的沼气一部分用于清洁能源,剩下的用于发电,可满足养殖场的部分用电及供暖需求;鸡粪用于加工有机肥施用到项目区的种植户,销售给农户。种植产生的玉米和大豆加工饲料、中草药提取过的药渣用于加工有机肥。这样各个环节前后相连,互助互辅,形成经济高效、生态环保的康楼生态循环农业,为社会提供绿色有机农产品,市场前景广阔。

6 专家解析

农牧结合生态循环模式以养殖业为基础,以有机肥加工为纽带,以养殖种植联合体为依托,有机融合了养殖企业、畜禽养殖废弃物利用、有机肥加工、有机种植等产业链要素,真正做到植物生产(种植)—动物转化(养殖)—微生物还原(动植物废弃物发酵)的生物链利用,完成能量和物质的循环,促进了现代畜牧产业发展,在养殖实现零排放的同时,改善了区域生态环境,对推动现代农业发展和农产品供给侧结构性改革有巨大的推动作用。

模式十　种养加区域生态循环模式
——以平山省级现代农业示范区为例

1　背景条件

怀宁县平山镇地处皖西南,长江北岸,是全国最具投资潜力的百强中小城市之一,县委、县政府立足远近闻名的"鱼米之乡"优势,建设怀宁平山省级现代农业示范区。为促进农村经济发展,平山镇在积极抓好种植业生产的基础上,大力发展养殖业,利用本地资源优势,以种促养,以养带工,以工富农,总结出了一条以种植业为基础,以养殖业为龙头,以加工业为支柱,种养加相互促进、协调发展的生态良性循环路子,使企业、乡镇、农村经济和生态环境效益显著提高,形成了平山镇种养加区域生态循环模式。

2　模式流程图

本模式流程图如图 2.10.1 所示。

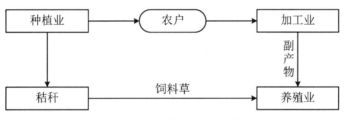

图 2.10.1　模式十流程图

3　模式特点与具体做法

3.1　模式特点

稻鸭(虾)共生、林鸡互作(图 2.10.2)、太阳能频振杀虫灯以及沼气工程(图 2.10.3)建设等得到有效推广。省级农业产业化龙头企业皖山食品建成全国唯一应用物联网综合技术的"稻鸭共生"示范基地,并与上海光明集团合作,生产加工的皖山有机富硒大米售价可达35 元/kg,鸭子158 元/只。国才农场新建 1000 亩稻鱼综合种养示范基地,发展稻虾连作、稻虾共生种养模式。福建客商投资企业绿茵农业利用园区农作物秸秆工厂化生产杏鲍菇,产销两旺,并成功申报国家秸秆生产食用菌节能项目资金 720 万元。

示范区循环经济骨干工程——牧之金有机肥厂充分利用园区养殖企业畜禽粪便及作物秸秆,一期粉剂有机肥顺利投产,二期与海南万绿宝集团达成战略合作协议。省级龙头企业福宁米业领办的水稻种植合作社,采取提供购种、育秧、机耕、机收、统防统治五统一服务模式,目前已建成优质稻谷生产基地 28000 亩,该公司生产的 6 个系列产品已被认定为绿色食品。金福地农业4座15200 m^2大棚投入使用,建成标准化草莓葡萄采摘园;农兴花卉杜鹃花基地、宝润山石斛种植基地初成规模,园区产业支撑更加丰富。胜天圩省粮食绿色增产模式攻关示范片建设,实行统一品种、秸秆还田,增施有机肥,推行病虫害防控等措施,实现绿色增产增效。

图 2.10.2　林鸡互作

图 2.10.3　秸秆沼气工程

3.2　具体做法

平山镇依托其地理自然环境优势和良好的经济发展基础,着力打造"种养加区域生态循环模式",从以下几个方面开展工作:

(1) 坚持高起点规划设计:坚持高起点规划、高标准开局,构筑改革创新载体,搭建示范带动平台。典型案例为"示范区集中引领+田园综合体+循环大农业",以"示范区集中引领"为主抓手,以"田园综合体+循环大农业"为路线,结合平山镇金鑫乳业"干粪堆肥+沼液施肥+沼气发电"的工艺,以产业化项目为载体,大力发展以美好乡村和休闲农业为核心的田园综合体,推行"种、养、加、饲、肥"五级循环的农业生产发展战略,最终形成规模化、特色化的以农副产品深加工为核心的产业集群,同时拓展休闲畜禽、林木、水产业建设,打造成安徽省现代农业示范推广的窗口。

(2) 坚持多渠道投入机制:在充分利用省农发资金高位起跳、发挥杠杆作用的基础上,示范区按照"性质不变、渠道不乱、各负其责、各计其功"的原则,把一些分散在多个县直部门的小项目集中起来"打捆使用";建立健全农村公益事业,建设"五个一点"多元化投入机制,着力破解建设资金不足的"瓶颈"。县本级财政设立1亿元专项资金,整合省级有关部门资金,发挥项目资金"1+1>2"的效果。实践证明,这种"各炒一盘菜,共做一桌席"的投入机制,有利于集中财力办大事,能够充分发挥投资效益,让农民长远受益。

(3) 坚持多元化经营方式:示范区把推动规模经营作为转变农业发展方式的重要抓手,以土地整理改善生产条件,提高产出效益,培育经营大户,以特色资源吸引企业入驻,初步实现从传统农业向现代农业的转变。围绕发展现代生态农业产业化,加大招商引资力度,先后引进福宁米业、绿茵农业、翔鼎集团、万绿宝有机肥、金田园油脂深加工等项目,改善过去缺少规模经营主体、传统农业"散、小、弱"的局面。

(4) 坚持全方位服务管理:除用行政办法和经济办法进行组织动员外,示范区主要采用"政府主导、农民主体、依托项目、全程服务"的体制机制,在运作上确保组织领导、部门帮建、乡村实施"三到位"。县委、县政府把示范区建设提升到全局高度,制定了优惠政策;县直各有关部门以项目为抓手,积极支持示范区建设;镇村干部在示范区建设中切实发扬"5+2"

"白+黑"精神。同时,示范区创建了"政府主导、企业主体、部门配合、行业自律"为主要内涵的"四位一体"监管新模式,采取"政府搭台、企业唱戏"方式,通过会展平台宣传企业推介产品,组织开展农超、企超对接活动,引导和鼓励企业到省内外设立直销点,开展网络销售。

4 效益分析

4.1 经济效益

把促进农民增收作为核心任务来抓,在"稳增产、保增收"的基础上,突出生产性、经营性两个主要收入源,以引入规模经营主体为龙头,以"公司+基地+农户"为纽带,带动农民从产业化经营中实现增收。2016年,示范区内产业生产总值达23.63亿元,完成固定资产投资7.4亿元,规模工业总产值14.45亿元,完成工商税收近1000万元。

4.2 生态效益

以示范区建设为抓手,统筹城乡交通、水利、文化等基础设施规划建设,着力打造以生态农业为支撑的生态名镇和美丽乡村。据统计,示范区内有30多个自然村庄自发开展村庄整治活动。大洼社区司山村民组村民自治模式得到进一步创新实践,"自治、自理、自建、自享"示范效应进一步扩大,全镇以实施公益事业为核心的理事机构得到普及推广。示范区的建设,激发了广大农民群众筹资筹劳参与美丽乡村等公益事业建设的积极性、主动性,有2009年以来,群众通过"一事一议"等多种方式先后筹资6000多万元,其中,2016年筹资1423.32万元。

4.3 社会效益

(1) 基础设施建设日臻完善:先后对胜天圩、长滩圩、合保圩、彭家大畈等的沟、渠、涵、闸、路、桥等基础设施进行改造提升,建成高标准农田3万亩,基本实现了"田成方,树成行,渠相连,路相通,旱能灌,涝能排",农业生产基础条件达到一流水平。组织实施S212平山段改线段、平大公路拓宽改造、胜天圩中心大道、示范区进出口道路、钵盂湖区循环道路及朱家渡"渡改桥"、胜天桥加固等建设工程,示范区"五路两桥"大循环全线贯通。

(2) 农业品牌建设成效明显(图2.10.4):2016年,福宁米业通过订单收购的方式,在全县范围内建立优质绿色稻米基地8万亩,该公司生产的"皖米之香"1号活米获"第十四届中国国际粮油产品及设备技术展示交易会金奖";正旺食品"熊记旺旺及图"商标被认定为"安徽省著名商标",皖山食品成功申报省"两化融合管理体系贯标试点企业"称号,明达农业发展有限公司在四板挂牌,牧之金获发明专利4项,绿茵农业获发明专利2项。截至目前,示范区内已集聚中国驰名商标企业2家、省著名商标企业2家、省示范现代农业产业化联合体3家、省级农业产业化龙头企业4家、市级11家、县级20余家。

(3) 现代农业元素强力集聚:示范区创建了"合作社+企业+农户+农技推广"的新型社会化服务模式,以引入规模经营主体为龙头,有效带动农业合作社、家庭农场、种植大户的发展。多家农业产业化龙头企业与农科院所加强合作,新品种、新技术推广应用力度不断加大。金福地公司引进先进的微灌技术进行有机果蔬种植等;福宁米业领办的水稻合作社育秧工厂可为示范区乃至周边地区提供购种、育秧、机耕、机插、机收、统防统治等一条龙服务。

图 2.10.4　品牌建设

5　模式应用和推广前景

本模式已在安庆市怀宁县广泛推广,在现代农业具体路径的设计上,确立了高质量、高效益、节约集约的精致农业模式。为避免盲目发展循环经济,从国外引进先进的"灯(诱虫灯)-鱼-稻""灯-鱼-鸭"两种立体循环生态养殖技术,有效降低农业经营成本,提高农业比较效益。

6　专家解析

平山省级现代农业示范区"种养加区域生态循环模式"产业主导方向是发展农业循环经济,目标定位为"全省一流,全国先进"。示范区形成"种、养、加、饲、肥"五级循环发展模式,品牌建设成效明显,现代元素强力集聚,城乡建设亮点纷呈,发展后劲持续增强。

模式十一　禾本科作物秸秆改良氨化技术模式

1　技术概述

1.1　技术要点

通过在普通氨化剂中添加能够吸附氨气的介质与有利于瘤胃菌体蛋白合成的关键营养元素，我们研发了新型"改良型秸秆氨化剂"，由 A 剂与 B 剂构成，用量分别占秸秆质量的 5% 与 1%，可以显著降低传统秸秆氨化过程中向大气逸失的氨气量，减少环境污染，降低养殖成本，显著提高秸秆中氮存留率与饲喂后在瘤胃中菌体蛋白合成效率。

(1) 氨化工艺：用于秸秆氨化的主要原料为禾本科作物秸秆，常见的有麦秸、稻草、玉米秸等。应选择刚刚收获的无霉变秸秆，经脱粒后可直接打捆运至氨化池旁，对秸秆水分含量没有特别要求，使用秸秆专用粉碎机将其粉碎至 1~3 cm 长，准备后续氨化处理。

将粉碎的秸秆入池，氨化剂 A 剂以质量比 5% 加入秸秆质量 30% 的饮用水（不含粗纤维降解菌型）中或 45% 的饮用水（含粗纤维降解菌型），待完全溶解后分层均匀喷洒至粉碎的作物秸秆中，边喷边填边压紧，填装至顶部高出池沿约 20 cm 止；在秸秆堆集过程中按秸秆质量比 1.0% 在秸秆堆顶部 20 cm 段内同时均匀喷撒氨化剂 B 剂，以吸附逸失氨氮并随后混合在秸秆中循环利用；在秸秆堆顶部铺盖塑料薄膜更佳，可以进一步减少氨气逸失。经过常温 40 天或夏季高温季节 25 天氨化处理，氨化好的秸秆感官评价是质地柔软蓬松，用手紧握没有明显的扎手感，颜色一般呈棕黄色或浅褐色，并伴有糊香味和淡淡的余氨味。

(2) 氨化秸秆饲用：根据牛羊存栏数确定隔天秸秆采食量，一次性从氨化池中取出。取用时从顶层 20 cm 下抽取氨化好的秸秆，放置空气中 24 小时以上，让残留在秸秆表面的余氨逸失后，再将氨化秸秆投入饲槽，观察牛羊采食。推荐每只成年羊平均日采食 0.3 kg，每头成年牛平均日采食 2.5 kg，每头成年奶牛平均日采食 3.5 kg。为了降低对氨化秸秆采食应激，宜在初次饲喂时添加少量玉米粉至氨化秸秆中混合均匀，由少及多喂饲，最终逐步增加至正常推荐量。

观察牛羊采食，注意其精神、采食、反刍行为有无异常，粪便有无显著变化，如出现显著变化或异常行为，建议暂停饲喂氨化秸秆，寻找原因（如个体差异、精料营养不均衡、因病预防使用了抗生素等）后再做决定是否继续饲喂。

对妊娠前期与后期的牛、羊，配种期间公畜、瘤胃发育不成熟的犊牛、羔羊，建议不喂氨化秸秆；对高产泌乳牛、羊应按推荐量的一半限用；在饲喂氨化秸秆的同时应确保青饲料与(或)青贮料供给，如有条件补充合理的牛羊用维生素、微量元素添加剂效果更好。

1.2　先进性

20 世纪 50 年代由苏联发展的秸秆氨化技术，是针对黄化秸秆开展的一项饲用技术，在 20 世纪 80 年代末，安徽省阜阳地区特别是蒙城县、涡阳县、利辛县黄牛养殖"金三角"地区，引进、应用此项技术已十分普遍。

引进的氨化方法主要是利用尿素在脲酶作用下分解为氨气,氨气中的氮与秸秆纤维素中的碳氢链结合成疏松致密的纤维结构,不仅形成了氮存留作为非蛋白氮被动物瘤胃微生物合成菌体蛋白加以转化利用,而且改变了纤维素结构,提高了动物对秸秆中粗纤维成分等养分的利用率。但通过测算常规氨化方法氮存留率仅仅约为30%,相当多的氮以氨气形式在饲喂过程中逸失到空气中,不仅造成了空气污染,同时也损失了宝贵的氮资源,增加了牛羊养殖成本。

将本项技术研发的"改良型秸秆氨化剂"应用在小麦秸秆上,较传统普通氨化剂处理的小麦秸秆,中性洗涤纤维(NDF)、酸性洗涤纤维(ADF)的降解率分别提高4.5%和9.0%,麦秸氨化效率(氮存留率)提高30.0%以上。

1.3 应用价值

显著提高黄化秸秆氨化品质,减少因氨气逸失造成的大气污染,降低氨化成本,显著提高养殖效益,促进秸秆饲料化利用。

1.4 成果鉴定

本项技术已获得了国家发明专利1项:一种用于改善秸秆氨化的饲料添加剂(专利号:ZL201310054994.0,2017年授权);相关地方标准《秸秆氨化及其饲用技术规范》已起草并颁布执行。

2 技术研发单位

本技术主要由安徽省农业科学院畜牧兽医研究所研发。

3 技术示范展示单位

安徽省安邦矿物有限公司、庐江祥瑞养殖有限公司与阜阳市畜牧兽医技术推广中心等单位负责技术示范展示。目前本技术已开始在合肥、阜阳等地养殖场示范推广,已加工各类氨化秸秆300多吨。

4 基于"粮改饲"政策扩大本技术应用领域

近年来,安徽省已有部分县作为试点县,承担国家"粮改饲"项目,整县推动,但是主要集中在淮北地区利用玉米(或大麦)进行全株青贮处理,利用饲用水稻或者下茬稻(再生稻)进行全株青贮处理尚未见报道。但近年来,安徽省南方地区肉羊生产方兴未艾,优质青粗饲料如青贮水稻开发利用将大有潜力;除此之外,部分引进肉鹅品种(特别耐粗饲),可以筛选含有全株青贮水稻的TMR日粮,作为杂交肉鹅创新饲养方式开展技术集成应用,最终为安徽省"粮改饲"以及水稻种植模式改革提供技术支撑。

5 专家解析

该项技术在传统秸秆氨化技术基础上,通过添加氨氮吸附剂、粗纤维降解菌剂与调整氮硫配比等优化平衡技术的应用,可使经过改良氨化技术处理的秸秆营养价值更高、可消化性与适口性更好,同时减少了氨氮逸失,不失为一种理想的禾本科黄化(老化)秸秆饲料化利用的前处理技术,对提高秸秆饲用率、减少秸秆焚烧、节约干草等粗饲料用量均具有重要作用。

模式十二 稻鸭共育生态种养技术模式

1 技术概述

稻鸭共育绿色种养技术是20世纪90年代从日本引进的一项引智项目,以生产无农(兽)药残留的安全、优质大米和鸭子为目的,系种养结合、生态循环型农业生产技术。该技术一方面解决了稻田农药/除草剂滥用、稻谷农残超标等问题,另一方面为优质役鸭(除草的麻鸭或半番鸭)生产提供了充足的活动场地、青饲料与昆虫等非常规饲料源。稻鸭共育技术目前已在安徽省南方稻米产区如当涂、望江、宿松、怀宁等地得到了推广,取得了显著成效,已成为增加农民收入与产业脱贫的重要选择。

2 增产增效情况

开展稻鸭共育技术的稻田,以平均亩产550 kg无公害稻谷计算,仅稻谷一项就可因品质提高约1100元/亩;以每亩放养15只鸭子,每只鸭子市场售价以100元计算,扣除增加投入(主要有购买鸭苗费用,以及建设围网、简易鸭棚及补饲的专用精料等饲料及疫苗费用),亩均增加收入约900元。上述两项合计增加收入约2000元/亩,经济与生态效益显著。

3 技术要点

(1) 鸭品种的选择:由于鸭子主要在野外稻田内活动,因此鸭品种应选择抗病力强、喜爱运动、体形较小、喜食野生动植物的鸭品种。安徽省特禽品种枞阳媒鸭、新培育的半番鸭以及蛋用绍鸭均适合推广。

(2) 水稻品种的选择:应选择抗倒伏能力较强、米质清香可口的优质水稻品种,如南粳等优质稻。

(3) 稻田的准备:稻田以较为平坦、连片且水源充足的田地为宜。稻田周围应架设高0.5~1 m的围网,以防止鸭子出逃或其他动物进入稻田猎食鸭子。注意围网网眼大小,网眼不能套住鸭头。10~20亩为一个小区,每个小区设一个简易鸭棚,便于鸭子遮阳躲雨和补饲。稻田内水深应保持在10~15 cm,以鸭子在田内活动可以抓到浮泥为宜。秧苗间距以20 cm×30 cm为宜,稻田内插秧后7~10天可以放入雏鸭。为了增加田间生物量,可以提前在拟放养田中有意识地投放一些细绿萍、浮萍等,既增加青饲料产量,又可抑制难以根除的尖叶杂草。

(4) 鸭的准备:刚出壳的雏鸭不宜直接放入稻田,应在育雏舍培育7天左右再转入稻田的简易鸭棚内。在简易鸭棚内适应2~3天后,再将雏鸭放入稻田内活动。转鸭的时间应选择在天气晴朗的时间进行,以提高雏鸭成活率。

(5) 稻鸭共育期间的管理:鸭子入田后稻田的除草、除虫、中耕及施肥即可由鸭子完成,不需要人工干涉。在鸭子入田初期稻田内水草较少,应加大补饲力度,根据田间杂草与昆虫等生物量丰富程度,灵活掌握补饲强度。一般每天补饲由最多时 4 次雏鸭料逐渐减少到 1 次生长鸭料,生长后期(上市前 30 天)建议补饲由玉米、稻谷、小麦、豆粕、花生饼粕、预混料等配制的专用无药物的补充精料,纯粹的原粮如玉米、稻谷补饲由于缺乏蛋白质等,对役鸭生产性能与鸭肉品质将产生不良影响,不宜使用。

4 适宜区域

本模式在种植水稻的地域均可推广应用。

5 注意事项

鸭子入田后要注意疫病防控,制定相应的免疫程序,如有发病应及时治疗;注意天敌老鹰、黄鼠狼、野猫野狗的危害,通过放养警觉性强的经过防疫健康的皖西白鹅成年公鹅,可以起到哨兵的作用;役鸭田间饲养至 70 天龄时应将一侧翅膀大羽片及时剪掉以防飞翔;注意补饲精料无霉变、营养合理;水稻抽穗灌浆时,为防止鸭子采食谷穗要将鸭子收回。

6 专家解析

本技术是在日本"稻鸭共生"技术基础上,结合安徽省稻谷种植与役鸭品种所提出的改进技术,它的推广应用对提高稻田土壤有机质含量、降低农药与化肥使用量、生产出更加安全优质的稻米与良好营养风味的鸭肉具有显著促进作用,是安徽省稻作区种养结合生态农业发展的一个成功模式,在大面积成片的农场型水稻生产区值得示范与推广应用。

模式十三 "林-草-鸡"绿色生态种养技术模式

1 技术概述

"林-草-鸡"绿色种养技术是一项以生产绿色、无农(兽)药残留的安全、优质地方土鸡为目的,种养结合、绿色高效、生态环保的综合农业生产技术。该技术一方面解决了根除林下杂草的费工、费时,滥用除草剂对土壤污染,以及林间杂草的长期累积容易导致森林火灾等问题,另一方面为优质土鸡生产提供了充足的场地与青绿饲料、昆虫与草籽等优质天然饲料,降低了饲料投入成本。"林-草-鸡"共生技术目前已在安徽省皖南、大别山山区得到了广泛推广,该技术有良好的生态、社会和经济效益,对于环境保护,提高林牧产品产量与品质,增加农民收入有重要意义,是当地农民脱贫增收的一项重要产业。

2 增产增效情况

根据已有的试验结果测算,平均每亩林地可增产林果产量约8%,同时减少了人工、除草剂、农药等,每亩种植部分约可增收400元;以每亩放养30只土鸡,每只土鸡增收33元计算,每亩可增加养殖收入约990元。最终林-鸡共生技术使每亩林地可增加收入约1390元,经济效益显著。

3 技术要点

(1) 鸡品种的选择:安徽省以淮南麻黄鸡、皖南三黄鸡以及皖北麻鸡等为主要放养土鸡品种,它们具有放养习性,运动能力强,抗病力强,鸡肉味道鲜美,适于林下生态放养。

(2) 林地要求与准备:林地以较为平坦、连片且水源充足为宜,林地地势坡度不宜超过30°,以朝阳、沙土地、林间透射阳光多,林下杂草资源丰富者为最佳。林地周围应架设高1.5 m左右的围网,以防止鸡出逃或其他动物进入林地猎食鸡。20～50亩为一个小区,每个小区设一个简易鸡棚,便于鸡遮阳躲雨、下蛋和补饲。

推荐"轮牧放养"模式,即把适宜放养林地以生物藩篱或铁丝网隔离成20～50亩作为一个放牧小区,当一个小区牧草只剩下2 cm左右草根时就将鸡群赶离至下一个小区,以便其恢复生长。这样循环放养,不至于带来因放养密度或放养强度太大导致水土流失的生态灾难。

(3) 鸡的准备:土鸡在育雏结束后就可以在天气晴好时在鸡舍旁放养,由近及远,一般土鸡放养距以鸡舍为圆心、最大半径为500 m左右;土鸡放养密度以每亩林地30只为宜,根据林地杂草等资源情况可以上下浮动15%;如果在林地周边可以开辟耕地种植人工高品质牧草,采用人工刈割后投饲,那么每亩林地放养密度提高至200只左右而不会带来生态压力。

(4) 林鸡共生期间管理：土鸡放入林地（图 2.13.1）后除草、除虫，不需要人工干涉。根据林间杂草与昆虫等生物量丰富程度，灵活掌握补饲强度，一般每天补饲由最多时 4 次雏鸡料逐渐减少到 1 次生长鸡料，生长后期（上市前 50 天）建议补饲由玉米、稻谷、小麦、豆粕、菜籽饼、预混料等配制的专用补充精料，纯粹的原粮如玉米、稻谷补饲由于缺乏蛋白质等，对土鸡生产性能与肉蛋品质将产生不良影响，不宜使用；为减少后期育肥能量消耗，可以限制育肥土鸡活动量与光照时间、强度。

图 2.13.1　林下养鸡

4　适宜区域

本模式在适宜放养林地均可推广应用。

5　注意事项

土鸡放养林地后要注意必要的疫病防控，制定相应的免疫程序，如发病应及时治疗；注意天敌老鹰、黄鼠狼、野猫、野狗的危害，通过放养警觉性强的经过防疫健康的皖西白鹅成年公鹅，可以起到哨兵作用；注意补饲精料无霉变、营养合理。

6　专家解析

本技术是在自然林下养鸡基础上，通过对优化补充精料配方、分区轮牧、种植人工牧草与应用绿色围栏等技术集成创新，显著提高了放养土鸡的生产性能与肉蛋品质，同时降低因过牧带来的林地生态环境破坏程度；由于科学养殖，降低林下杂草与病虫害对林木生长影响，减少林区冬春季火灾风险，节约土鸡饲料投饲量与养殖占地，并带动农户就业增收，因此其经济、社会与生态效益均显著。

第三章 水产健康养殖典型模式及解析

模式一 池塘主养草鱼绿色高效养殖模式
——以东至县黄泥湖渔场为例

1 背景条件

据《2018 年渔业统计年鉴》统计,2017 年全国淡水水产养殖总产量 2905.3 万 t,其中草鱼养殖产量 534.6 万 t,居所有淡水养殖品种产量之首,产量占淡水水产养殖总量的 18.4%。可见草鱼的产业地位十分重要。但随着草鱼池塘养殖集约化程度的提高,养殖过程中的水质问题、病害问题日益突出,严重制约了养殖的成活率、产量、养殖效益及产品质量安全,也影响了养殖户的积极性。

为了解决草鱼养殖中出现的这些问题,对池塘主养草鱼绿色高效养殖模式开展了研究,本模式集成应用免疫综合防控、微生态制剂调水、水生生物浮床净水等技术,能有效降低草鱼养殖过程中病害的发生,减少用药,提高草鱼品质,实现草鱼池塘养殖增效增收、绿色发展。

2 模式流程图

本模式流程图如图 3.1.1 所示。

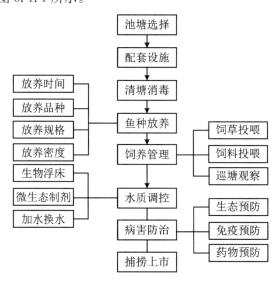

图 3.1.1 模式一流程图

3 模式特点与具体做法

3.1 模式特点

本模式通过放养前对草鱼鱼种进行疫苗免疫,养殖过程中使用青饲料与配合饲料搭配投喂、设置生物浮床种植水生植物净水、利用微生态制剂调水等技术手段,能够科学、有效地改善养殖池塘水体生态环境,控制和减少病害的发生,降低养殖过程中药物的使用量,确保水产品质量安全(图3.1.2～图3.1.5)。本模式具有环境友好、绿色高效等特点。

图3.1.2 草鱼鱼种免疫

图3.1.3 自配微生态制剂

图3.1.4 生物浮床净水

图3.1.5 投喂饲草

3.2 具体做法

(1) 池塘选择:一般选择面积10～20亩的池塘作为一个标准池,塘口东西向,长方形,长宽比接近1.5∶1,平均水深2.5～3.5 m,"水电路"三通。水源稳定,水质好,透明度25～35 cm,溶解氧>5 mg/L,分子态氨≤0.05 mg/L,pH 7.0～8.5,符合渔业水质标准(GB/T 11607)的要求。有独立的进排水渠,池底平坦,壤土或黏壤土,保水性好,底泥厚15～25 cm。交通相对便利,池塘周围无工业污染源等。

(2) 配套设备:精养池塘平均5亩左右配备1台3 kW增氧机和1台自动投饵机。

(3) 清塘消毒:鱼种放养前排干养殖池塘内的水,暴晒池底,清除杂物和过多淤泥,修整塘埂,之后加水0.1～0.2 m,使用生石灰或漂白粉(含有效氯30%)全塘泼洒,杀灭病原生物

(生石灰用量为每亩75～100 kg或漂白粉用量为每亩3～5 kg)。

(4) 鱼种放养：

① 鱼种规格质量要求：放养的草鱼鱼种符合草鱼鱼苗、鱼种质量标准(GB/T 11776)的要求。同一池塘放养的鱼种要求规格相同，鱼体丰满，体色发亮，体表无伤，鳞片完整，体质健壮。

② 放养时间：春季放养，水温12 ℃以上稳定5天后放养，一般当年3月上旬放养结束。

③ 放养规格及密度：采用草鱼主养模式，草鱼占80%～85%，搭配鲢、鳙、鲂、鲫等其他鱼类15%～20%。放养草鱼鱼种规格一般为75～100 g/尾，每亩池塘放养800～1200尾。

④ 鱼种消毒：鱼种放养前使用3%～5%食盐水、20 mg/L高锰酸钾或20～30 mg/L聚维酮碘(含有效碘1%)浸浴5～10分钟。

(5) 饲养管理：

① 青饲料投喂：草鱼放养第20天，开始投喂(在食台中)鲜嫩青饲料，具体投喂量应根据天气、水温、水质和鱼摄食活动情况等灵活掌握。若天气晴朗、水温适宜、水质良好、鱼类摄食活动旺盛，则可适当加大投喂量；反之，则应减少投喂量，青饲料的投放时间一般选择下午，投喂量以草鱼第二天吃完略有剩余为度，如发现投放的青饲料剩余较多，应当减少投饲量，同时把剩余青饲料捞出。

② 人工配合饲料投喂：虽然青饲料来源广、成本低，但其营养成分单一，不能满足鱼类生长营养需求。因此，在投喂青饲料的同时也要投喂人工配合颗粒饲料，配合饲料质量符合NY/T 5072的要求。日投喂次数一般为2～3次，每次投喂时间控制在20分钟以内。配合饲料投喂要坚持"四定""四看"原则。"四定"即定质、定量、定时、定位。"四看"即看鱼：根据鱼的吃食情况来投饵，当鱼群活动正常和摄食旺盛时要增加饵料多投，当鱼群活动不正常时则要减饵少投；看水：水质好时要多投，水质差时要少投，水色过淡应增加投饵量，水色过浓应少投；看天气：天气晴朗有风时多投，阴天或雨天时少投，天气闷热且无风欲下雷阵雨时应停止投喂；看季节：盛夏高温时要控制投饵量，水温低时要少投。

③ 水质调控：在池塘水面设置生物浮床种植水生植物，吸收水体中氮、磷，浮床面积约占池塘面积的10%～20%。6月前鱼苗摄食量少，池水不肥，一般无须加注新水。进入7～9月高温季节或养殖后期，鱼类摄食旺盛，残饵和鱼类排泄物增加，利用微生态制剂改善水体环境，每7天施芽孢杆菌1次，半个月施硝化细菌、亚硝化细菌1次。当遇阴雨天气、养殖水体氨氮含量偏高、浮游微藻繁殖过度时，用光合细菌调节。当水体老化、pH和亚硝酸盐含量偏高、有机物溶解过多、浮游微藻繁殖不足时，施乳酸菌调节。此外，每7～10天加注新水一次，每次注水10～15 cm，每月换水一次，每次换水30%以调节水质，尾水排放应符合淡水池塘养殖水排放要求(SC/T 9101)。特别在高温、闷热天气除了给池塘补充新水外，适时开关增氧机，使池水始终保持"肥、活、嫩、爽"。

(6) 鱼病预防：

① 生态预防：做好养殖池塘的水质调控工作，如设置生物浮床、定期使用微生态制剂等，调节水质，改善水体生态环境，预防病害发生。

② 免疫预防：草鱼鱼种放养前注射草鱼出血病"四联"灭活疫苗。其原理是在低温条件下，草鱼的新陈代谢能力较弱，通过注射疫苗接种可使草鱼鱼种获得新的免疫抗原剂量，经过5～30天的低温诱导，使注射过的草鱼鱼种完成初次免疫，在水温提高到20 ℃以上时，草鱼的免疫抗病水平迅速加强，能有效防治草鱼"四病"的发生。免疫塘口的草鱼成活率可达

90%以上。

③ 药物预防：除了鱼种消毒外，5月中下旬开始，每10～15天按每亩15 kg生石灰化浆全池泼洒；5月投喂青饲料或配合饲料时，每100 kg饲料拌大蒜素500 g或大黄、板蓝根混合剂（1:1）200 g进行投喂，连续投喂3天，每月1次。

（7）鱼病治疗：发现病鱼，及时诊治，对症下药，适量用药。推荐优先选用符合"三效"（高效、速效、长效）与"三小"（剂量小、毒性小、副作用小）的渔药新剂型与渔用中草药。具体的药物使用准则及休药期要符合渔药使用准则（NY/T 755）的要求。

（8）捕捞上市：根据市场需求捕大留小，分级上市。

4 效益分析

4.1 经济效益

以东至县黄泥湖渔场为例，本模式冬季一次性捕捞每亩产量达到1270 kg，每亩可获利润4484元。放养情况和收获情况详见表3.1.1，产量及经济效益详见表3.1.2。

表3.1.1 黄泥湖池塘主养草鱼放养模式（以每亩池塘为例）

品种	放养情况			收获情况		
	规格（尾/kg）	数量（尾）	质量（kg）	成活率（%）	规格（kg）	单产（kg）
草鱼	10～14	900～1000	75～100	90	1～1.5	800
团头鲂	12～16	180～250	15～20	90	0.4	90
鲫鱼	10～15	250～300	25	90	0.35	80
青鱼	10～15	80	6	90	0.5～0.6	30
鳙鱼	15	600～700	40	90	0.4～0.6	200
白鲢	10～15	60	5	85	1.25	60
黄颡、鲶鱼		20	1			10
合计		2000～2200	170～200			1270

表3.1.2 黄泥湖池塘主养草鱼养殖模式产量及效益情况（以每亩池塘为例）

	生产投入			销售收入			利润（元）
	质量（kg）	单价（元/kg）	金额（元）	产量（kg）	单价（元/kg）	金额（元）	
草鱼	90	11	990	800	9	7200	
团头鲂	16	11	176	90	9	810	
鲫鱼	25	10	250	80	10	800	
青鱼	5	18	90	30	14	420	

续表

	生产投入			销售收入			利润(元)
	质量(kg)	单价(元/kg)	金额(元)	产量(kg)	单价(元/kg)	金额(元)	
鳙鱼	40	8	320	200	8	1600	
白鲢	5	4	20	60	4	240	
其他	1	20	20	10	20	200	
小计			1866				
饲料	1400	2.8	3920				
肥料			120				
药物			150				
水电费			130				
人员工资			300				
塘租			300				
合计			6786			11270	4484

4.2 生态效益

本模式顺应了当前水产养殖产业的发展趋势,对传统规模化高密度养殖带来的内源性污染问题给出了解决手段,通过科学投喂、免疫防控、水生植物净化、微生态制剂调节等的科学结合,调节水质、降低污染、提高品质,真正达到了绿色高效的目的。

4.3 社会效益

本模式的推广应用,降低了养殖成本、提高了养殖效益、产出了更加优质的水产品;同时改善了养殖环境、提高了水产品的质量安全,有效推动了草鱼池塘养殖产业健康可持续发展,拓宽了渔民增收致富的门路。

5 模式应用和推广前景

安徽省2017年淡水养殖草鱼产量达26.8万t,占全省淡水养殖总产量的14.1%,居全国草鱼产量第七位。目前,池塘主养草鱼绿色高效养殖模式已在沿江、沿淮及环巢湖等草鱼主产区广泛推广应用,均取得了良好的示范效果。

6 专家解析

推进农业绿色发展是农业发展观的一场深刻革命,也是农业供给侧结构性改革的主攻方向。自2016年7月以来,中央多次开展环境保护督查工作,《水污染防治法》对水产养殖尾水排放提出多项要求,由此可以看出我国全面推进绿色发展对水产养殖模式转型升级提出了新要求。从现实看,无论从外部生态环保的要求,还是水产养殖业内部提质增效的要求,推进水产养殖模式绿色发展、转型升级都已迫在眉睫。

本模式正是在传统草鱼池塘集约化养殖转型升级过程中探索出来的一种新模式,集成应用生态免疫、青饲料和配合饲料搭配投喂、生物浮床种植水生植物净水、微生态制剂调水等一系列技术手段,一方面可以减少病害发生,减少药物使用,提高养殖成活率,降低养殖成本;另一方面可以节能减排、提高鱼类品质,具有资源节约、环境友好和绿色高效等特点,有较高的推广应用价值。

模式二 高效低碳池塘循环水养殖模式

1 背景条件

高效低碳池塘循环水养殖模式是2014年通过美国大豆协会引进到国内的。本模式通过池塘设施工程化改造,在池塘中建设流水养殖槽(5.0 m×22.0 m×2.0 m),将鱼类养殖在水槽中。通过气提式增氧推水设备为养殖槽提供高溶氧水流,在养殖槽内集中养殖吃食性鱼类,在养殖槽尾部安装吸污设备,收集鱼类的排泄物和残饵,通过沉淀池集中处理利用,结合外围池塘水体放养鲢鳙鱼类、螺蛳、种植水草等自净作用,达到低碳高效的养殖目的。本模式是我国传统水产养殖理念的又一次革新,通过养殖废弃物的集中处理,既解决池塘养殖的自身污染、耗能和水资源等根本问题,又做到变废为宝,增加养殖户的经济效益。

2 模式流程图

本模式流程图如图3.2.1所示。

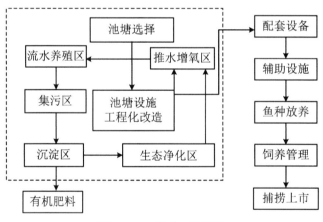

图 3.2.1 模式二流程图

3 模式特点与具体做法

3.1 模式特点

本模式将池塘面积的3%~5%作为推水养殖区,剩余95%~97%的面积作为循环水生态净化区。配套建设流水养殖槽和沉淀物收集槽等设施,配置气提式推水(2.2 kW)及吸污泵等设备。通过推水形成池塘内部水循环,在养殖槽内高密度养鱼,在集污区收集残饵粪便,输送到沉淀池集中处理。沉淀池上层水体返回到池塘生态净化区,循环利用,基本做到养殖尾水零排放,有效保障了池塘本身的良性循环(图3.2.2)。与传统池塘养殖相比,本模式具有节水节地、高效低碳、管理方便等优点。

(a) 池塘工程化改造

(b) 整体布局

(c) 推水增氧区

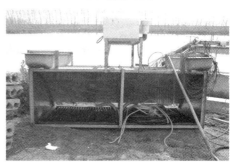
(d) 推水增氧装置

(e) 集污区

(f) 吸污装置

(g) 日常投喂

(h) 吸污沉降

图 3.2.2　模式相关图片

3.2 具体做法

(1) 池塘选择：一般选择 30~100 亩的池塘作为一个标准池,塘口东西向,长方形,长宽比接近 2:1,平均水深 2.5 m 左右,要求"水电路"三通。水源稳定、水质好,符合渔业水质标准(GB/T 11607)的要求,有独立的进排水渠,交通便利,池塘周围无工业污染源等。池塘底质硬,土质以黏土为宜,避免选择腐殖质土(或沙土),因为土质松软,工程施工难度较大,建设成本高。整个系统布局如图 3.2.3 所示。

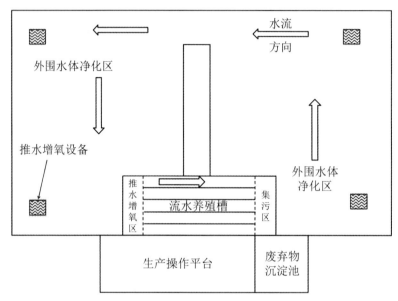

图 3.2.3 模式二系统布局图

(2) 池塘设施工程化改造:

① 导流堤建设:在池塘纵向中部建设一条挡水墙(土坝),一端留有宽 15 m 左右的过水口,另一端建设流水养殖槽。导流堤宽 1.5~2.0 m,堤埂坡比为 1:(1.5~3.0)。

② 流水养殖槽建设:流水养殖槽面积占池塘总面积的 3%~5%,单条养殖槽的规格为 22 m(长)×5 m(宽)×2 m(高),实际地基要做到 27 m 长。养殖槽底部基础要打牢,铺设网状钢筋,浇筑 10~15 cm 厚的混凝土。养殖槽墙体与水平面成 90°角,墙体用砖块等砌筑。墙体底部圈梁要稳固,墙体要有构造柱,要选用优质钢筋、水泥等建材,确保墙体坚固。墙体及底面需光滑平整,墙体厚度至少为 24 cm。所用到的永久附件能够预埋的,一律预埋。如养殖槽池壁预留三道沟槽,便于不同规格鱼类插放拦鱼网;养殖槽底部预留沟槽,便于固定微孔曝气管等。

在养殖槽前端设推水增氧区,安装气提式推水增氧设备,尾端建设鱼类粪便及残饵集污区,末端建设 0.6~0.8 m 高的挡污墙,安装吸污设备。流水养殖槽侧面结构如图 3.2.4 所示。

③ 粪污沉淀池建设:沉淀池建在集污区岸边,采用砖混结构或者土池,容积 200 m³ 以上为宜。沉淀池内分为三级沉降,经沉降后的尾水返回到原池塘,进入生态净化区循环使用。

(3) 外围水体净化系统:外围水体生态净化区采取集成水生物净水技术,投放鲢鳙鱼、螺蛳、蚌等滤水动物,合理配备人工生物浮床、涌浪机及耕水机等设施设备,提升外围水体生态净化效能。

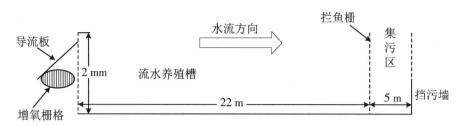

图 3.2.4　高效低碳池塘循环流水养殖槽侧面结构

（4）配套设备：

① 气提式推水增氧设备：该设备是整个池塘循环流水养鱼系统的核心部分，数套气提式推水增氧机通过气管串联，对应安装在每条流水养殖槽的推水端。每套气提式推水增氧机由 1 台 2.2 kW 的旋涡鼓风机或者罗茨风机、单体规格 80 cm×80 cm 的增氧栅格以及与增氧栅格呈 35°角设置的推水导流板、支架和浮船等共同组成。

② 底层增氧设备：与旋涡鼓风机或者罗茨风机充气总管并联，由支管及微孔管等组成。微孔增氧管沿槽底方向平行设置两条。在距离集污区 6～8 m 的区域不设微孔增氧管。

③ 辅助推水增氧设备：在池塘的四角分别设置 1 台 2.2 kW 的推水增氧设备，引导整个池塘的水体循环。

④ 吸污装置：残饵、粪便收集装置由吸粪头、吸污泵、移动轨道、排污槽、自动控制装置及电路系统组成，安装在流水养殖槽集污区上。吸污泵功率以 3～4 kW 为宜，一端与排污管相连，另一端沉到集污区池底。

⑤ 发电机：发电机为三相四线 20 kW 发电机，由专业人员指导选择，备用电源最好设计为自动启动。

（5）辅助设施：

① 拦鱼栅：建议使用不锈钢材质的网片，网目大小依据养殖品种的规格而定。每个流水槽需安装三道拦鱼栅，分别安装在流水养殖槽上水口、下水口以及集污区的沟槽内。

② 防撞网：将聚乙烯网片安装在滤网框上，然后安装在流水养殖槽上水口的沟槽内，网目大小依据养殖品种的规格而定。主要防止养殖鱼类顶水撞击拦鱼栅受伤。

③ 物联网设备：包括水质在线监测系统等物联网传感设备、传输设备及智能处理设备等。

（6）鱼种放养：

① 放养前准备：鱼种放养前 40 天，池塘使用生石灰消毒，用量为每亩 75～100 kg。10～15 天后往池塘内注水，进水口用 80 目筛绢网过滤，池塘水深 1.2～1.5 m 时，进行循环流水养鱼系统设备调试。鱼种放养前 7 天，使用漂白粉全池泼洒消毒，用量为每亩 0.6～1.0 kg。鱼种放养前 2 天，停食，拉网锻炼。

② 适宜的品种、规格及密度：放养鱼种适应高密度养殖，可食膨化饲料，如草鱼、青鱼、鲴鱼、鲈鱼、黄颡鱼、鳊鱼、鲫鱼等。放养规格及密度根据实际生产需要，每条流水养殖槽设计产量为 1 万～3 万 kg 为宜。如 10～15 尾/斤的草鱼鱼种，每条流水养殖槽宜放养 1.5 万～2.0 万尾；5～7 尾/斤的草鱼鱼种，每条流水槽宜放养 1.2 万～1.5 万尾。

（7）饲养管理：根据不同的养殖品种及规格，选择适宜蛋白含量及粒径的膨化配合饲料,配合饲料质量符合渔用配合饲料安全限量标准(NY/T 5072)的要求。鱼种放养1~2天后进行驯食,先在养殖槽近端少量投喂,每天4~5次,投喂时可在养殖槽内设置浮网,防止饲料随水流走。待大部分鱼开口摄食后,每日2~3次定时投喂,投饲量为槽内鱼体重的3%~5%。具体可根据水温、天气及鱼的摄食情况适时调整投喂策略。

(8)日常管理:

① 推水增氧设备使用:鱼种放养前期,以开启底部增氧为主,不开或者少开气提式增氧推水设备,防止对刚入池的鱼体产生较大应激,造成鱼体受损。等养殖鱼类适应流水养殖槽环境后,开启气提式推水增氧设备,控制流水养殖槽内水体水流速度平均为0.44 m/min。适时开启外塘辅助推水增氧设备,促进外围水体循环。

② 吸污设备使用:每天早晚以及投饲1~1.5小时后开启吸污设备,每次吸污时间10分钟左右,每次吸至排污管排出的水色与养殖槽水色基本相同时停止。吸污出来的养殖废水经过沉淀发酵处理,再变为陆生植物(如蔬菜、瓜果等)的高效有机肥,上层发酵后水体返回原池塘。

③ 水质监测:通过流水养殖槽后端水质在线监测探头,实时监测水体水温、溶解氧、pH,每10~15天用化学比色法监测养殖槽中和外塘水体中的氨氮和亚硝酸盐含量,并根据水质参数变化调整管理措施。

④ 病害防控:按"以防为主,防重于治"原则,鱼种放养前使用生石灰全塘消毒,每隔20~30天,交替使用二氧化氯、聚维酮碘或生石灰等进行消毒,高温季节使用微生物制剂调节水质。

(9)捕捞上市:根据鱼体生长情况及市场行情,适时分养或捕大留小上市。

4 效益分析

4.1 经济效益

分别以三种主要养殖品种单条流水养殖槽进行经济效益分析(颍上县刘则录家庭农场主养草鱼,安徽张林渔业有限公司主养加州鲈,巢湖市九成生态农业有限公司主养黄颡鱼),详见表3.2.1。

表3.2.1 单条养殖槽经济效益

	颍上县刘则录家庭农场	安徽张林渔业有限公司	巢湖市九成生态农业有限公司
养殖槽面积(m^2)	110	100	110
养殖水体体积(m^3)	196	170	200
养殖品种	草鱼	鲈鱼	黄颡鱼
放养规格(g/尾)	67	75	2.5
放养数量(万尾)	1.2	0.9	12.0
收获规格(g/尾)	1110	430.7	65

续表

	颍上县刘则录家庭农场	安徽张林渔业有限公司	巢湖市九成生态农业有限公司
成活率(%)	90.0	95.2	97.9
单位产量(kg/m³)	62.2	21.71	38.19
总产量(kg)	12000	3690	7637.5
单价(元/kg)	13.4	36.0	23
总产值(万元)	16.08	13.3	17.57
鱼种费用(万元)	1.2	1.57	1.8
饲料费用(万元)	7.8	4.07	6.723
鱼药费用(元)	50	200	150
用工费用(元)	7500	4000	4000
能源成本(元/槽)	5000	1376	3200
塘租待摊费用(元/槽)	4000	3600	4375
工程待摊折旧(元/槽)	7000	15000	6000
总成本(万元)	11.35	8.06	10.30
净利润(万元)	4.73	5.24	7.27

4.2 生态效益

本模式能够提高土地资源和水资源的利用率，有效地收集养殖鱼类的排泄物和残饵，收集率可达到60%～70%，实现养殖废水零排放，减少环境的氮磷负荷，生态效益显著，符合渔业可持续发展的方向。

4.3 社会效益

高效低碳池塘循环水养殖是一项节水、节地、节能、节药、减排、高产、高效、优质、省力的渔业生产技术。本模式对促进渔民增效增收、促进渔业转型升级、绿色可持续发展有着重要意义。

5 模式应用和推广前景

本模式是安徽地区渔业主管部门在渔业经济新常态下为促进传统渔业生产方式转型升级而引进的新模式。自2014年首次引进并在铜陵及六安开展试验示范以来，本模式近几年在安徽省进入高速发展期。截至2017年底，全省已建设71个示范点，流水养殖槽共计246条，养殖面积达35120 m²，养殖水体69980 m³，容纳池塘面积8210亩。

本模式以循环经济理念为指导思想，在现有池塘中建设循环水生态养殖系统，具有节约资源、提高生产效率、降低单位产量能耗和生态环保的特点。本模式的引进和推广切实推动了安徽地区渔业经济生态高效绿色发展，具有很好的发展前景。

6 专家解析

　　池塘养殖是我国水产养殖最主要的形式之一。随着环保要求越来越高,传统池塘"三池合一"这种养殖方式所暴露的问题也越来越严重。在这种高密度的养殖模式下,养殖对象产生的代谢产物不能被及时分离和降解,易造成养殖水体恶化,需定期换水来调节水质,向环境中排放大量未经处理的养殖尾水,造成生态环境压力日益增大。所以水产养殖业迫切需要一种将不同生态功能单元独立出来,根据各区块的功能不同进行模块化建设的养殖系统,以提高养殖生产和污染物降解的效率。高效低碳池塘循环水养殖模式将池塘养殖区、净化区隔离开,各模块单独建造。改造后的养殖系统克服了传统池塘养殖中水资源浪费、养殖品种单一、能耗大及劳动力成本高等缺点,具有养殖水体可循环利用、可进行高密度精养、降低能耗和劳动力成本、降低生态环境压力等优点,有很高的推广应用价值。

模式三 山泉流水养鱼技术模式

1 背景条件

山泉流水养鱼技术模式主要利用山区地形落差、山溪流水和丰富的饲草资源,形成的民居鱼池共存的山泉流水生态养鱼系统和自然人文相融合的独特资源利用方式,养殖品种以草鱼为主,当地荷包鲤为辅,个别养殖其他冷水鱼类(如杂交鲟、虹鳟、光唇鱼等)。黄山市休宁县是山泉流水养鱼的发源地和核心区,主要分布在休宁西南部和南部,在全省最具代表性。宋代《新安志》对休宁活水养鱼有过记载:"歙居山间,无大陂泽,其溪流清浅,春夏潦水注之则深,往往有鱼而不常得。疏池以养者,多鲤鲩与鲭。"据此测算,休宁山泉流水养鱼的历史至少在800年以上。休宁县山泉流水养鱼技术模式已于2015年入选我国重要农业文化遗产。

2 模式流程图

本模式流程图如图3.3.1所示。

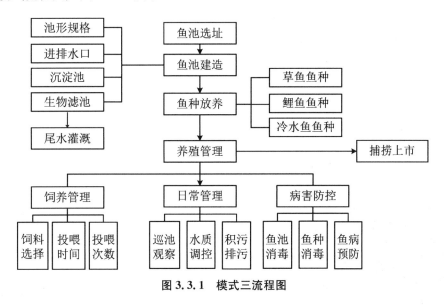

图3.3.1 模式三流程图

3 模式特点与具体做法

3.1 模式特点

本模式利用山区地形落差、山溪流水和当地丰富的天然饲草资源进行坑塘养鱼。这种养鱼方式占地少,投资少,易管理。鱼群常年生长于洁净的山泉流水环境中,摄食当地绿色无污染的天然饵料,因而肉质紧实、口感鲜美,富含多种微量元素,胶原蛋白含量高,具有很高的营养价值及商业价值。近年来,结合山水生态资源优势,突出发展泉水鱼产业,让草鱼变"金鱼",促进绿水青山向金山银山有效转化,打造集养鱼、休闲、观光、餐饮为一体的新型产业体系,促进山区农民增收致富(图3.3.2)。

(a) 鱼池布局　　　　　　　　(b) 鱼池结构

(c) 鱼池侧视　　　　　　　　(d) 养殖品种

(e) 日常投喂　　　　　　　　(f) 装袋上市

图 3.3.2　模式三相关图片

3.2　具体做法

(1) 鱼池选址:鱼池选建在周边自然生态环境优良、地势比较平坦的地方;溪涧常年水量充沛,河水清新无污染,注水、排水方便,常年水流量基本稳定。水源水质应达到《地表水环境质量标准》(GB/T 3838)规定的Ⅱ类水质标准,水温一般在15~26 ℃,溶氧量≥5.0 mg/L,pH为6.5~8.5。

(2) 鱼池建造:

① 鱼池形状、规格及安全载鱼量:养鱼池建造的池形、大小,依地形、地势和水流量而定。在条件允许的前提下,以充分利用土地为原则,池形能方则方,能圆则圆。根据水源流量确定鱼池数量、面积、水深及安全载鱼量,面积一般为5~50 m²。参见表3.3.1。

表3.3.1 水源流量、面积、水深、安全载鱼量

水源流量(m³/h)	面积(m²)	水深(m)	安全载鱼量(kg)
3.2	4	0.8~1.0	60
7.2	9	0.8~1.0	140
12.8	16	0.8~1.0	260
20	25	0.8~1.0	400

注:养殖密度≤20 kg/m³,水体最大交换率为每小时1次。

② 池壁及池底:池壁用石片、卵石、砖石砌筑或混凝土浇筑,内壁垂直、牢固,表面无锐利的棱角;池底为岩石、片石或粗砂砾,从池壁基部向池底中央有3%~5%的斜坡。要求整体美观,不渗漏。

③ 进水及排水:按鱼池水源所处地势的不同,山泉水养鱼池进水方式可设计成落差式和平流式。进水口高于鱼池最高水位,每个鱼池设有单独水闸,进水沿池壁切线进入鱼池而形成逆时针环流;池底中央最低处设排水井,面积≥2%鱼池面积,深0.2~0.5 m。排水井底部设排水管,埋在池底下方并通到池壁外侧,与控制鱼池水位的竖管连接。排水管内壁光滑、转角平顺,内径大于或等于3%鱼池边长,或大于或等于2.6%鱼池直径。竖管高度可灵活调节,鱼池排水从竖管口流出落到排水渠内。

④ 溢流口:在池壁正常水位高度设溢流口,排除水面漂浮物,防止排水口堵塞时鱼池水流停滞或池水漫过池壁,溢流口面积大于或等于15%排水井面积。

⑤ 防鸟及其他配套设施:鱼池上方搭建棚架,种植适宜本地土壤气候的藤蔓类蔬果植物;有条件的可配备渔业物联网、视频监控和水质在线监测设备。

(3) 沉淀池建造:沉淀池呈圆角正方形、正多边形或圆形,水深≥1.0 m,设在鱼池的下游。沉淀池面积大于或等于10%鱼池总面积。沉淀池的池壁结构与鱼池相同,池底铺片石或水泥浇筑,池底中央设集污池,从池壁基部向集污池有5%~10%的斜坡。集污池面积大于或等于15%沉淀池面积,深度大于或等于0.5 m。鱼池排水汇集到排水渠并从水面下方沿池壁切线方向流入沉淀池,鱼粪残饵沉积在集污池内,表层清水流至生物滤池。

(4) 生物滤池建造:生物滤池设于沉淀池的下游,水深0.1~0.5 m,生物滤池面积大于或等于10%鱼池总面积。生物滤池的池壁结构与鱼池相同,池底铺15~20 cm厚的砂砾。池中栽种蕹菜、水芹等水生植物,池边水陆交界处栽种水蓼、石菖蒲等挺水植物,放养螺蛳、光唇鱼、河虾、溪蟹等底栖水生动物。经净化后排放的尾水应符合淡水池塘养殖水排放要求(SC/T 9101)的一级标准。

(5) 拦鱼装置:鱼池进水口、出水口、溢流口设横向栅状拦鱼装置,栅间距为2~3 cm。

生物滤池出水口设网状拦鱼装置,孔径 0.8~1.5 cm。拦鱼装置有效过水面积大于或等于 1‰池水面积,表面光滑,安装牢固,便于替换。

(6) 鱼种放养:最短养殖周期为 1 年,草鱼占投放量的 95%以上,每池搭配红色鲤鱼 5~15 尾。草鱼种规格大于或等于 0.5 kg/尾,红色鲤鱼种大于或等于 0.1 kg/尾,来自具有水产苗种生产许可证的良种场或自行培育,经检验检疫合格,草鱼种符合《草鱼鱼苗、鱼种质量标准》(GB/T 11776)的要求。鱼种放养适宜水温为 5~26 ℃,运输水温与鱼种池、流水鱼池水温差小于或等于 2 ℃,放养运输操作符合《鱼苗、鱼种运输通用技术要求》(SC/T 1075)。

(7) 饲养管理:草鱼投喂新鲜适口的水草、旱草、蔬菜瓜果。鱼种放养后,水温大于或等于 5 ℃时,开始少量多次投喂切碎的鲜嫩适口水草、旱草或菜叶,鱼群形成抢食习惯后完成驯化过程。日投草量为鱼体质量的 30%~50%,根据饲草种类、水温、鱼体摄食强度酌情增减,以下次投喂前 1~2 小时内吃完不剩为宜。上午 8:00~9:00,下午 4:00~5:00 分别投喂一次,当水温小于或等于 5 ℃,或干旱严重缺水时停止投喂。

(8) 日常管理:最小流量应保证池水溶氧量不低于 5 mg/L,调节进水角度,改变池内水流速度,最大流速应不大于 0.6 m/s。每天早晚两次巡池,洪水期间增加巡池次数。观察鱼类摄食、活动、生长等情况,清理拦鱼装置上的草渣、落叶、枯枝,适时适量采收生物滤池中的水生植物、鱼类和底栖动物。集污池内设潜水排污泵,通过管道输送将沉淀物作为有机肥施入农田。

(9) 病虫害防治:

① 鱼病预防:鱼种放养时用浓度 3%的食盐水浸浴 5~10 分钟,或用浓度 1.0 mg/L 的聚维酮碘溶液浸泡 5 分钟。当水温大于或等于 24 ℃时,投喂饲草总量 5%~10%的新鲜紫苏叶、水辣蓼、车前草、铁苋菜、石菖蒲等药饲两用植物,当高温季节缺水时减少饲草投喂量。

② 病害治疗:

小瓜虫病治疗:加大进、排水流量,池水交换率大于或等于 2 次/h,同时将新鲜松树枝叶扎成捆置于进水口处,用量 1~3 kg/m³ 水体,3 天更换一次,连用 3~5 次。

外用:提前将本草虫净或瓜虫清浸泡好。将池水水位适当降低,在下午 5 点泼洒 500 ppm(g/m³,1 ppm=10^{-6})的盐+0.5 ppm 应激康。半小时后全池泼洒 1.2~1.5 ppm 的本草虫净或瓜虫清,维持 5~7 小时。密切关注鱼类是否缺氧,如发现浮头,立即加水。若鳃和皮肤上虫体脱落,则使用 1 ppm 的"优力克"促进创伤愈合;1~2 天后,则用 1 ppm 霉菌净预防水霉病。

内服:每千克鱼使用瓜虫清(0.2 g)拌料连喂 5 天,间隔 3 天;每千克鱼使用保肝宁(0.2 g)+肝肠泰(0.2 g)+应激康(0.2 g),投喂 3 天,间隔 4 天。

水霉病治疗方案:采用中药复方五倍子或水霉净等中草药,按说明书剂量使用。施药时关闭进、出水口,维持静水 6~12 小时,每天 1 次,连用 5~7 天。

(10) 捕捞上市:草鱼商品鱼规格大于或等于 1 kg/尾,出售前,按《无公害食品渔用药物使用准则》(NY/T 5071)的要求,严格执行休药期规定。捕捞前需停食 2~3 天,以提高运输成活率。

4 效益分析

4.1 经济效益

以 10 m² 鱼池为例,放养的草鱼规格为 0.5~0.75 kg/尾,120~150 尾(目前部分养殖户采取放养规格为 1.0~1.5 kg/尾的草鱼种,放养密度为 3~5 尾/m²,养殖一年即可上市),鲤鱼规格为 0.1~0.2 kg/尾,3~5 尾。投喂林间地头的野生饲草、笋壳、菜叶、山芋、南瓜以及豆饼、菜子粕等植物性饵料。山泉水温较低,鱼类生长缓慢,需要 3~4 年才能达到 2.5 kg 以上的起捕规格。农民在伐木、采茶、锄地之余,带回一些草料,加上厨余剩物,即能喂饱一池草鱼。泉水草鱼的价格按水质不同而有所区别,海拔高、靠近溪泉源头的价格高,沿下游方向价格逐步下降。2018 年,泉水草鱼价格为 60~120 元/kg,一个 10 m² 鱼池年销售 80 kg 草鱼商品鱼,按平均市场价 80 元/kg,收入 6400 元,除去不超过 1000 元的鱼种成本,净获利 5400 元。

4.2 生态效益

山泉流水鱼池是一种特殊的开放式水陆生态系统,生态环境多样性、物种多样性和遗传多样性非常丰富,具备复杂而完善的生态功能。通过水陆相互作用,森林、溪塘、鱼塘鱼池、村落和田园,把多种生物聚集在同一个单位的土地上,组成复杂的网络生态系统,多层次利用物质和能量,产生了维持养分平衡、自动调节水分、缓冲旱涝冲击、节约和集约利用自然资源,充分利用人力资源,形成了人与自然和谐共处、村落与鱼池共生、水鱼与山林共育、人文与自然共生的生态系统。这一生态系统的建立,营造出多样的生态基地和多元的生态空间,对生物多样性保护、水土保持、水源涵养、气候调节与适应都有着重要意义。

4.3 社会效益

山泉流水养鱼作为典型的农业生态系统之一,经过多年的发展和进步,在不断挖掘与利用影响下,不仅可以将其社会功能充分发挥出来,还可以表现出文化遗产的历史价值,最重要的是使农村经济文化得到繁荣发展,促进渔业产业体系进一步发展,使渔业扶贫的作用得到有效实现。

5 模式应用和推广前景

安徽省山泉流水养鱼主要分布在黄山、六安、安庆、宣城、池州 5 市 21 个县,2017 年全省共有山泉流水养鱼养殖池 6500 多个,面积 60 多万平方米,年产量 2000 多吨。

6 专家解析

山泉流水养鱼技术发源于安徽省休宁县,距今已有 800 多年的历史,形成了独特的农业生态系统。山泉流水养鱼具有占地少、好管理、见效快、鱼品优、效益好等优点,能有效促进山区农民增收,是山区产业扶贫的重要途径。安徽省山泉流水养鱼主要分布在黄山、六安、安庆、宣城、池州5市21个县。目前,当地结合乡村旅游,推出"赏油菜花、走古驿道、品泉水鱼"旅游休闲活动,促进一、二、三产业融合,让古老、鲜活的传统农业系统焕发出新的生机。

在蓬勃发展山泉流水养鱼的同时,要注重制定山泉流水养鱼发展规划,针对当地山泉流水的安全载鱼量、外来鱼种携带的病原体预防、品牌打造等方面加强管理,促进山泉流水养鱼健康可持续发展。

模式四 稻鳖综合种养技术模式
——以芜湖将军湾生态农业有限公司稻鳖共作模式为例

1 背景条件

稻鳖综合种养技术模式是21世纪初在稻鱼、稻虾基础上发展起来的稻田绿色生态综合种养模式之一。鳖食性杂,在稻田中直接摄取害虫、底栖动物等,其残饵及排泄物作为肥料被水稻吸收,同时鳖的活动能清除稻田里的杂草,水稻湿地环境又有利于鳖的隐蔽和生长,互相起到预防病害、促进生长的作用,可以不使用或少使用农药、化肥,大幅度降低了农业面源污染,是一种产出高效、资源节约、环境友好的综合高效种养模式,对保障粮食和水产品安全供给,有效减少农业面源污染都具有极其重要的意义。本模式为稻区农民实现农业结构调整、养鳖业的转型发展提供了有效的路径,对资源的循环利用、农业的可持续发展和生态环境的改善有着深远而重要的意义。

2 模式流程图

本模式流程图如图3.4.1所示。

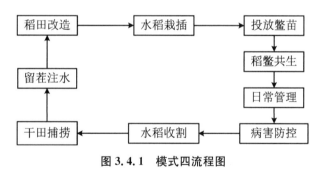

图 3.4.1 模式四流程图

3 模式特点与具体做法

3.1 模式特点

本模式充分利用生物间的共生关系和物质循环利用原理,建立一种典型的稻鳖共生的人工生态系统,利用稻田的浅水环境,辅之以人造工程、管理措施,在种植水稻的同时养殖中华鳖。水稻为中华鳖养殖营造了良好的栖息环境,提供水生昆虫、底栖动物、螺蛳等天然饵料;鳖充分利用稻田废弃养分及优越环境,其残饵和排泄物为水稻追肥,鳖的活动清除稻田里的杂草,中耕稻田,增加稻田通透性,减少水稻病害发生,减少化肥农药使用(图3.4.2)。稻鳖互利共生,既有利于稻田生态安全,又能为社会提供优质的稻米和鳖,对有效减少农业面源污染和改善我国食品安全状况具有重要意义。

(a) 田间工程

(b) 进排水管预埋

(c) 防逃设施

(d) 秧苗移栽

(e) 鳖放养

(f) 日常管理

(g) 水稻成熟

(h) 水稻收割

图 3.4.2 模式四相关图片

3.2 具体做法

(1) 稻田选择与田间工程：

① 稻田选择：在地面开阔、地势平坦、避风向阳、清净无扰的地方，底质以壤土为好，黏土次之，砂土最劣。灌溉养殖水源充沛，水质清新无污染，"水电路"三通，农田水利工程设施配套，稻田进排水方便，不易干旱或内涝。稻田面积以 10～50 亩为宜，呈长方形，同一田块高差不超过 10 cm。稻田环境和底质应符合 GB/T 18407.4 的最新规定；水源水质、养殖用水应符合 NY/T 5051 的最新规定。

② 田间工程：沿田埂四周开挖环沟，沟宽 3～4 m，沟底宽 1～2 m，沟深 1.0～1.2 m，坡角 60°。环沟面积约占田块总面积的 10%；开挖环沟的泥土用于加固加高田埂，埂高出田面 0.6～0.8 m，埂宽 2～2.5 m；田埂边靠机耕路一侧做一个 8 m 宽的机坡坎用于农机进出口，平时用木板防逃。

(2) 防逃设施：沿田埂内侧利用彩钢板、塑料板、塑料薄膜等建造防逃隔离带，将防逃材料埋入田埂泥土中 0.2～0.3 m，露出地面 0.4～0.5 m，然后用木桩在每隔 1 m 处固定，稻田四角转弯处的防逃隔离带要做成弧形。排灌水渠分设，进水渠用 PVC 管，排水口设在沟渠最低位置，进水口利用 80 目双层筛绢网布兜住，排水口设置密眼虾罩。

在防逃墙外侧约 1.5 m 处用铁丝网或聚乙烯网片设置围墙，防止人靠近及偷盗。有条件的可安装监控设施。

(3) 设置饵料台、晒背台、产卵、灭虫灯：在田间鳖沟一侧设置饵料台，饵料台同时作为晒背台。木板根据鳖沟大小设置成长 1.5～3 m，宽 1.0～1.2 m，饵料台一端在埂上，另一端以 30°角斜下入水面 20 cm。亩设饵料台 1～2 块。

稻田中央用土建一个长 5 m、宽 1 m 的产卵台，产卵台坡度比为 1∶2，台中间铺放 30 cm 厚的细沙，并在产卵台上搭设遮阳棚，以防阳光直射和沙子中水分蒸发过快。

在饵料台上方设置太阳能灭虫灯，诱杀害虫，供鳖摄食。

(4) 幼鳖的选择与放养：选择无伤无病、无畸形、行动敏捷、体质健壮、皮肤有光泽的幼鳖，投放同池的幼鳖规格要整齐。放养时间为 6 月，底温室与外塘水温基本一致时将幼鳖从温室转入稻田，使幼鳖受到的应激减少到最小，一进入稻田就能迅速适应。

投放幼鳖规格为 400～500 g/只，放养量为 50～100 只/亩。幼鳖放入稻田前须进行消毒，用 20 mg/L 高锰酸钾浸泡 20 分钟。

(5) 投放鱼种及螺蛳：每亩稻田套养规格为 10 尾/kg 的鲢鱼、规格为 4 尾/kg 的鳙鱼、少量鲫鱼和青虾苗；每亩稻田投放螺蛳 50 kg，让其在稻田内繁殖、生长，为鳖提供更多的活饵料。

(6) 日常管理：

① 饵料投喂：鳖主要摄食稻田内的螺蛳、危害水稻的害虫及杂鱼、小虾等生物饵料，为保证鳖正常生长，还须投放饲料。在投喂上做到定时、定点、定质、定量，直接投在饵料台上，投喂时间为傍晚 6 时，饵料量为鳖体重的 0.5%～1.5%，以 2 小时内食完为宜。同时，每天晚上 8 时至夜间 12 时开启在饵料台上方的灭虫灯，为鳖增加饵料。

② 巡塘：坚持早、中、晚巡田，常观察、检查鳖的活动、生长情况；常检查田埂是否有漏洞，防逃设施是否牢固、破损，特别是在下雨和打雷时要及时做好防洪、防逃工作。经常清除坑塘杂草，及时捞出坑塘污物，捞出残饵和杂物；保持周围环境安静，清除各种惊扰，禁止闲

杂人员随便进入,为鳖的生长营造良好的生长环境。

③ 病害防控:坚持"预防为主,防治结合"的原则。每天清洗饵料台,鳖沟定期用漂白粉和生石灰消毒,防止病害发生。

(7) 捕捞与销售:收割前10天搁田,直至搁硬。收获稻田里的中华鳖通常采用干塘法,先将稻田里的水排干,等到夜间稻田的鳖会自动爬出淤泥,这时可以用灯光照捕。平时捕捉,可沿稻田边沿巡查,当鳖受惊潜入水底时,水会冒出气泡,沿着气泡的位置潜摸,即可捕捉到,春节前后分批上市。

(8) 水稻栽培与管理:

① 水稻品种选择与移栽:水稻应选择高产优质、适口性好的优质品种。特别要注意水稻品种的耐湿性,以耐湿性好、分蘖力强、熟期适中的品种为佳。秧苗一般在6月中旬开始移栽,采取"大双行"的栽插方法,行株距40 cm×16 cm,每亩1.1万～1.3万穴,确保鳖在行间爬行,生活环境通风透气性能好,边行密植,发挥边际效应。

② 烤田:水稻生长期间需要进行烤田。在顺应水稻生长需求和不影响中华鳖生长的前提下,采取轻烤的办法:将水位降至田面露出水面,使田块中间不陷脚,田边表土不裂缝和发白,以见水稻浮根泛白为宜。烤田结束之后,立即将水位提高到原水位。需要注意的是,烤田前要清理环沟,并调换新水,以保证环沟通畅,水质清新。

③ 水位控制:根据水稻不同生长期对水位的要求,控制好稻田水位。前期以浅水为主。9月中旬是危害水稻最严重的稻纵卷叶螟和褐稻虱高峰期,此时以灌满深水为主,水灌满后可让鳖把害虫吃掉。后期开通排水沟,根据水稻收割时间及时烤田。

④ 病虫防控:在田间安装太阳能灭虫灯,每天晚上开启。如发生虫害,应尽量选用高效低毒农药,并严格控制安全用药量。

⑤ 水稻收割:收割之前先进行放水烤田,促使中华鳖主动逐步进入环沟中,同时,为保障水稻收割时不压伤中华鳖,在收割前应当适当降低环沟水位,并选用机割方式进行水稻收割。若稻田中尚有少量鳖残余,可在水稻收割时采取人工抓捕。

4 效益分析

4.1 经济效益

稻鳖综合种养技术模式每亩投入费用包括田租500元、稻田工程250元、种苗1600元、稻种58元、饲料700元、肥料100元、鱼药20元、水电费30元、人工250元、机收机耕150元,合计3658元。每亩产商品鳖50 kg,平均价格100元/kg,价值5000元,每亩产水稻500 kg,价格3元/kg,价值1500元,共计6500元。亩净利润达2842元。

4.2 生态效益

稻鳖综合种养技术模式在稻田中引入中华鳖,有效控制病虫害及草害,并可为稻田施肥,减少了农药化肥的使用量。中华鳖在稻田中来回活动,使泥土松动通气,有利于促进土壤肥料分解和土壤的通透性,有利于水稻分蘖和根系发育,促进水稻的生长和产量增长,改善了稻田生态环境,提高了稻鳖产品的质量,生态效益显著。

4.3 社会效益

稻虾综合种养技术模式,实现一田两用,达到稻鳖双丰收,经济效益为普通稻田效益的4~5倍,生产的稻鳖品质好、质量安全,可促进渔业增效、渔民增收,提高农民种粮积极性,带动农民就业。

5 模式应用和推广前景

稻鳖综合种养技术模式在安徽省芜湖、蚌埠、安庆、合肥等地广泛推广应用,取得了良好的示范效果。本模式适合在沿江沿淮的水稻主产区推广应用。

6 专家解析

稻鳖综合种养技术模式对于解决"三农"问题、发展农村经济意义重大,农业农村部渔业渔政管理局已经将本模式列为主推养殖模式。本模式可实现养殖户"一地多用、一举多得、一季多收",增加优质农产品供给,促进农业和农村经济结构的调整和优化。

稻鳖综合种养正经历快速发展期,种养面积不断扩大,质量效益不断提高,农田环境得到改善,保渔增收不断凸显,实现了"一水两用、一田双收、粮渔共赢、生态高效"的农业可持续发展。但是,在鳖种投放规格、数量、田间管理、尾水处理等方面缺少操作规程。稻田大多数还是一家一户,设施陈旧老化、沟渠不畅、流转难度大,与连片规划、统一管理、形成效益、打造品牌的稻渔综合种养发展要求仍有差距。要加大对稻鳖综合种养户技术培训与巡回指导,切实提供全方位技术服务,推进稻鳖综合种养规模化、标准化、产业化发展。

模式五 稻虾综合种养技术模式

案例一 全椒稻虾连作综合种养模式

1 背景条件

全椒有圩区稻田 20 万亩,水库下游连片低洼地块 2 万亩,目前已在沿滁河圩区发展稻虾连作综合种养 12 万亩,尚可发展 10 万亩。

2 模式流程图

案例一模式流程图如图 3.5.1 所示,其物质能量循环如图 3.5.2 所示。

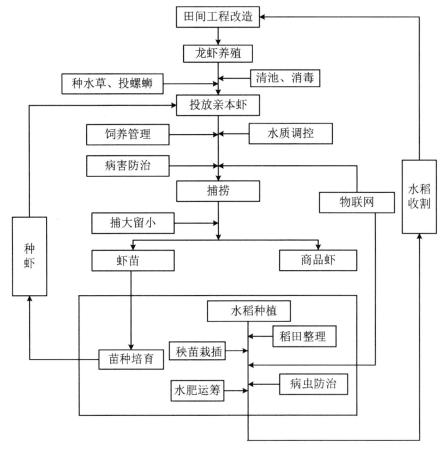

图 3.5.1 模式五流程图(Ⅰ)

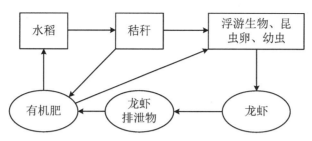

图 3.5.2　稻虾连作物质能量循环模式图

3　模式特点与具体做法

3.1　模式特点

稻虾连作,秸秆还田利用,保护了环境,减少了水稻种植化肥、农药的使用,同时,稳定了水稻产量,改善了稻谷品质,而且扩大了龙虾养殖土地来源,降低了龙虾养殖成本,也提高了龙虾品质。

全椒稻虾基地有关图片如图 3.5.3 所示。

图 3.5.3　全椒稻虾基地现场照片

3.2　具体做法

(1) 稻田选择:水量充沛,排灌方便,水源水质应符合 GB 11607 的规定,稻田水质应符合 NY 5051 的规定；面积以 10~15 亩为宜。

（2）稻田改造与准备：改造时间为水稻收割后的 10 月下旬~11 月初，距田埂 2 m 开挖截面为"U"形的环沟，宽 2~3 m，深 1~1.2 m，沟面积占田面积的 8%~10%。利用挖环沟的泥土逐层夯实加宽、加高田埂。改造后的田埂坡度比为 1∶1.5，高度应高出田面 0.6 m 以上，埂面宽大于或等于 0.6 m。

稻田改造后，用生石灰消毒，田面水深 0.15 m 时用量为 75~100 kg/亩；老稻虾连作田消毒应选用聚维酮碘消毒剂，用量为 0.3 kg/亩。

消毒 7 天，种植水草。水草以伊乐藻为主，轮叶黑藻和水花生为辅；种植面积占水面的 50%~60%。

（3）水稻种植与虾苗种繁育衔接：6 月中旬~10 月种植水稻，8 月底 9 月初水稻收割前投放亲本虾，逐步排水诱导亲本虾打洞交配，10 月底田面板结收割水稻；10 月底~翌年 6 月中旬克氏原螯虾苗种繁育。水稻收割前再次晒田，10 月环沟水位降至低于田面 10 cm 左右，板面硬结后收割，留茬大于或等于 45 cm。

插秧时间为当年的 5 月 25 日~6 月 10 日，每亩插秧不低于 15000 穴。插秧前 7 天，每亩施充分无害化处理的有机粪肥 100~150 kg，复合肥 30 kg，用旋耕机翻耕耙匀；在稻谷抽穗期每亩追施钾肥 3~5 kg。肥料的使用应符合 NY/T 394 和 NY/T 496 的要求。

一般应采用物理或生物方法防治病虫害，每 15 亩配一盏频振杀虫灯诱杀害虫。发病季节来临前用低毒农药氯虫苯甲酰胺等进行防治。农药使用应符合 GB 4285 的规定。

稻田各月份水位控制见表 3.5.1。

表 3.5.1　稻田水位控制

时间	1~2月	3月	4月中旬~5下旬	5下旬~6上旬	6中旬~6月下旬	7~9月	10月	11~12月
板面水深（cm）	50	30	50	5	0	10	0	50
环沟水深（cm）	150	130	150	105	90	110	90	150

（4）虾苗繁殖：亲本虾应异地选择，在 8 月底 9 月初从湖泊、河流等大水体中选购 30 g/只以上的大规格亲本虾。

投放量为 20~30 kg/亩，雌雄数量比例为 3∶1。先将亲本虾在稻田水中浸泡 2 分钟左右，提起搁置 2~3 分钟，如此反复 2 次。用 5~10 g/m³ 聚维酮碘溶液（有效碘 1%）浸洗虾体 5~10 分钟，具体浸洗时间应视天气、气温及虾体忍受程度灵活掌握。浸洗后，再将亲本虾种均匀取点，分开轻放到浅水区或水草较多的地方，让其自行爬入水中。

饲料投喂：亲本虾以稻田内的有机碎屑、浮游动物、水生昆虫、周丛生物、水草等天然饵料为主，9~10 月及翌年 3 月补充投喂颗粒饲料，每天 16:00~17:00 投喂一次，投饲量占虾总质量的 1%~2%。饲料应符合 GB 13078 和 NY 5072 的要求。

水质调控：根据水色、天气和虾的活动情况，适时加注新水，注水前后水的温差不大于 3℃。水草覆盖面积保持占环沟面积的 50%~60%。

环境营造：在稻田环境中，通过水稻收割留茬、饵料投喂、水质和水位调控、水草管理等综合措施营造环境，促使亲本虾完成交配、抱卵、孵化、护仔等繁殖过程。

越冬管理:通过调控水位来控制稻田水温,使稻田环境更适合克氏原螯虾的生存和繁育。水稻收割后至越冬前,保持田面水深 30～40 cm,随着气温的下降,逐渐加深至 50～60 cm。

(5) 龙虾养殖:克氏原螯虾主要抱卵孵化时间在 9～10 月,主要排苗时间在 10 月底 11 月初。亲本虾抱卵后排苗量在 5.5 万～7.5 万尾/亩范围。

饵料生物培育:翌年 2 月施经无害化处理的有机肥,施用量为 100～200 kg/亩,为克氏原螯虾苗种培育丰富适口的天然饵料生物。

苗种饲料投喂时间在翌年 4 月下旬～5 月底。根据稻田内天然饵料的多少进行投喂。4 月中旬～5 月上旬,每亩投饲量为 0.5～1.0 kg;5 月中下旬,每亩投饲量为 1.1～2.0 kg。每天 16:00～17:00 投饲一次。饲料以颗粒饲料为主,应符合 GB 13078 和 NY 5072 的要求。

水质调控:选用光合细菌、芽孢杆菌、EM 菌等微生物制剂调控水质。微生物制剂拌泥抛入环沟底部,用量约为 10 mg/L,3～5 月 5～10 天施用 1 次,应在晴天上午 10:00 左右施用。

(6) 捕捞与运输:亲本虾捕捞时间应在 3 月,龙虾捕捞时间在 4～5 月。主要使用地笼捕捞。将地笼置于稻田及环沟内,隔 1～2 天将地笼移位一次;应将捕获的虾挑选分级,将龙虾和亲本虾分开出售。

一般选择在日出之前进行,避免阳光直射。装虾工具一般为经消毒的专用塑料筐,运输时间控制在 6 小时以内,运输过程中,应避免风吹,防止温度剧变、挤压、剧烈震动等;不得与有害物质混运,严防运输污染。

4 效益分析

4.1 经济效益

单元田块效益:84000 元－34950 元＝49050 元,
收益:49050 元/15 亩＝3270 元/亩。

稻麦、稻油模式亩收益一般为 1000 元左右,因此,稻虾连作亩收益比稻麦稻油模式增收 2270 元,全县 12 万亩稻虾连作每年已为农民增收 2.7 亿元。

4.2 生态效益

全县 12 万亩稻虾连作共生,可消纳 12 万头生猪养殖产生的粪便,打通了种植、畜禽养殖、水产饲养的循环通道,解决了生猪养殖粪便污染难题,实现资源化循环利用。稻虾综合种养充分利用土地资源实现了一田两用、稻虾互利的良好生态,不但减少了化肥农药的使用,而且提高了稻米质量,并且稻草全量还田,饲料残渣、龙虾排泄物可以改良土壤,提高土壤有机质,改善土壤结构,实现农业可持续发展。稻虾连作生态种养亩使用化肥 35 kg 左右,减少化肥用量 30%;防治病虫害 1～2 次,比单纯种稻少 3～4 次,减少农药用量 60%～70%;土壤微生物含量增加,菌群结构优化,有机质提高 1%～2%。

4.3 社会效益

稻虾连作生态种养模式使用以猪粪便为主的有机肥,解决养猪业粪便污染难题,一般一亩地可消纳一头育肥猪的粪便。综合种养生产的稻谷品质优良,提供大米生产的优质原料。

龙虾养殖可带动饲料业、网具业、餐饮业和经济人队伍发展。全县12万亩稻虾综合种养,带动12万头的生猪养殖、5000万kg的稻谷加工、5000万kg的饲料生产和1000个左右经济人,形成种养加销一体化庞大的一、二、三产业整合的大产业。全县稻虾综合种养家庭农场(种养大户)可达1000户2000人,千头猪场达100个,造就新型农民3000多人。

5 模式应用和推广前景

本模式适合水源充足、集中连片、交通方便的低洼地区田块,安徽省适宜面积范围广阔。因此,推广应用价值很高,应用前景广阔。

案例二 庐江稻虾综合种养技术模式

1 背景条件

庐江县龙亭家庭农场创建于2015年3月,位于庐江县泥河镇天井村,养殖基地东近瓦洋河,南依黄泥河,水质清新,水源充足。农场投资300万元,建有730亩标准化龙虾养殖田块,基础设施齐全,主要从事龙虾水稻综合种养,利用龙虾和晚稻的生长的季节差异开展种养结合,实现种养过程中废弃物的循环利用,减少稻田的农药和化肥使用量。2015年、2016年农场先后被评为庐江县稻虾综合种养示范基地、庐江县新型农民培训基地、合肥市龙虾健康养殖示范场和农业部水产健康养殖示范场。

2 模式流程图

案例二模式流程图如图3.5.4所示。

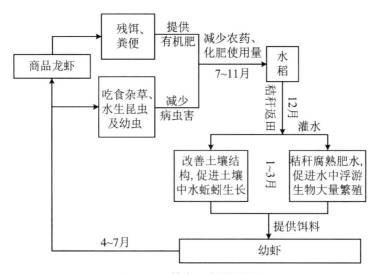

图3.5.4 模式六流程图(Ⅱ)

3 模式特点与具体做法

3.1 模式特点

农场主要从事稻虾综合种养,利用龙虾和晚稻生长的季节差异开展种养结合,每年3~7月养殖龙虾,7~11月种植水稻。通过龙虾吃掉田中的野杂草、水生生物及各种危害性幼虫,减少后期水稻人工和化学除草费用以及减轻水稻虫害;水稻吸收龙虾粪便和剩余的残饵,水稻收割后秸秆返田肥水养虾,实现种养过程中废弃物的循环利用,减少稻田的农药和化肥使用量。稻虾综合种养将养殖业和种植业有机结合起来,形成相互利用的生态循环农业,提升稻田的经济、社会和生态效益。

3.2 具体做法

(1) 田间工程:

① 面积及形状:新开挖田块以长方形、面积为10~30亩为宜,走向为东西向为好。田块四周开挖"U"形或"L"形沟,沟宽2~2.5 m,沟深1 m,沟面积占田块面积的8%~10%。

② 进排水:按照进排水分开的原则,建好进排水沟,做到灌得进,排得出。

③ 防逃设施:小龙虾逃逸能力较强,必须搞好防逃设施建设。通常用塑料薄膜、网片、钙塑板等沿池埂四周架设防逃设施,以免敌害生物进入和小龙虾逃逸。

(2) 田块消毒:田块消毒可有效杀灭池中的敌害生物(黄鳝、泥鳅、黑鱼、蛇、鼠等)、与之争食的野杂鱼类(鲤鱼、鲫鱼等)以及病原体。一般使用生石灰和漂白粉,经济、实惠、安全。

田块注入新水时,进水口用100目的网布过滤,防止鱼卵和敌害生物进入。

(3) 田块施肥:龙虾养殖田块施用适量有机肥,能培育大量的饵料生物(轮虫和水蚯蚓等),为虾苗入池后直接提供天然饵料。方法是选用发酵过的有机肥料300 kg/亩,采取干塘或浅水施肥,施肥一定要均匀,施肥后用旋耕机对塘底进行旋耕,这样既有利于疏松土壤便于底栖生物生长,又有利于水草栽植后快速生长。

(4) 水草栽种:水草在龙虾养殖中占有举足轻重的地位。第一,水草是龙虾的优质饵料,可补充大量维生素;第二,可以防风浪,吸收水体中部分有害物,净化水质,平衡水体环境;第三,能为幼虾、脱壳虾提供隐蔽、栖息场所,减少敌害生物或同类的捕杀。

池塘最好种植多种水草,以轮叶黑藻、伊乐藻、苦草为主,使水草形成复合型优势种群,确保水草覆盖率在每年中后期达到60%以上。

(5) 虾苗放养:野生虾苗每亩投放50~60 kg,人工养殖池繁育虾苗每亩30~40 kg。投放时要做到沿池四周均匀放养,布点均匀。同一池塘投放的龙虾苗种要求规格整齐、附肢齐全、无病无伤、一次放足。

(6) 饲料投喂:在养殖过程中全程投喂海大集团生产的小龙虾专业配合饲料。

(7) 饲养管理:小龙虾多昼伏夜出,在夜里活动觅食是它们的习性。投喂饲料在每天下午四五点投喂,早期3~4月投喂量约占龙虾总量的3%左右,5~7月小龙虾摄食量逐渐增大,投喂量约占龙虾总量的5%。日投喂量可根据池塘水草和生长情况适当调整,同时根据天气、水质状况以及虾活动觅食情况适当增减,阴雨天要少投喂或不投喂。

(8) 龙虾养殖日常管理:每天坚持巡池,注意水色变化和龙虾活动情况。4～7月每半月换一次水,每次换水 1/3。水位从春季到盛夏逐渐递升,要加强检查,严防龙虾逃走。

(9) 龙虾捕捞:龙虾起捕时间一般集中在 6～7 月上旬。一般采用虾笼(地笼)进行诱捕,回捕率可达 90% 以上,将已成熟的小龙虾捕捞上市。剩余的一部分龙虾进入田块四周环沟虾集中蜕壳时周边环境保持安静。喜欢逃跑是龙虾的天性,特别是汛期,可作为下一年种虾留田。

(10) 水稻栽插:7月上旬龙虾捕捞结束后,开始排放田水至 10 cm 左右,用旋耕机对田块进行旋耕(可将部分剩余水草搅碎作为田块有机肥),水稻选用优质品种秀水 519,6 月 12 日左右育苗,7 月上旬采取机械栽插模式,每亩 2.5 万株。

(11) 水稻管理:水稻田间除草宜首选人工除草。防治病虫害一般选用高效低毒农药(康宽),在水稻施药时先缓缓放干田水,以便龙虾进入环沟,避免因施肥和施药给龙虾带来伤害。11 月中下旬收割水稻。

(12) 水稻收割后的田块管理:晚稻收割完毕后,对毁损的田埂进行修复。同时对养殖田块施用有机肥进行旋耕、注水,以便水稻秸秆和有机肥充分腐熟,培肥水质,促进浮游生物及底栖生物繁殖。在春节前完成水草栽培工作,为来年养殖生产打下基础。

4 庐江稻虾连作种养和收获情况

本案例庐江稻虾连作种养和收获情况如表 3.5.2 所示。

表 3.5.2 稻虾连作种养和收获情况

品种	放种			收获		
	时间	平均规格	放(种)养量	时间	平均规格	收获量
龙虾	4月20～30日	5克/只	6000～8000只/亩	6月10日～7月15日	35克/只	110 kg/亩
稻	6月18日		7月16日栽插2.5万株/亩	11月22日		550 kg/亩

案例三 安徽省稻虾综合种养技术模式

1 背景条件

稻虾综合种养技术模式是根据生态循环农业和生态经济学原理,将水稻种植与水产养殖技术、农机与农艺有机结合,通过对稻田实施工程化改造,构建稻-虾共生互促系统,并通过规模化开发、集约化经营、标准化生产、品牌化运作,能在水稻稳产的前提下,大幅度提高稻田经济效益和农民收入,提升稻田产品质量安全水平,改善稻田的生态环境,是一种具有稳粮、促渔、增效、提质等多方面功能的现代生态循环农业发展新模式。

稻虾综合种养适合安徽省稻田单季稻种植区域。近两年,全省稻田综合种养发展迅速,2017年稻田综合种养面积97万亩,2018年稻田综合种养面积170万亩。在生态优先、绿色发展的新要求下,目前稻田综合种养已经发展为餐饮美食、休闲旅游、现代观光农业、加工物流等多种业态的特色产业。

2 模式流程图

案例三模式流程图如图3.5.5所示。

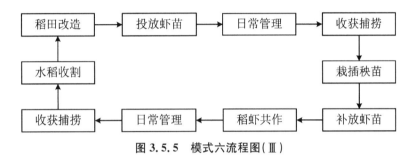

图3.5.5 模式六流程图(Ⅲ)

3 模式特点与具体做法

3.1 模式特点

本模式依据农田生态系统中生态位及食物链基础理论,通过稻田工程改造,利用稻田时空生态位空闲区,将淡水小龙虾引入稻田生态系统,增加稻田生物多样性,提高稻田生态系统稳定性,促进农田生态系统内部能量的良性循环和物质资源的高效利用,提高稻田养分利用率,实现化肥农药减量化,提升农产品质量安全,提高农田经济生态效益,促进农业增效、农民增收(图3.5.6~图3.5.13)。

图3.5.6 田间工程

图3.5.7 移栽水草

图 3.5.8　投放虾苗

图 3.5.9　秧苗移栽

图 3.5.10　稻田俯视

图 3.5.11　小龙虾捕捞上市

图 3.5.12　水稻生长

图 3.5.13　水稻收割

3.2　具体做法

(1) 稻田选择与田间工程：

① 稻田选择：要求水源充足，水质良好，不被农业、生活和工业污水污染，不受旱灾、洪灾影响。以壤土最好，黏土次之，砂土最劣。"水电路"三通，农田水利工程设施配套，排灌方便。稻田面积以 10~50 亩为宜，呈长方形，同一田块高差不超过 10 cm。稻田环境和底质应符合 GB/T 18407.4 的规定；水源水质、养殖用水应符合 NY/T 5051 的规定。

② 田间工程：选择低洼低产地区只种一季水稻、当年 10 月至第二年 5 月基本闲置的稻田，水稻收割后，用小型挖掘机沿稻田四周距田埂内侧 2.5~3 m 处开挖环形沟，环形沟不封

闭,在稻田的一端留 8～10 m 不挖通,便于插秧和收割时插秧和收割机械通行到田块中间,环沟面宽 3～4 m,沟底宽 1～2 m,沟深 0.8～1.2 m。

利用小型挖掘机开挖环形沟挖出的泥土,加固、加高、加宽田埂。田埂应高于田面 0.6～0.8 m。

在种养殖区外围,利用加厚塑料薄膜设置防逃围栏,围栏地上高度为 0.4～0.5 m,地下埋入 0.1～0.2 m。

进、排水系统分开,利用 PVC 管作为主要进、排水管道系统,进水口利用 80 目双层筛绢网布兜住,排水口设置密眼虾罩。

(2) 苗种放养前的准备工作:

① 清野消毒:稻田中泥鳅、黄鳝可在稻田翻耕时捕捉;环沟中小杂鱼可采用生石灰、漂白粉、茶粕等药品清除。第一年放种苗前 7～10 天,按照环沟面积计算,在环沟中均匀泼洒生石灰 75～100 kg 或漂白粉 8～10 kg;第二年可选用茶粕,每亩用量为 20～25 kg,使用时加水浸泡 24 小时,直接泼洒至环沟中,彻底杀灭野杂鱼、黄鳝、泥鳅等敌害生物。

② 移栽多品种水草:在稻田水体消毒 5～7 天后,在环沟深水区移栽金鱼藻和喜旱莲子草,栽植面积占深水区的 50%;在大田浅水区移栽伊乐藻、轮叶黑藻、黄丝草和马来眼子菜等,栽植面积占大田的 60% 左右。

(3) 苗种放养:苗种质量要求体质健壮,生命力强,体表光洁亮丽,肢体健全。

对于 1 小时运输半径范围内苗种充足或自己有配套育苗基地的稻田养虾单位,可以选择 3～4 月投放小龙虾苗种,规格为 160～200 尾/kg,每亩投放量为 25 kg 左右。投放时将苗种在田水内浸泡 1 分钟,提起搁置 2～3 分钟,再浸泡 1 分钟,如此反复 2～3 次,让苗种体表和鳃腔吸足水分后再放养,以提高成活率。

5～6 月上旬用地笼捕捞小龙虾,留下部分规格较大的小龙虾苗种与水稻共作,作为后备亲本虾培育,规格为 80～100 尾/kg,留存量约为 5 kg/亩。每年 8 月中旬～9 月上旬往稻田的环形沟和田间沟适当补投亲本虾,补投亲本虾应异地选择,每亩补充投放 5～10 kg。

(4) 日常管理:

① 春季肥水:2 月底～4 月底施 2～3 次充分发酵的有机肥,农家肥添加 EM 菌制剂共同发酵,用量为 60～90 kg/亩。

② 移植螺蛳:每亩投放螺蛳 50 kg;一方面能有效地提高小龙虾的品质和规格,使小龙虾的产量显著提高,另一方面,可以减少投入,降低生产成本。

③ 投喂饲料:投喂植物性饲料,补充维生素和微量元素,3～6 月每隔 15 天投一次水草,以伊乐藻为主,用量为 80～120 kg/亩;每天 18～19 点投喂配合颗粒饲料,投喂量为在田小龙虾群体质量的 1.5%～2.5%。投喂小龙虾颗粒饲料,粗蛋白含量为 28%～30%,平均每亩投喂颗粒饲料 50 kg。

④ 水位调控:在稻虾连作期间,第一年水稻收割后至越冬期结束,大田水位控制在 0.3～0.5 m,环沟水位控制在 0.8～1.2 m;第二年水稻插秧前,大田水位控制在 0.4～0.6 m,环沟水位控制在 1.2～1.5 m。

在稻虾共作期间,留田小龙虾数量较少,水位控制以适应水稻生长为主,采取浅灌即排,诱导小龙虾集中到环沟中,环沟中水位控制在 0.8～1.0 m。

⑤ 虾病预防:在投放亲本虾前用生石灰水对虾沟进行消毒;定期泼洒 EM 菌液调节水质;4 月中旬～5 月底,适当投喂加有壳寡糖、酵母多糖或中草药(三黄粉等)的配合饲料,以

提高小龙虾的免疫力和抗病能力。

（5）捕捞上市：第一季捕捞时间在 4 月初～6 月上中旬，第二季捕捞时间在 8 月初～9 月中旬。适时捕捞是养殖成败的关键，利用虾笼将规格达 25 g 以上的商品虾捕捞上市，捕大留小，地笼隔 3～5 天移动一下位置，可增强捕捞效果。留足翌年繁殖虾种 20～25 kg/亩。

（6）水稻栽培与管理：

① 水稻品种选择：选择抗病、耐肥、抗倒伏、紧穗型的粳稻品种，生育期时间应在 135 天上下浮动，能适应较松软的土壤和大田水位的短期浸泡。

② 田块施肥：6 月初，在田面上均匀撒施充分发酵的有机粪肥，每亩 50 kg，通过旋耕、提浆、耙平，将粪肥及田面水草埋入土中，待人工插秧；稻虾共作过程中，小龙虾排泄物可满足稻田后期养分需求，无须追施肥料。

③ 秧苗移栽：秧苗一般在 6 月中旬开始移栽，采取"宽行窄株"栽插方法，行株距 30 cm×16 cm，每亩 1.3 万～1.4 万穴，确保小龙虾生活环境通风透气性能好，边行密植，发挥边际效应。

④ 烤田：按照干湿交替的原则，重点抓好两次烤田。第一次烤田在 7 月中旬开始，烤田持续时间 7～10 天，烤到大田土壤表土出现裂缝为止。第二次烤田在水稻成熟时 9 月下旬开始，缓慢排水使大田田面露出，一直晒到大田土壤板结干裂，便于收割机机械化作业。

⑤ 水位控制：水稻插秧水位为 2～3 cm；插秧后立即注水保返青，水位控制在 4～6 cm，秧苗返青后让水位自然落至 3 cm 促分蘖；当总茎叶数达到预期穗数的 80% 时自然断水搁田，保持沟中水位低于田面 15 cm 以上，达到田中不陷脚，叶色褪淡。搁田结束后至孕穗期灌水 5 cm，抽穗扬花期保持水层 10～15 cm，灌浆中后期干干湿湿；水稻收割前 7 天将田中积水彻底排尽。

⑥ 病虫害防治：稻田病虫草害应以预防为主，综合防治，减少农药和渔用药物施用量。优先使用灭虫灯等方法，使用氯虫苯甲酰胺防治水稻病虫害 1～2 次。

⑦ 水稻收割：水稻收割前 7 天将大田中积水彻底排尽，应注意的是排水时应将稻田的水位快速地下降到田面 5～10 cm，然后缓慢排水，促使小龙虾在田埂、虾沟中打洞。最后虾沟保持 10～15 cm 的水位，即可收割水稻。以机械高留茬收割，留茬 40～50 cm，将秸秆粉碎全量还田。

⑧ 稻田秋冬季管理：水稻收割后，再次进行旋田、注水、种草等操作。采用稻秆淹青技术将稻秆转换为饵料（浮游生物、碎屑等），为秋冬季小龙虾繁育提供廉价、生态型饵料，并通过加水增大虾苗活动、生长空间，使虾苗快速长大。稻秆淹青加水和种草加水同时进行。

4 效益分析

4.1 经济效益

稻虾综合种养技术模式每亩投入费用包括田租 650 元、稻田工程 200 元、种苗 900 元、稻种 50 元、饲料 800 元、肥料 80 元、鱼药 100 元、水电费 60 元、人工 1000 元、水草 10 元、机收机耕 100 元，合计 3950 元。每亩可产出小龙虾 120 kg，平均价格 40 元/kg，价值 4800 元，每亩产出水稻 500 kg，价格 3 元/kg，价值 1500 元，共计 6300 元。每亩净利润达 2350 元。

4.2 生态效益

稻虾综合种养技术模式将小龙虾引入稻田生态系统,实现稻虾互利共生,有效将稻田中的杂草、昆虫、有机碎屑等废弃物转化为优质动物蛋白,有效提高农业系统养分循环利用、减少养分流失;投喂的残饵及小龙虾的粪便为水稻生长提供肥料,后期不需要追加施肥;通过小龙虾的摄食活动,改善了稻田通气环境,减少病虫害,实现了化肥农药减量,减少了农业面源污染,提升了农产品质量安全,生态效益显著。

4.3 社会效益

通过稻虾综合种养技术模式,增加稻田收益,提高农民种粮积极性,加快农村土地流转规模化经营,提供大量就业岗位,带动大量农民工返乡创业,推进农民致富奔小康。

5 模式应用和推广前景

稻虾综合种养技术模式在安徽省滁州、六安、池州、宣城、合肥等地广泛推广应用,取得了良好的示范效果。本模式适合在沿江沿淮的水稻主产区推广应用。

6 专家解析

稻渔种养综合技术模式符合现代农业和渔业的发展方向,是拓展水产养殖空间,提高农田综合效益,促进农业增效、农民增收的有效手段,对保障粮食和水产品安全供给,有效减少农业面源污染都具有极其重要的意义。

目前,安徽省稻虾综合种养发展势头猛进,已发展至380万亩,占全省水稻种植面积的10%以上,因此全省各地市县要按照"以粮为主,生态优先"的要求,科学编制稻渔综合种养发展规划;要充分利用丰富的中低产田、低洼田块、冬闲田等建设稻渔综合种养基地;要以市场为导向,整合各类资源,优化区域布局,整体连片推进,形成规模,突出特色;要以产业发展为导向,做到一、二、三产业融合发展。通过规划引领,指导推进稻渔综合种养持续健康快速发展。鼓励发展稻渔综合种养产品加工流通和观光休闲旅游等新业态,推进生产、加工、流通、休闲与美丽乡村建设融合发展,让农(渔)民分享更多的稻渔综合种养发展成果。

模式六 名特水产循环种养模式
——以铜陵向日葵生态农业有限公司为例

1 背景条件

在环境问题上,农业已经不完全是传统意义上的环境污染的受害者,尤其是集约化农业,它具有两面性:既是受害者,又是致害者。一方面它受到工业及城市生活废物的污染危害,另一方面,它在实施生产的过程中,由于超量使用农药、除草剂等,形成面源污染,对环境造成了危害,不但影响了其他行业的发展,也影响了农业自身的可持续发展。

铜陵向日葵生态农业有限公司从资源的高效利用、循环利用以及废弃物的无害化排放三条技术路径出发,结合当地市场需求,形成了一套适应自身可持续发展要求的绿色综合种养模式,利用地处长江边的便利条件,积极发展名特水产——鲫鱼等养殖,实施生态种养循环,延长产业链条,提升经济效益和生态效益。

2 模式流程图

本模式流程图如图 3.6.1 所示。

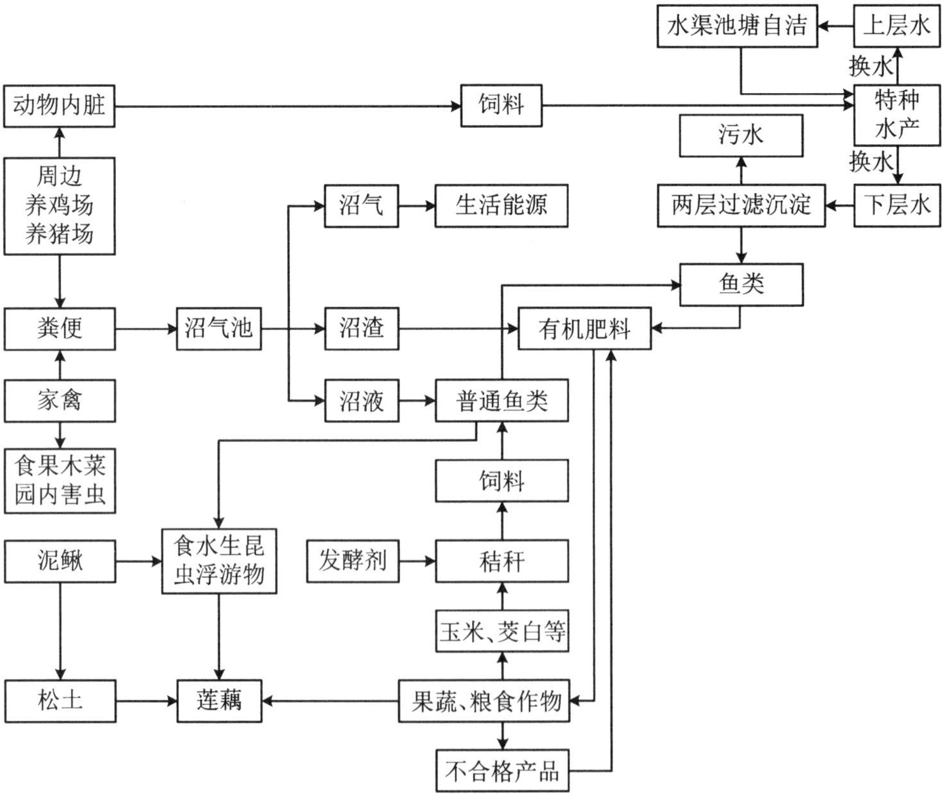

图 3.6.1 模式六流程图

3 模式特点与具体做法

3.1 特种水产-果菜园循环种养

鱼池底排污按照流体力学原理模式试验。水体流速大于 0.26 m/s 时，泥沙可随水流动，大于 0.16 m/s 时鱼粪等悬浮物可流动；流速小于 0.1 m/s 时，泥沙和鱼粪可沉淀。

运作基本原理是在鱼塘低点挖出排污口，利用自然沉降动力，使塘底泥浆流出，经过固液分离后，上层水流经人工湿地或用于鱼菜共生，经再次沉淀和微孔增氧之后，最后流回鱼塘。而固液分离和沉淀的鱼粪干物质经晒干腐熟后可作为有机蔬菜种植的上佳有机肥料。整体来看，池塘系统经此固液分离后，实现了水体净化和水资源再生，是一个环保、健康的循环经济生态处理先进模式。

作用和效果：

（1）底排污池塘放养密度、载鱼量增加 150%。

实验池一：12 亩薄膜防渗、底排污池，鲫鱼亩放养密度是对照池的 142%，鲫鱼量是对照池的 166%，亩产量是对照池的 110.9%。

实验池二：12 亩薄膜防渗、底排污池，鲫鱼亩放养密度是对照池的 146%，鲫鱼量是对照池的 186%，亩产量是对照池的 159%。

（2）池塘溶氧增加，浮头时间推迟 3 小时以上。

（3）示范点的展示性强——底排污效果突出。

（4）辐射效益显著，带动新用户开发。

（5）排污能力强——防止池塘内、外源性污染。

鱼塘设计说明：

（1）蓄水截污净化池占养鱼池总面积的 5%~10%，水深 3~5 m，高于主养池 1~2 m。

① 进水薄层、梯级增氧、缓流入池、沉沙截污，降解水中的药残、农残；

② 暴雨洪水期，可以沉淤，防止泥浆水直接入池导致死鱼；

③ 拦截漂浮物和野杂鱼虾；

④ 发挥蓄水、防旱、晒水增氧功能；

⑤ 排放蓄水池中层水入主养池塘，冬天起到节能增温、夏天起到节能降温功能；

⑥ 蓄水池安装小网箱，分规格净养商品鱼，鱼出售前去除了泥腥味，体色变黑，专供宾馆和高档餐厅，提高成鱼售价。

（2）主养池占养鱼池总面积的 85%~90%，建底排污（图 3.6.2、图 3.6.3）、太阳能智能养殖设施系统。

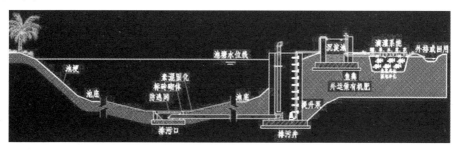

图 3.6.2　排污工程剖面图

（3）固液分离池占养鱼池总面积的0.5%～1%。

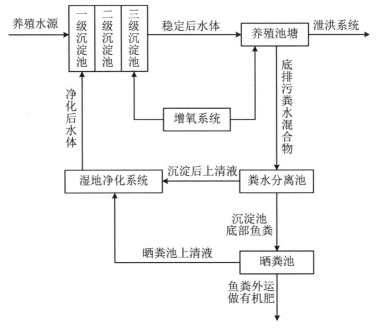

图3.6.3　底排污工艺流程图

污水全部两层过滤后沉淀，鱼粪经沉淀收集后用于果蔬种植，经沉淀后的水用于果蔬灌溉，基本实现零排放。

3.2　秸秆养鱼

铜陵向日葵生态农业有限公司种植有水生蔬菜（茭白）和玉米，所产生的秸秆可以用于养鱼。但如果只是单纯地使用未处理的秸秆喂养动物，就浪费了秸秆中的营养物质，不能被动物充分吸收。因此，公司采用秸秆发酵剂，在高效生物因子（各种分解酶、多种微生物活菌）的作用下，将秸秆里的粗纤维（纤维素、半纤维素）、木质素、木聚糖长分子链、木质化合物的酯键发生酶解，把鱼类不能吸收的高分子碳水化合物转化成可吸收利用的低分子碳水化合物，即生物饲料；多种微生物活菌在鱼体内建立微生态平衡，也增强了其抵抗力。

3.3　鱼藕共生种养循环

所谓"鱼藕共生"，就是将池塘养鱼与莲藕种植相结合，采用土里种藕、水中养鱼的立体生产方式，鱼类在生长过程中吸收水中的营养物质，既能净化水体，又可防治莲藕遭受病虫害，同时鱼的排泄物为莲藕生长提供了丰富的营养，形成一个良性的循环生态系统。

藕塘问题多，处理成本高。在莲藕生长过程中，尤其是浅水藕生长前期，水田杂草较多，生长较快，影响莲藕生长，同时，藕塘中大量的水中生物，破坏了莲藕的根茎。如果大量使用农药，不仅成本提高，还污染水质，影响莲藕和鱼的品质。但对莲藕不利的东西，恰恰是鱼类生长所需的营养。藕塘中有许多底栖生物、水生昆虫、浮游生物、杂草等，可为鱼类提供饵料，而鱼类的粪便和残饵可为莲藕提供肥料，使藕塘可少施化肥，不施农药，减少药残污染。同时，鱼类活动还可松动土壤，为莲藕生长提供良好的土质条件，这种模式能够使藕塘水体具备自我修复的能力,成为一个功能健全的小生态体系(图3.6.4)。

图3.6.4 鱼藕共生

建立"泥鳅、藕、鱼"生态循环模式,在藕田里套养泥鳅、草鱼等水产品的种养混作模式。泥鳅等吃食后产生的大量排泄物经分解、矿化后作为肥料供莲藕吸收利用,促进莲藕的生长,同时减少了水质恶化对泥鳅造成的毒害,促使泥鳅健康快速生长;泥鳅的潜底及钻泥等活动,起到了持续中耕、松土的作用,有利于莲藕生长;藕田中的害虫不仅是泥鳅的高品质活性饵料,还为藕田起到了生物除虫的作用。

3.4 果蔬资源肥料化利用

利用无法进入市场的蔬菜瓜果作为原料,历经45天以上的周期,三次加菌、三次扩繁发酵制成生物有机肥,发酵的过程中依次加入中微量元素,使肥料养分更全面,能够满足蔬菜瓜果对养分的需求,稳产、高产。其特点是含有丰富的活性菌群,具有养根、护根、增根、壮根的功能,能够防治红根、黑根、烂根、死棵,还具有抗重茬、抗线虫、防治土传病害的功能,并且能够解磷、解钾、固氮,提高肥料利用率;达到降低生产成本,提升农产品品质,促进早熟,表观好,耐存储,增产增收的显著效果。

4 效益分析

4.1 经济效益

本模式的实施每年节约种养成本约25万元,总体增收约280万元。公司2018年实现销售收入1400万元。

4.2 生态效益

公司每年节约用水10余万立方米,减少动物粪便等养殖废弃物排放约60 t。

企业在资源的高效、循环利用,减少污染排放和对环境的危害等方面均取得了一定的成效,也为发展生态农业旅游奠定了坚实的基础,获得了多项荣誉称号,实现了经济效益、生态效益和社会效益的高度统一。

4.3 社会效益

公司为铜陵市现代农业和农业循环经济的发展提供了路径和示范,带动周边企业共同走可持续发展路线,并解决周边农民就业50多人,带动农户20多户共同致富。

5 模式应用和推广前景

目前,本模式已在安徽省铜陵市义安区部分推广,适用于综合性较强的农业企业,中小规模企业可根据实际情况,按实际需求参照相关内容应用。同时,适合推广的区域还要具备沼液输送管道、储液罐与增压泵、大型圆形喷灌机等基础设施,具有沼液使用的技术参数和能力。

6 专家解析

针对种养循环的模式,各地进行了很多探索,但进行名特水产养殖与优质果树蔬菜园结合的水陆生态种养循环模式还比较少见。铜陵向日葵生态农业有限公司,利用铜陵地处沿江的气候条件和良好水质,创造条件,饲养名特水产品——长江鲥鱼,通过养鱼池的精妙设计,利用养鱼池底部排污结构,鱼池污水、鱼粪、底泥等悬浮物经过两层过滤后沉淀,实现固液分离,分离后的鱼粪等干物质经晒干腐熟后作为有机水果、蔬菜种植的有机肥料,经沉淀后的水用于果蔬灌溉,实现了名特水产品的高效益养殖和废弃物的零排放,经济效益、生态效益俱佳,是循环经济实践的优良案例。该公司还进行了秸秆饲料化养鱼、鱼藕共生种养循环、果蔬劣次品资源肥料化利用等方面的探索,实属难能可贵。从事这方面生产的企业,必须具备一定的科技条件,充分掌握特种水产养殖技术,精确把握饲料、肥料配方及养殖环境要求,在生产谋划阶段规划设计好,并与科研院所、大专院校建立密切合作关系,少走弯路。本模式水陆生态循环种养的理念和思路值得学习和借鉴。

模式七 池塘养殖尾水"三池两坝"处理技术模式

池塘高密度集约化养殖目前是我国水产养殖的主要方式。这种养殖方式会造成大量残饵和粪便排入养殖水体,水体污染日益严重。随着国家对生态环境保护工作日益重视,产业绿色发展是未来主要发展方向,正如习近平总书记所言:"绿水青山就是金山银山。""绿水"工程建设毋庸置疑是实现生态高效发展的重要一环。池塘养殖尾水"三池两坝"处理技术是当前环保压力下渔业转型升级、绿色高效发展的主要措施之一。

1 基本原理

池塘养殖尾水"三池两坝"处理技术即养殖尾水经过沉淀池、过滤坝、曝气池、生态净化池等设施,应用物理和生物净化方式进行处理,使养殖尾水可循环利用或者达标排放。

养殖尾水流经生态沟渠时,经沉水植物、挺水植物、浮游生物、底栖生物、有益微生物等拦截、吸收、利用等进行初步净化;再流入沉淀池,通过重力作用沉淀除去有机悬浮颗粒;通过过滤坝,经过滤坝滤料过滤、阻截、反硝化等二次净化;再流经曝气池,经氧化降解,通过生物刷处理,氮磷和有机悬浮物等经有益微生物、水生植物、水生动物等降解、吸附和利用后,再经过过滤坝净化,最后流入生物净化池或湿地系统,处理后的养殖尾水用水泵输入养殖池塘循环利用或者达标排放。

2 模式流程图

本模式流程图如图 3.7.1 所示。

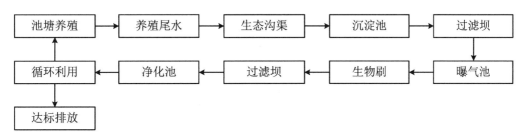

图 3.7.1　模式七流程图

3 工程建设

3.1 生态沟渠

按照一定面积比例构建,以生物系统为核心,初步净化养殖尾水。主要由工程部分和生物部分组成:工程部分包括渠体、拦截坝、节制闸等;生物部分包括护坡植物、水生植物和水生动物。

(1) 渠体:断面为等腰梯形,上宽大于 2.6 m,底宽 1.0 m,深 0.8 m,坡比 1∶2.5。

(2) 拦截坝、节制闸:在生态沟渠的出水口用混凝土建造拦截坝,拦截坝的高度为 0.6 m,低于排水沟渠渠埂 0.2 m,拦截坝长 2.0 m,宽 0.6 m,在拦截坝上建一个排水节制闸。排水节制闸的闸顶高度为 0.5 m,闸底高度为 0.1 m,闸孔净高为 0.4 m,闸孔净宽为 0.4 m,闸门采用直升式平面钢闸门。排水口底面离渠底 10 cm,根据需要将沟渠水位分为 10 cm、50 cm 两种状态。

3.2 沉淀池

在养殖区按照一定面积比例构建,主要用于养殖尾水的沉淀处理。养殖尾水进入沉淀池后,须滞留一定时间,利用重力作用,使水体中的悬浮物沉淀至池底,同时利用水生植物的吸附作用去除水体中的营养盐。沉淀池面积一般按池塘养殖面积的 2%～3% 建设,做好清淤工作,保持水深 3.0～4.0 m。

3.3 过滤坝

在养殖尾水处理区塘埂上按照一定长度构建的坝,一般过滤坝长 5.0～10.0 m,宽 2.0～3.0 m。坝体中间为过滤层,内铺设不同粒径的火山石、陶粒或碎石等填料,填料直径自下而上依次减小,其中最大直径为 15 cm,最小直径为 5 cm。火山石或陶粒放置在网袋内,上面放置一层瓜子片或砾石,坝体外壳采用空心砖主体结构。过滤坝设置在两池之间,坝体与沉淀池间用一道拦网相隔,通过过滤坝填料过滤层截留悬浮物,坝体内附着微生物,可分解、去除水中污染物。为达到美化效果,过滤坝上可种植美人蕉、冬麦草等植物。

3.4 曝气池

即在养殖区按一定面积比例,按照微生物特性设计的生化反应器,由池体、微孔曝气系统、生物填料和进出水口等部分组成。通过底部增氧方式,增加水体中溶解氧的含量,同时在曝气池中加入光合细菌等微生物制剂,通过生物的分解作用,降解水体中的污染物。曝气池面积一般按池塘养殖面积的 1% 左右建设,水深以 2.0～3.0 m 为宜。增氧曝气气石以 1.5～2.0 个/m^2 为宜,微生物挂膜材料毛刷以 5000～6000 个/亩为宜。

3.5 生物净化池

按一定面积比例构建,以生态系统为核心净化养殖尾水,主要由工程部分和生物部分组成:工程部分主要包括小岛、下水浅滩、沟壑等;生物部分包括护坡植物、水生植物和水生动物。通过水生植物吸收曝气池中分解的氮、磷等无机盐,同时利用水生动物控制浮游藻类、浮游动物数量及水生植物长势,最终使养殖尾水中的氮、磷、COD 等污染物转化到水生动植物体内,通过适度捕捞、循环投放带走水体污染物。生物净化池面积一般按池塘养殖面积的 3%～4% 建设,一般设置在地势低洼区,水深 3.0～4.0 m。

4 生物配置

4.1 植物配置

(1) 植物选择:选择对氮、磷等元素具有吸收转化高、利用能力强、根系发达、生长茂盛,具有一定的经济价值或易于处置利用,并可形成良好生态景观的植物。植物配置中必须有一定比例的标志性无冬眠型或短冬眠型水生植物。

(2) 生态沟渠的植物配置:生态沟渠中的植物可由人工种植和自然演替形成,沟壁植物以自然演替为主,人工辅助种植狗牙根(夏季)、黑麦草(冬季),沟中相间种植水生鸢尾、菖蒲、空心菜、茭白、水芹等挺水植物和粉绿狐尾藻、马来眼子菜、金鱼藻、苦草等沉水植物。水生植物面积占生态沟渠水面面积的60%左右,其中常绿植物占植物总面积的50%以上,植物种植以不影响尾水流动为宜。

(3) 生态净化塘植物配置:生物净化池近岸浅水区种植美人蕉、水生鸢尾、菖蒲、水芹、茭白、慈菇、梭鱼草、千屈菜等挺水植物;在水深1.0~2.0 m区种植睡莲、菱、莲藕等浮水植物及粉绿狐尾藻、马来眼子菜、金鱼藻、苦草等沉水植物。生态净化塘内植物种植面积占池塘水面面积的60%,其中常绿植物占植物总面积的50%以上。

4.2 水生动物配置

(1) 水生动物选择:选择对溶解氧、水温、水质等条件要求较宽、生长繁殖能力较强的滤食性、杂食性的水生动物。

(2) 水生动物的配置:生态沟渠、生态净化塘中的水生动物由人工放养或自然繁殖形成。在生态净化塘中放养螺蛳、蚌、花白鲢、鲫鱼、青虾等水生动物,放养密度以达到水质净化和保持生态平衡为参考标准,一般螺蛳、蚌类的放养密度为50 kg/亩左右,鱼类的放养密度为30~50尾/亩。在生态沟渠中可适量放养螺蛳、蚌等水生动物。

5 日常管理

定期收获、处置、利用生态沟渠中的水生动植物。减少沟渠塘岸堤植物受岸上人类活动、沟渠水流、沟渠开发等的影响,维护一定密度的旱生植物和水生植物,保护生态多样性。若沟底淤积物超过20 cm或杂草丛生,严重影响水流的区段,则要及时清除,保证沟渠通畅和水生植物的正常生长。

6 养殖尾水处理效果

池塘养殖尾水经处理后透明度增加50%以上,悬浮物降低50%以上,化学耗氧量、氨氮、总氮、总磷等水质理化指标达到或优于地表水Ⅲ类水质标准。

7 专家解析

淡水池塘养殖是我国的主要水产养殖生产方式,占有重要的行业地位。目前,淡水养殖池塘面临环境污染与品质保障双重压力,传统池塘养殖调控能力弱、生产效率低、设施基础落后、对环境负面影响大,缺少针对性的先进模式的引领。本模式通过科学规划,因地制宜,充分利用低洼地、废旧池塘、进排水沟渠等,构建"三池二坝"处理养殖尾水。养殖池塘尾水排放至生态沟渠,经过水生生物拦截、吸收、利用等进行初步净化;再流入沉淀池,经沉淀处理,使尾水中的悬浮物沉淀至池底;尾水经沉淀后,经过滤坝过滤,以过滤尾水中的颗粒物;进入曝气池,通过曝气增加水体中的溶解氧,加速水体中有机质的分解;尾水经曝气处理后再经过一道过滤坝,进一步滤去水体中颗粒物;进入生物净化池,通过水生植物吸收利用水体中的氮磷物质,并利用滤食性水生动物去除水体中的藻类。本模式大大降低尾水中氮磷物质的含量,减少农业面源污染,切实改善养殖环境,通过治水倒逼渔业产业转型升级,构建产出高效、产品安全、资源节约、环境友好的现代渔业产业体系,实现五水共治。

模式八 生物浮床水质调控技术模式

1 生物浮床调节水质的基本原理

通过生态工艺搭建浮床,将水生植物栽培在其中形成生物浮床。浮床植物在生长过程中对养殖水体氮、磷等营养元素吸收利用;植物根系通过吸附和絮集等作用,可形成根系微生态环境,根系表面的微生物对水体中的有机污染物和营养盐进行分解和利用;最后,收获浮床植物,以植物产品形式将水体中氮、磷等营养物质以及吸附在根系表面的污染物质移出养殖池塘,使水体中的富营养化物质大幅度减少,达到改良水质,修复养殖池塘水生态环境的目的。

2 生物浮床的构建与安装

生物浮床由浮床床架、浮床床体和保护网箱三部分组成。

2.1 生物浮床的制作

(1) 浮床床架:用于固定浮床床体,类似于养殖网箱的框架。有刚性的和柔性的两类。刚性框体用 Φ0.75 PVC 管、毛竹、钢管等材料制作成需要的形状,床架周围根据不同材料配备浮力装置,使其可以漂浮在水面之上。柔性的框体需在浮床床体四周各边装配上纲绳,并在床体周围装配浮力装置,使其浮于水面后用锚固定好,或直接固定插在池底的竹竿上。

(2) 浮床床体:通过自身浮力或借助其他方式浮于水面的一个平面体,类似于养殖网箱的盖网,用于固着浮床植物。

床体形状通常为长条形,宽 1.0~2.0 m,长度依池塘条件而定,其优点是制作简单,经济实用;便于采收植物产品;空气与水体之间不会产生大面积阻隔;有利于美化环境,可以制成心形、花朵形等多种艺术形状。

制作材料包括有孔泡沫塑料板、可固定培养钵的刚性网格架、四周有挡板的实心薄板、渔用网片(网目 4 cm)等。

(3) 保护网箱:由边网和底网组成,制成顶端开口的长方体网箱结构,其长度略大于浮床床体长度,宽度也略大于浮床床体宽度,高度水下部分 0.5 m,水上部分 0.25 m,便于床体安放。网目大小以能够防止养殖鱼类进入箱内为准,通常网目为 2 cm 的网片即可,不宜过密。

设置保护网箱的目的是防止草鱼、团头鲂等草食性鱼类啃食浮床植物的根茎,在未套养草食性鱼类的池塘中可不设外层网箱,其操作更简易,成本更低。

2.2 生物浮床的安装

下面以网片浮床为例介绍生物浮床的安装。

(1) 床体网片：床体网片的网目为 4 cm，各边穿以纲绳便于固定，以 2 m 为距用 Φ0.75 PVC 管将床体网片撑开。

(2) 安装工艺：按照网箱形状，以 2 m 为距将 PVC 管固定于池塘中形成浮床床架，将保护网箱系于 PVC 管，网箱边缘高出水面 0.25 m 左右，再将浮床床体放入网箱浮于水面展开即可。床体网片四角可用纲绳与床架四角竹竿相连，以防床体网片卷曲。

(3) 配置比例：在池塘养殖模式条件下，鱼种培育池塘的浮床设置面积占 5%，成鱼养殖池塘的浮床设置面积占 7.5%。不提倡沿池塘岸边设置，以不干扰投饵机和增氧机使用为宜。

3 浮床植物

3.1 植物品种选择

目前可用于浮床栽培的植物有 130 余种，大致可以归为水果蔬菜类、观赏花卉类、经济作物类。种植浮床植物的主要目的是利用植物消除水体中过剩的营养物质。因此，选择浮床植物的首要标准是生长速度快，分蘖力强，根系发达，吸收能力强，适合水培和当地气候适宜环境；次要标准是具有一定的经济价值和观赏性。水蕹菜（俗称空心菜和竹叶菜），具备喜湿耐热、生长迅速、经济易得等优点，所以一般被选定作为养殖池塘浮床植物的主要品种。

3.2 浮床植物育苗

浮床植物需要在陆地将种子培育至一定规格的幼苗，再移植到浮床中。播种期一般在 4 月中下旬。播种前深翻土壤，施足基肥，每亩施腐熟有机肥 2500~3000 kg，与土壤混匀后耙平整细。播种可采用露地直播的方式进行条播或点播，行距 25~30 cm，穴距 15~20 cm。每穴点播 3~4 粒种子；播种后随即浇水，覆盖塑料薄膜增温、保湿，其间要早晚浇水，待幼苗出土后把薄膜撤除。

3.3 浮床植物移栽

(1) 移植规格：土培水蕹菜生长 30~40 天（茎长≥20 cm）后适合移栽。

(2) 移栽方法：将植株插入浮床基质的网片，保持植物根系在水面以下。

(3) 移栽密度：对于水质较肥、饲料投入较多的池塘，水蕹菜移栽株距为 25 cm×25 cm，用苗量约为 0.2 kg/m^2。移栽密度可以根据池塘水质肥瘦和饲料投入情况进行调整。

(4) 移栽时间：一般在 4 月下旬或者 5 月上旬移栽到浮床上，浮床上的种植时间可以一直延续到 10 月下旬。

3.4 浮床植物管理

(1) 浮床植物的采收：适时采收是水蕹菜高产、优质的关键。当水蕹菜水面以上茎长大于 25 cm 时即可采收。第一、二次采收时，茎基部要留足 2~3 个节，以利于采收后新芽萌发，促发侧枝，争取高产。采收 3~4 次之后，应对植株进行一次重采，即茎基部只留 1~2 个节，防止侧枝发生过多，导致生长纤弱、缓慢。

(2) 防治青苔：当水体较"瘦"时，在水蕹菜移栽数日后，内层浮床基质上可能出现较多的青苔(即"水绵")。青苔会阻塞网孔,造成晴天午时床体上浮,致使水蕹菜生长瘦弱或晒死。解决方案:当青苔发生量不多时,可以通过适当肥水解决;当青苔过量繁殖、明显影响水蕹菜生长时,可在晴天上午 9:00～10:00,每平方米浮床用 0.75 g 的 $CuSO_4$ 溶解后泼洒(不宜喷洒)杀灭,泼洒十几分钟后即可见效。

4 生物浮床效果

4.1 增加产量

设置生物浮床池塘中的吃食性鱼类产量增加约 20%。

4.2 提高水体透明度

浮床植物根系对悬浮物具有显著的吸附作用,根系生物群落加速了根系附着物的降解,促进水体氮、磷循环,提升浮床系统的净化效率,显著提高水体透明度。

4.3 降低水体富营养化水平

水蕹菜浮床能有效地降低池塘水体中氮、磷水平,总氮(TN)去除率最高达 70%以上,总磷(TP)去除率最高可达 80%以上。

4.4 有效降低水体有害物质含量

水蕹菜对亚硝态氮(NO_2—N)、硝态氮(NO_3—N)、磷酸盐(PO_4^{3-})具有短期快速吸收效应。

4.5 显著减少鱼病发生和用药量

通过生物浮床的生态调控作用,养殖鱼类的抗性能力增强,试验表明:鱼类苗种成活率提高 3%以上,鱼种规格提高,鱼病发生率下降,渔药用量减少约 40%。

5 专家解析

生物浮床是水体原位净化水质技术之一,具有制作简单、造价低廉、管理方便等特点,通过种植根系发达的水生植物,吸收水体中的有机质和营养盐,降低水体中氮、磷等有害物质浓度,起到净化水质、促进渔业健康生产的作用。同时,通过种植水生植物,还能增加经济效益,应用前景广阔。

第四章 农作物秸秆综合利用典型模式及解析

模式一 农作物秸秆原料化利用的木塑复合材料模式

1 背景条件

木塑复合材料是国内外近年蓬勃兴起的一类新型复合材料,主要以塑料和木粉(树枝树杈等植物纤维)为原材料,制成的产品广泛用于包装、园林、运输、建筑、家装、车船内饰等场所。其融合了"木"与"塑"的双重优点,具有环保、防水、耐腐、防虫、阻燃、可循环利用等优点,是一种极具发展前途的"低碳、绿色、可循环"材料。农作物秸秆富含纤维素、半纤维素和木质素,麦秸、稻草、麻秆、糠壳、棉秸秆、葵花秆、甘蔗渣、大豆皮、花生壳等,经过筛选、粉碎、研磨等工艺处理后,即成为可替代木粉的工业原料。以秸秆纤维(粉)为主要原料,配混一定比例的高分子聚合物基料(塑料原料),通过物理、化学和生物工程等高技术手段,经特殊工艺处理后,加工成秸秆木塑复合材料。

2 模式流程图

本模式流程图如图4.1.1所示。

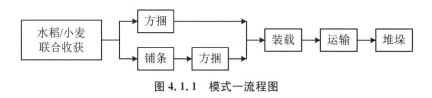

图 4.1.1 模式一流程图

3 模式特点与具体做法

秸秆木塑复合材料工业化生产中所采用的主要成型方法有:挤出成型、热压成型和注塑成型三大类。由于挤出成型加工周期短、效率高、设备投入相对较小、一般成型工艺较易掌握等优点,目前在工业化生产中与其他加工方法相比有着更广泛的应用。以挤出型非发泡类秸秆复合材料制造技术作为基本平台,从加工程序上分类,它可分为一步法和多步法。秸秆复合材料两步法挤出成型工艺流程为:秸秆磨制→基料配混→造料→混炼→成型→定型→冷却→牵引→裁截→检验→入库(图4.1.2～图4.1.4)。

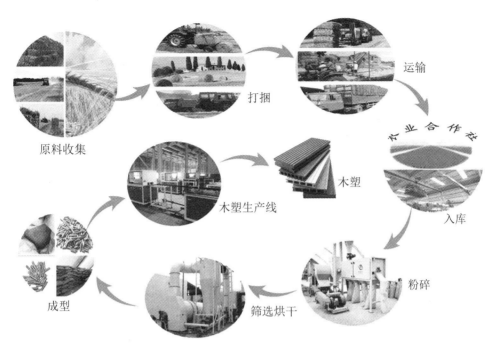

图 4.1.2 秸秆木塑复合材料综合利用模式图

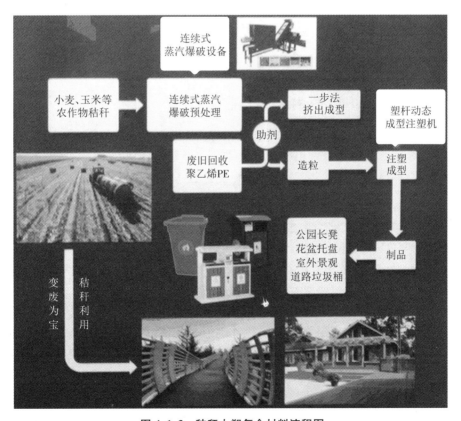

图 4.1.3 秸秆木塑复合材料流程图

图 4.1.4　秸秆木塑复合材料生产及产品

首先将塑料、木粉、填充料与其他功能助剂放入高速混合机,混合均匀后经螺旋自动上料机投入挤出机料斗中,同时将挤出机温度预先设定并保温,经挤出机将原料熔融塑化。通过专用模具挤出进入真空定径装置中,冷却定径成型,并通过牵引将其牵出,进入自动切割机按预先设定的长度实现自动切割至堆放架,后将通过表面处理的合格产品入库,次品及边角料经粉碎、磨粉后重新使用(图 4.1.5)。

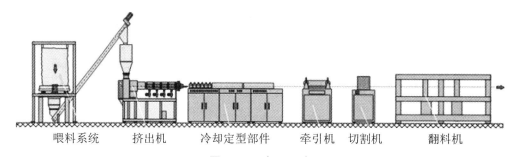

图 4.1.5　加工工序

与加工木塑料相比,秸秆木塑复合材料生产有许多新的特性和要求,如要求螺杆能适应更宽的加工范围,对纤维切断要少,塑料原料处于少量时仍能使木粉均匀分散并与其完全熔融;由于木质材料密度小、填充量大,加料区体积要比常规型号的更大且更长;若秸秆粉加入量大,熔融树脂刚性强,还要求有耐高背压齿轮箱;螺杆推动力强,应采用压缩和熔融快、计量段短的螺杆,确保秸秆粉体停留时间不至过长,等等。

基于秸秆复合材料的热敏感性,其模具一般采用较大的结构尺寸以增加热容量,使整个机头温度稳定性得以加强;而沿挤出方向尺寸则取较小值,以缩短物料在机头中的停留时间。除了模具的形状合理和参数的准确,模具表面的处理也十分重要,因为其关乎使用寿命和产品精度,特别是在挤出成型的加工方式中。

4　效益分析

安徽淮宿建材有限公司位于宿州市循环经济示范园,秸秆收储运体系建设及生物质木塑复合环保材料生产示范项目于 2016 年 7 月投产。该项目利用秸秆生产木塑,采用德国克劳斯玛菲高速混炼、挤出成型技术,充分利用三层标准化厂房。技术及生产工艺达到国内同行业先进水平,目前也是黄淮海地区最大的木塑生产厂家。

公司利用皖北秸秆主产区资源禀赋,建设的"秸秆收储运体系建设及生物质木塑复合材料生产示范项目",采用"龙头企业+合作社+基地+农户(贫困户)"的组织模式,以 100 万亩农作物生产基地为依托,合作 100 个农业合作社,带动 20000 个农民脱贫致富,每人年均收入 3800 元。

以基地农副产品的产收储为一产,秸秆高质粉和木塑深加工为二产,技术服务、培训推广为三产,实现农村一、二、三产业融合发展。项目形成年收储秸秆 50 万 t、生物基热塑专用秸秆原料 6 万 t、生物质木塑复合材料 1 万 t 的规模,构建成原料收储、生产侧供给、产品生产加工、推广示范应用的完整链条,对推动生物基材料产业在皖北地区创新发展、绿色发展具有重要意义。采用在线混炼挤出模塑技术,利用秸秆生物质纤维生产木塑新型环保建材,购置原料生产设备 20 台(套),德国先进木塑生产及检测设备 32 台(套);建设秸秆技术研发中心 2500 m^2,技术培训推广中心 3000 m^2;具有年收储秸秆 50 万 t、年产秸秆原料 6 万 t、年产木塑型材 1 万吨的生产能力,实现年利润 1550 万元,利税 1820 万元;同时带动周边劳动就业 100 余人,具有良好的经济、社会效益。

同时,本模式收储并充分利用本地及周边地区丰富的秸秆资源,从根本上减少秸秆焚烧对环境的污染,保护农业生态环境,增加农民收入,实现社会经济可持续发展。

5 模式应用和推广前景

随着人们生活水平的提高及安居工程的发展普及,家居装修的市场越来越大,对装饰装修材料的需求逐步加大,质量要求越来越高。秸秆木塑复合装饰型材料作为高档的装饰装修材料,具有极大的市场潜力。作为一种新型的木材替代品,它可以广泛应用于建筑装饰和包装等领域,如边角线、刨花板条、窗帘、门斗、地板、篱笆、踢脚板、美术板、百叶窗、镜框、相框、窗框、玩具及普通家具用品、室内门等,绝大多数的室内外装饰建材均可用 PVC 木塑材料来制造,具有防霉、防潮、防火等优点。同时,PVC 木塑材料可根据不同木种和颜色生产出不同等级、不同规格、不同颜色的制品,具有广阔的发展前景。

6 专家解析

生物产业是国家鼓励发展的战略性新兴产业,利用秸秆纤维生产木塑复合材料是生物基材料应用示范重点支持领域之一。秸秆木塑复合材料具有环保、防水、耐腐、防虫、阻燃、可循环利用等优点,是一种极具发展前途的"低碳、绿色、可循环"新型复合材料。秸秆木塑材料的一个特点是材料/制品的界限比较模糊。比如其板材可以单独作为栈道铺板,也可以仅仅作为家具基材。从当前的技术水平及发展趋势,以及经济价值和推广应用来看,国内相关企业近期应该在门/窗、家具、饰材、集成房屋和多功能板材等领域开始规模化拓展。

本模式充分收储利用当地及周边地区秸秆资源,解决秸秆企业自身需求,同时满足其他企业原料供应,为秸秆综合利用开辟了新途径,既保护农业生态环境,增加农民收入,又实现社会经济可持续发展。

模式二 农作物秸秆填埋式发酵制备育秧基质模式
——以寿县天缘民心合作社为例

1 背景条件

寿县天缘民心合作社位于寿县迎河省级农业科技示范园,为农民提供良种、机械化育插秧、病虫草害统防统治、机械化收割烘干等一条龙社会化服务,2013年建立省级育秧工厂。2014年,在寿县农业生态环保站指导下,引进中国水稻研究所技术,采用稻麦秸秆填埋式发酵制备的育秧基质。

2 模式流程图

本模式流程图如图4.2.1所示。

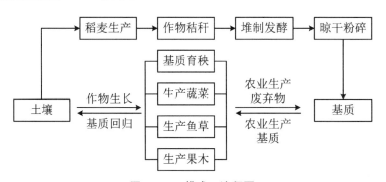

图4.2.1 模式二流程图

3 模式特点与具体做法

3.1 模式特点

以秸秆为主要原料,添加其他有机废弃物以调节碳氮比和物理形状(如空隙度、渗透性等),同时调节水分使混合物含水率为62%~70%,在通风干燥防雨的环境中进行有氧高温堆肥,使其腐殖化和稳定化。

技术原理是利用自然界大量的微生物对秸秆进行生物降解(必要时接种外源秸秆腐解菌),微生物把一部分吸收的有机物氧化成简单的可供植物吸收利用的无机物,把另一部分有机物转化成新的细胞物质以促使微生物生长繁殖,进而进一步分解有机物料,最终秸秆等原料转化为简单的无机物、小分子有机质和腐殖质等稳定的物质。

将堆腐稳定的物料破碎后,与田土合理配比,使其理化指标达到育苗或蔬菜、果树栽培所需条件,生产出更健壮的秧苗、更优质的蔬菜水果。

3.2 具体做法

(1) 选择场地：选择距水源较近，运输方便的地方。堆肥体积大小视场地和材料多少而定。如果选择平地，要在四周垒出 30 cm 高的土埂，以防跑水。

(2) 处理秸秆：一般分为三层堆积，第一、二层厚 60 cm，第三层厚 40 cm。层与层之间和第三层上均匀地撒上秸秆腐熟剂和尿素混合物，秸秆腐熟剂和尿素混合物的用量比自下而上为 2∶2∶1。堆宽一般为 1.6~2 m，堆高 1.0~1.6 m，长度以材料多少和场地大小而定，堆好后用泥巴（或薄膜）封严。

(3) 用料与配比：按 1 t 秸秆配 1 kg 秸秆腐熟剂（如"301"菌剂、腐秆灵、化学催腐剂、"HEM"菌剂、酵素菌等），再配施 5 kg 尿素，以满足微生物发酵所需的氮素，合理调整碳氮比。

(4) 加足水分：一般以手握材料有液体滴出为宜，这是堆肥成功的关键。

(5) 封堆发酵：用泥巴封堆或农膜覆盖封堆，1~2 月即可腐熟。

(6) 专利配方：以充分腐熟的秸秆为基质，混匀中国水稻研究所专利配方添加剂，通过粉碎机加工过筛，定量装袋，作为商品基质销售。

相关图片如图 4.2.2 所示。

(a) 收集秸秆　　(b) 挖填埋池　　(c) 填埋秸秆　　(d) 浇水

(e) 撒腐熟剂和尿素　(f) 封土　(g) 挖出发酵后的基质　(h) 晾晒秸秆粉碎掺混

(i) 基质制品　　(j) 成品基质　　(k) 待售基质　　(l) 样品播前种子包农

图 4.2.2　模式二相关图片

4　效益分析

本模式提高了秧苗素质。大量调查和实验表明,用秸秆堆制成的基质育的秧苗,出苗快而整齐,种子根白、粗、长,苗期叶片绿、宽、厚,秧苗抗性增加。移栽时盘根紧,在起运和上插秧机时不散盘。栽后漂秧少(用其他纯基质时有漂秧现象),活棵快,分蘖快,实现种植户增收。

育秧工厂增效明显。秸秆基质育秧,秧苗素质好,销路好。每个秧盘基质成本仅 1.5 元(每盘干重 2.6 kg),而其他类型基质要 2 元,用营养土加肥料和育秧伴侣做基质(每盘干重 4.5 kg),成本要 1.8 元。该合作社常年育秧 40 万盘,节省成本 20 万元,外销四川、河南等地基质 2000 t,每吨纯利润 200 元(每吨销售收入 600 元,每吨生产成本 400 元),一年获利 40 万元。

5　模式应用和推广前景

中国水稻研究所研发的稻麦秸秆填埋式发酵制备机械化育插秧工厂育秧基质技术成熟,在安徽省已有多家企业应用,推广应用效果良好。

6　专家解析

基质育秧技术与营养土育秧技术基本相同,但基质育秧白根多、根系发达、秧苗健壮;盘根好,秧块不容易破碎、不易散盘、不变形;秧块轻,田间搬运轻便、插秧机承载多、作业效率高。可以在雨中机插,不受天气影响,不耽误季节、不延误农时。插后无漂棵、无缺棵、无断垄,不需要补棵。原因在于基质育秧的秧根主要是纵向穿插,因而机插时植伤相对较小,机插后无明显返青期,活棵快、分蘖早、分蘖猛、长势好、产量高。本模式秸秆填埋发酵生产基质成本低,运作简单,用途广泛,是秸秆综合利用很好的出路之一,实现了农业生产废弃物的再循环利用。

模式三 农作物秸秆离田进园覆盖技术模式

1 背景条件

保护性耕作是农作物秸秆还田的有效途径,秸秆覆盖是农业生产土壤管理的重要措施。我国茶园栽培有悠久的历史,然而我国茶园产业单产低、品质差、效益低等问题依然存在。造成这种现象的原因有多种,其中,地表裸露,土壤理化性状恶化,肥土大量流失,生态环境遭到破坏等是主要因素。

采用秸秆离田进园覆盖技术可改善土壤肥力,起到保水、保墒的作用,同时减少化肥的使用,改善茶园土壤生态环境,养根壮树,促进茶树生长发育,进而提高产量和改善品质。石台县天方茶业产业联合体和石台县西黄山茶旅产业联合体等进行了秸秆离田进园覆盖技术的应用和推广。

2 模式流程图

本模式流程图如图 4.3.1 所示。

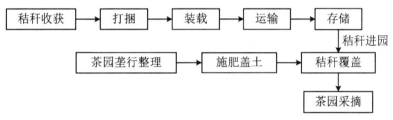

图 4.3.1 模式三流程图

3 模式特点与具体做法

3.1 模式特点

由企业牵头,根据需要由企业建立秸秆收储中心,周边粮油种植大户按夏、秋两季将收集的油菜和水稻秸秆出售给企业收储中心。收储的秸秆由企业安排专业作业队进行进园覆盖。

3.2 具体做法

(1) 在采茶结束后,结合茶园修剪深耕施肥,在茶园行间开施肥沟,施肥后覆盖泥土。

(2) 在栽植茶树的行间及茶树根处,将农作物秸秆均匀覆盖在地面上(图 4.3.2 和图 4.3.3),做到"草不成坨,地不露白"。

(3) 秸秆覆盖一年四季皆可,覆盖厚度一般为 4 cm 左右,每亩覆盖 200～300 kg 干重秸秆为宜。

（4）秸秆覆盖在树干周围并留出一定空间，以便夏天排涝和预防冬春火灾发生。秸秆可以用麦秸、稻秸、玉米秸等，也可使用其他杂草，玉米秸要铡成小段，覆盖后可撒少量土压实。

图4.3.2　秸秆覆盖茶园

图4.3.3　秸秆覆盖果园

4　效益分析

本模式是石台县近年来探索形成的以农作物秸秆为资源的区域生态循环农业模式。石台县天方茶业产业联合体和石台县西黄山茶旅产业联合体等进行了应用和推广，取得了良好效果。

4.1 经济效益

秸秆进园可提高茶叶产量15%~20%，氮肥利用率提高10%~20%，磷肥利用率提高30%；提升农产品质量，提高农产品价格，增加农户收入。秸秆覆盖可改良土壤结构，提高土壤肥力，减少化肥使用量，节省成本；提高土壤温度，茶叶开采时间提前7~10天，提高茶叶销售价格；阻止杂草生长，减少人工除草成本，实现农户增收。

4.2 生态效益

利用秸秆进园不仅可以增加土壤肥力，改善土壤结构，缓解土壤中养分失调，增加有机质含量，减少病虫草害的发生，改善茶园生态环境，而且还可以大量减少秸秆焚烧现象，有利于保护环境，促进山区水土保持。

4.3 社会效益

秸秆离田进园技术大力推广，提升了农民发展高效经济作物的积极性，有利于加快土地流转，扩大土地种植规模，提高农民收入，加快循环农业发展，同时，解决了秸秆利用可持续问题，增加农村劳动力务工机会。

5 模式应用和推广前景

本模式可以改善茶园土层浅薄贫瘠、肥力低下、保水能力差，具有培肥、保水、稳温、灭草、免耕、省工和防止土壤流失等多种作用，同时减少化肥的使用，改善茶园土壤生态环境，养根壮树，促进茶树生长发育，进而提产量和改善品质，形成"土地→秸秆→离田进园→土地"循环链条。秸秆离田进园覆盖技术是农业生产土壤管理的重要措施，方法简易，不只限于茶园。秸秆离田进园覆盖技术的应用和推广，受到越来越多人的关注，前景广阔。

6 专家解析

秸秆来源于农业生产，综合利用坚持与农业生产相结合，多元利用、农用优先。安徽省茶园、果园种植面积大，农产品质量问题广受人们关注，秸秆离田进园覆盖技术简单，易操作，适合广泛推广，是秸秆资源化利用的最有效途径之一，每亩茶园消耗秸秆250~300 kg，秸秆利用量大。

鼓励利用农作物秸秆开展培育茶叶模式，推广秸秆作为覆盖材料，促进茶叶高产的高效栽培措施，可以使茶园原有的裸露地表逐步形成一层逐年加厚的腐殖质层，有利于水土保持、改善茶园土壤结构、提高水肥条件、抗旱保墒、培肥茶园地力，大大减少病害发生和降低虫口密度，从而减少农药、化肥的使用，达到茶园病虫害生态控制的目的。推广秸秆离田进园技术，提升了农民发展高效经济作物的积极性，有利于加快土地流转，扩大土地种植规模，提高农民收入，加快循环农业发展。

模式四　农作物秸秆覆盖生态催笋模式
——以安徽润华生态林业有限公司为例

1　背景条件

毛竹笋用林以产笋为主，春笋产量高，且壳黄、肉白，品质好，味道美，深受消费者欢迎。但春笋自然产出的时间在清明节前后，出笋时间相对集中，造成价格低，经济效益不高。安徽润华生态林业有限公司是一家以农林产品深加工为龙头，以经济林木培育、农副产品开发为带动，结合绿色食品基地和林业科技开发于一体的综合性农业产业化龙头企业。在生产竹笋时，利用稻草秸秆作为覆盖物，对竹林地表覆盖60～70 cm厚的秸秆与稻壳，1亩竹林可消纳约20亩水稻秸秆，通过覆盖，毛竹笋可提前到春节前后出笋，价格高，取得较好的经济和生态效益。

2　模式流程图

本模式流程图如图4.4.1所示。

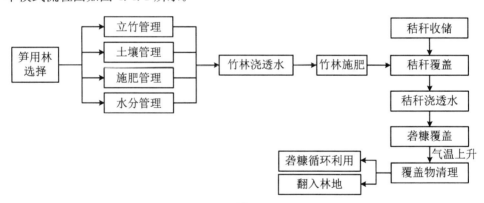

图4.4.1　模式四流程图

3　模式特点与具体做法

3.1　模式特点

利用稻草秸秆作为覆盖物，对笋用竹林地表覆盖60～70 cm厚的秸秆与稻壳，通过覆盖起到保温、保湿和增肥的作用，可提前到春节前后出笋，且产出的笋品质好。

3.2　具体做法

（1）竹林选择：

①选择竹笋产量较高的笋用林：秸秆覆盖一般要求在高产的毛竹笋用林中进行，

亩产春笋 1500 kg 左右,竹林长势良好,无病虫危害。覆盖前需进行竹林改造,改造方法如下:(a) 清除"三头"(石头、柴蒲头、竹蒲头),经垦复、除草和施肥,培育疏松肥沃的土壤;(b) 翻挖松土时,要求深度 15~20 cm,逐步加深,清理地下老死残鞭,同时施上有机肥或竹笋专用肥,再把翻耕后的泥块敲细做平;(c) 通过施肥和挖掘鞭笋,培养粗壮的中幼龄竹鞭,提高竹鞭上饱满芽的比例。

② 选择水源丰富的笋用林:在 7~9 月高温干燥的天气,水分消耗量大,如遇 15 天以上晴天高温,地表深度开裂,地块僵硬,鞭笋无法生长,应进行浇水,以促进竹鞭的正常生长。

③ 选择土层深厚的笋用林:选择覆盖的笋用林地土层要求深厚,最好在 80 cm 以上,是获得高产的基础;坡向以朝南朝东为佳,地势平坦或缓坡,土壤呈微酸性。此外,交通方便,有材料堆放场地,降低生产成本。

(2) 竹林管理:在覆盖前,应对竹林精心管理,以达到高产的目的。

① 立竹管理:覆盖前的毛竹笋用林母竹留养密度以 150 株/亩左右为佳,过密不利于光照,影响地温升高;母竹留养宜在"清明"至"谷雨"时期,且分布均匀;立竹结构要留有三度竹,每度比例为 1∶1∶1;母竹胸径以 7~8 cm 为好。对毛竹进行钩梢的地区,需确保钩梢后每株毛竹有 15 盘以上的竹枝,保证一定的叶面积指数,使竹林生长旺盛且稳产高产。连续覆盖期间不能留养母竹,连续覆盖三年后停止覆盖,在修养之年再留好母竹。

② 土壤管理:笋用林每年垦复两次,疏松板结土壤,促进有机质和矿物质的分解,为鞭根生长发育创造良好的土壤环境。垦复时间第一次在春笋笋期结束至入梅前,第二次在秋分前后。一般都与施肥同时进行。垦复深度视竹鞭分布状况而定,一般在 30 cm 左右。垦复时,应挖除老鞭、死鞭、霉鞭和细弱浅鞭。

③ 施肥管理:

(a) 笋穴肥:在挖春笋时,在每个笋穴内施复合肥约 25 g。注意,不要使肥料直接接触竹鞭,避免灼伤竹鞭。

(b) 行鞭肥:在春笋结束后到入梅前,结合林地垦复,沟施或撒施经腐熟的畜肥,埋(翻)入土中,每亩施肥 2000 kg,施肥量随竹笋产量的高低相应增减。

(c) 孕笋肥:夏末秋初(9 月),结合林地垦复每亩施畜肥 1000 kg、复合肥 50 kg。

(d) 增温肥:覆盖时,待林地浇透水后,每亩施未经腐熟的菜饼肥 300~400 kg 和复合肥 50 kg。

④ 水分管理:在干旱时,特别在 8~9 月的孕笋期,降水量较少,林地水分蒸发量大,若久晴无雨,土壤干燥,笋芽膨大受抑,则应浇水灌溉,浇水量以浇透为宜。

覆盖前需进行一次浇水。在梅季或秋雨季节,若雨水过多,林地易积水,要事先开好排水沟进行排水,以免引起烂鞭。

(3) 竹林覆盖(图 4.4.2):

① 覆盖材料:覆盖材料一般为砻糠和稻草。其中每亩用稻壳 18000 kg,稻草 5000~6000 kg。为降低成本,应提早采购,并保持材料的干燥。

② 覆盖时间:覆盖适宜时间在农历十月初,覆盖后一般 60 天左右出笋。

③ 覆盖方法:(a) 在覆盖前两天,分 2~3 次对林地浇透水。(b) 先将林地浇透水,再按 300~400 kg/亩撒施菜饼肥和 50 kg/亩撒施复合肥,然后覆盖稻草;再将稻草浇透水,然后覆盖砻糠。(c) 一般覆盖厚度为:稻草 15 cm,砻糠 25~30 cm。这样在冬天能使土壤温度保持在 20 ℃ 左右。

④ 覆盖物清理：在3月下旬～4月上旬，当气温上升，林地内只有零星竹笋出土时，应及时移去覆盖物。覆盖物上层的部分砻糠可收取存放好，待下半年覆盖时再用。已腐烂的稻草，结合林地垦复时翻入土中。

图 4.4.2　秸秆覆盖生态催笋作业现场

4　效益分析

经覆盖后的毛竹笋用林，以亩产竹笋2000 kg，平均价格16元/kg计，竹笋收入可达32000元。以亩产鞭笋250 kg，平均价格6元/kg计，鞭笋收入1500元，两项合计收入33500元。

肥料和覆盖材料每亩成本如下：

菜饼肥：700 kg×2.4元/kg＝1680元；复合肥（每包50 kg）：3包×150元/包＝450元；稻草：6000 kg×0.6元/kg＝3600元；砻糠：18000 kg×0.5元/kg＝9000元，挖笋人工费2500元，合计17230元，每亩净收入为16270元。如将覆盖三年，留竹修养两年合并计算在内，则5年平均亩净收入为9762元。

5　模式应用和推广前景

安徽省是毛竹生产大省，春笋自然产出的时间要在清明节前后，出笋时间相对集中，造成价格低，经济效益不高。通过覆盖秸秆起到保温、保湿和增肥的作用，毛竹笋可提前到春节前后出笋,而且覆盖后所出的笋品质好,壳黄、肉白、个大、嫩甜味鲜。1亩竹林可消纳约20亩水稻秸秆,在有效利用农作物秸秆的同时产生良好的经济效益。本模式是一项高值高效的农作物秸秆综合利用技术模式,应用和推广前景良好。

6 专家解析

秸秆是农业生产必不可少的产物。秸秆含有丰富的有机质、氮磷钾和微量元素,是农业生产重要的有机肥源,综合利用必须坚持与农业生产相结合,多元利用、农用优先。毛竹笋用林通过覆盖秸秆起到保温、保湿和增肥的作用,竹笋可提前到春节前后出笋。覆盖后所出的笋,壳黄、肉白、个大、嫩甜味鲜,营养价值高,经检测,其竹笋可食部分含水率、灰分、可溶性固形物和游离氨基酸等有所增加,尤其是游离氨基酸含量增加了57.6%,而P、K、Ca、Fe等增加10.7%～26.4%。利用农作物秸秆覆盖催笋不仅可使竹笋提前上市,售价较高,每亩产值可达1.5万～2万元,经营好的可达3万元,经济效益比未覆盖的笋用林增加10倍以上。

模式五 农作物秸秆食用菌轻简化栽培模式
——以安徽天都灵芝制品公司为例

1 背景条件

食用菌产业是我国农村新的经济增长点和优质高效农业中极具活力的新兴产业。幸福菇是安徽天都灵芝制品公司丁伦保团队选育的特色食用菌新品种,该团队以多年的食用菌栽培经验,通过幸福菇生物学特性和栽培条件的深入研究攻关,研发出以农作物秸秆为基料,露天大田、林下仿天然栽培的食用菌轻简栽培新技术。种1亩蘑菇可消耗5 t秸秆,而采收后的基料对改良土壤有良好效果。本模式工序简单,环境适应力强,具有投入少、回报高等优点,适合普通生产者和特困户种植。

2 模式流程图

本模式流程图如图4.5.1所示。

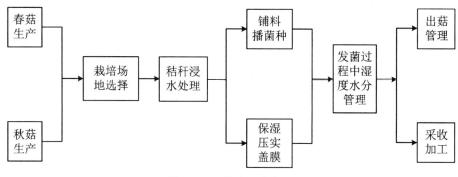

图4.5.1 模式五流程图

3 模式特点与具体做法

3.1 模式要点

利用农作物秸秆的幸福菇轻简化栽培新技术,在露天大田、林下、果园、大棚栽培幸福菇,既不用建大棚,更不用装袋、灭菌,直接在露天大田、树林下地上铺草料、接种后覆土,保持一定湿度,50天左右即可出菇。

3.2 具体做法

(1)栽培处理:将农作物秸秆先浸水,使之充分吸水,以达到软化和降低pH。稻草浸泡24~36小时,麦秸、玉米秸、豆秸等需浸泡48小时。原料浸湿后沥干,使培养料含水量在

70%~75%。

(2) 铺料播种：播种时，把栽培畦墒整理成高 30 cm、宽 1.3 m、长度不限的龟背形，畦墒与畦墒之间留 40 cm 操作道，若土壤干燥，应先喷水湿润后再铺料。第一层料厚 8~10 cm，播入 50%菌种，一共三层草、三层菌种，每平方米用干料 10 kg 左右，料层总厚 20~25 cm。播完后压实，料面先盖上 3 cm 厚腐殖土保湿。刚播种下雨时需要盖上薄膜，以防料太湿影响菌丝生长。

(3) 发菌处理：播种 3~5 天后，菌丝开始生长，此期内要重点管理好温度和水，防止料温过高，控制料温在 20~30 ℃。当料温高于 30 ℃时，应及时揭膜通风，在料面覆盖物上喷冷水降温。当料面局部发白变干时，应通过喷水增湿，即喷小水，使菇床四周及侧面多接触水分，畦床沟内不得有积水存留。当菌丝形成尖端扭结菌蕾时，增大水分，空气相对湿度保持在 80%~90%，土层水分含水量控制在 55%~65%，应根据出菇量喷水，菇多多喷，促进子实体生长。

(4) 出菇管理：除了保持覆盖物和覆土层湿润状态外，晴天应勤喷水，喷细水，使泥土保持较高的湿度，在正常管理条件下，幼小菇蕾到成菇，一般需 5~10 天。

(5) 采收加工：成熟的幸福菇（图 4.5.2），菇体外层菌膜刚破裂，菌盖内卷不开伞时采收，采摘时不宜用手直接拔出，应慢慢摘除，除去带土菇脚即可上市鲜销或供加工。出菇后一般可采 4~5 茬，每茬间隔 5 天左右。采收后要及时清除残菇残渣。

图 4.5.2　秸秆栽培幸福菇

4 效益分析

利用农作物秸秆的幸福菇轻简化栽培新技术,简单易学,户户都可种植。栽培1亩幸福菇需成本2000元(包括菌种),需秸秆4000~5000 kg,两个月后可获益8000~10000元。种植过幸福菇的秸秆是优质的有机肥,具有改良土壤、提高地力的作用。使用本项栽培幸福菇的技术成功率、出菇率达到98%,生物转化率达到65%。2012~2017年在食用菌栽培户中,种植总面积1.5万亩,采用这项技术栽培的占40%,特困户等发展增收脱贫项目中采用这项技术的占50%,带动生产户2450户,总计产值9000万元。消化秸秆5360万t,解决800人就业,使500户增收脱贫。

5 模式应用和推广前景

本模式充分利用各种农作物秸秆栽培,操作简单、方便,适合在水稻、小麦、玉米等作物产区推广应用,是特困户等增收的适宜产业。利用各种农作物秸秆栽培幸福菇,亩产值20000~30000元,是大棚蔬菜产值的2倍,是优质小麦、水稻产值的10倍。本技术已在安徽省及其他省份推广。安徽天都灵芝制品公司采取"协会+合作社+公司+基地+支部"的特色推广模式,帮扶特困户等种植幸福菇增收脱贫。目前已辐射全国8个省、36个县,受益农民8500户,种植总面积1.5万亩,总计产值9000万元,解决800多人就业问题,消化秸秆5360万t,带动2450特困户等增收脱贫。中央七套《致富经》栏目、安徽电视台、新疆电视台、海南电视台、人民日报、安徽日报等都报道过。因此推广应用本技术前景较好,不仅使农民增收,解决农村大量60~70岁人员就业问题,而且还能促进秸秆的循环利用,保护环境。

6 专家解析

利用秸秆栽培食用菌,有利于促进农业生态平衡,推进农业转型升级,转变农业发展方式,加快建设高效循环的现代农业。安徽天都灵芝制品公司丁伦保团队选育的幸福菇是利用在原采收一株天然生长在树下草丛土里的菌株创制的特色食用菌新品种,已通过安徽省非主要农作物品种鉴定。本模式技术成熟,适合在露天大田、果树林下栽培,也可以大棚、山洞栽培,不仅在国内各地栽培获得成功,还推广到国外栽培。种植幸福菇时稻麦秸秆不需要粉碎,不需要装袋、灭菌,不用投资粉碎机及灭菌设备,降低生产成本和劳动强度,增加经济效益。采取浸泡、发酵、覆土、调湿度、空气、光照等促进菌丝快速生长,减少污染,从而达到高产、高品质、原生态口感。通过栽培证明,幸福菇在栽培技术、产品质量安全性方面都可靠、有保障。应用实践表明,在农村特困户等中推广利用农作物秸秆栽培幸福菇切合实际、行之有效。

模式六 农作物秸秆绿色循环利用模式
——以安徽莱姆佳生物科技股份有限公司为例

1 背景条件

安徽莱姆佳生物科技股份有限公司是集微生物菌剂、生物有机肥料、新型肥料研发、生产、销售于一体的高新技术企业。本模式利用秸秆生产蘑菇为纽带,保护价收购秸秆,为农户提供蘑菇基料及免费技术指导,并回收蘑菇及菇渣,生产有机肥、基质、饲料及土壤修复产品。本模式采用公司科技团队研发的生物降解新工艺、多功能微生物菌剂和生物炭技术,对农作物秸秆进行多层次绿色循环综合利用,生产过程无"三废",从而形成有效的绿色循环。

2 模式流程图

本模式流程图如图4.6.1所示。

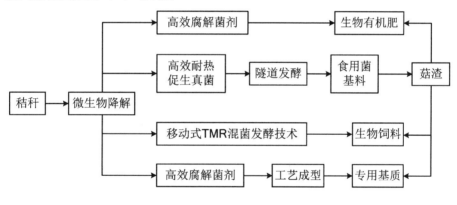

图4.6.1 模式六流程图

3 模式特点与具体做法

收获后农作物秸秆由经纪人收储,根据公司生产需要定期对农作物秸秆进行预湿,然后与畜禽粪便、豆粕等原料进行混合,进入发酵隧道进行一次、二次发酵,发酵后的基料接入菌种可以直接进入菇房进行食用菌种植,或者发酵后的基料接入菌种打成料包,销售给当地种植户,实现企业+农户发展模式,带动当地农户致富,种植食用菌后的菇渣由公司统一回收,作为生产有机肥、基质和生物饲料等产品的原料,实现秸秆多层次高附加值绿色循环利用(图4.6.2)。

(a) 秸秆预湿与混堆

(b) 一次发酵隧道

(c) 二次秸秆发酵隧道

(d) 已建成的蘑菇种植基地

(e) 发酵后打包销售给农户

(f) 发酵后秸秆种植双孢菇

(g) 利用种植蘑菇后菇渣生产有机肥

(h) 产业扶贫基地

图 4.6.2 模式六相关图片

4 效益分析

企业效益主要来源于蘑菇基料销售和有机肥销售,经济效益显著(表4.6.1);本模式能带动扶贫产业发展和增加农村秸秆收储经纪人的收入,社会效益显著;本模式减少了秸秆焚烧带来的环境污染,实现了秸秆从哪里来再到哪里去的绿色循环利用目标,生态效益显著。

表 4.6.1 经济效益情况

产品	销售价格	成本构成	利润
蘑菇基料	850~900元/t	原料成本、加工费用等,总成本600~700元/t	200元/t左右
有机肥	800元/t	菇渣50元/t、运费30~50元(当地收购)、加工费用等,总成本400~500元/t	300元/t左右

5 模式应用和推广前景

本模式以利用秸秆生产蘑菇为纽带,菇渣生产有机肥、基质、饲料及土壤修复产品,实现农业废弃物绿色循环利用,生产过程无"三废"排放,具有较好的经济和生态效益,在安徽莱姆佳生物科技股份有限公司、蚌埠中霖生物制品有限公司得到应用,其他类似地区适合推广应用。

6 专家解析

秸秆含有丰富的有机质、氮磷钾和微量元素,是农业生产重要的有机肥源。本模式按照循环经济理念,利用秸秆生产蘑菇,以保护价收购秸秆,为农户提供蘑菇基料及技术指导,并回收蘑菇及菇渣,生产有机肥、基质、饲料及土壤修复产品,开辟和建立秸秆多元化利用途径。研发的生物降解新工艺、多功能微生物菌剂和生物炭技术,解决了食用菌、有机肥、生物饲料生产的技术瓶颈问题,有利于实现秸秆多层次高附加值绿色利用,带动扶贫产业发展和增加农民收入,促进农业转型升级,转变农业发展方式,综合效益显著。

模式七 农作物秸秆清洁制浆造纸技术模式
——以安徽禾吉循环经济园投资股份有限公司为例

1 背景条件

安徽禾吉循环经济园投资股份有限公司为了减少秸秆焚烧造成的大气污染,在具有36年秸秆制浆造纸企业安徽灵璧东风纸业有限公司的技术基础上,采用自主研发的"零化工秸秆清洁制浆造纸技术"开展秸秆综合利用。安徽禾吉循环经济园投资股份有限公司秸秆清洁制浆造纸综合利用模式主要采用新式备料、高硬度置换蒸煮＋机械疏解＋氧脱木素＋封闭筛选等组合工艺。

2 模式流程图

本模式流程图如图4.7.1所示。

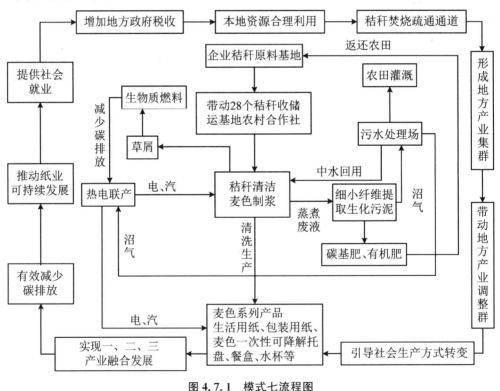

图 4.7.1 模式七流程图

3 模式特点与具体做法

安徽禾吉循环经济园投资股份有限公司以国家发改委、农业部印发的《秸秆综合利用技术目录(2014)》为政策依据,改扩建年产 10 万 t 秸秆清洁制浆造纸综合利用项目,项目总投资 6.64 亿元,改造原年产 6 万 t 瓦楞纸生产线 2 条(50%的秸秆浆,50%的废纸浆);新上年产 4 万 t 高档环保生活用纸生产线 3 条;利用秸秆浆生产浆板、餐盒等及利用废浆、废渣生产有机肥和生物质颗粒等;同时对原污水处理厂进行技术改造。项目建成后,年新增 10 万 t 秸秆浆及 4 万 t 高档环保生活用纸。

本模式利用先进工艺技术,更换先进设备,实现高清洁生产要求,同时在传统工艺环节中延伸产业链,增加有机肥料生产工艺及多样废弃物处理方式,使其有效转化传统造纸行业难以处理的制浆废液及固废,真正实现把小麦秸秆吃干榨净的同时,使小麦秸秆从土地中来再回到土地中去。

从秸秆纤维结构分理出多样产品,将秸秆高效分离利用。

一级精细纤维生产高档本色环保生活用纸,走中高端消费路线。随着人们生活质量和认识理念的提高,本色生活用纸因其无尘无屑、无添加、不漂白,绿色环保,受到越来越多的消费者青睐,同时采用天然秸秆为原料,生产成本低,利润高,未来市场发展广阔。

二级纤维生产 5A 级高档环保工业包装用纸,提高产品附加值,增加产品多样性。现阶段我国市场上的包装纸几乎都以废纸为原料,在循环利用中纤维不断被切断,流失率高,导致造纸污泥与无机固废无法有效利用,同时伴有废弃塑料等污染物,生产成本高昂,化工依赖程度高,而利用秸秆二级纤维生产的包装纸拉力强,环压高,成本低廉,化工含量少,环保无污染。

三级纤维采用模具压膜及高温消毒产出各类环保餐盒餐具及食物托盘、机械设备同型固定托盘等,工业废弃物及衍生物转化为有机肥料、炭基肥、颗粒成型燃料等,其中颗粒成型燃料可实现自产自耗,替代燃煤用量,以减少碳排放;制浆废液可通过浓缩造粒技术生成有机肥,使秸秆制浆过程中不可利用的有机物和氮、磷、钾、微量元素等营养物质转化为有机肥料,实现环保无害化处理和资源化循环利用,最终实现环保的完全转化。

为达到项目节能降耗目的,可将秸秆经固体成型燃料技术转化为颗粒燃料,实现自产自耗,替代燃煤用量以减少碳排放。

4 效益分析

4.1 经济效益

项目总投资 6.64 亿元,一期项目完成后秸秆吞吐总量可达 42 万 t,年产 10 万 t,年产值 7.2 亿元,年纳税 9000 万元。安徽禾吉循环经济园投资股份有限公司在原有东风纸业几十年技术积累的成果之上,通过 4 年的自主研发,开发了本项技术,现投入大生产,首先解决了环保问题,从用水量数据分析,传统秸秆制浆吨浆水耗 120 m^3,通过核心技术对工艺优化,吨浆水耗降低至 2 m^3,由于摈弃了化工,吨耗水量可循环利用,部分回水进入污水处理厂,处理成本比废纸造纸污水处理成本锐减 60%,利用小麦秸秆采用自主研发的环保工艺,吨浆总成本仅是现再生资源废纸造纸总成本的 2/3,技术的革新大大提升了企业的经济效益。

4.2 生态效益

公司地处宿州市灵璧县,属于小麦集中种植区域,2016 年小麦秸秆产量约 90 万 t,秸秆清洁制浆生产本色用纸,绿色、健康、无污染,有机肥料还田再生反哺农业,达到循环发展,秸秆生物质颗粒燃料节能减排,使秸秆资源得到环保利用。

4.3 社会效益

秸秆清洁制浆造纸产业催生秸秆收购业,吸引一批农民成为秸秆收储经纪人,带动秸秆收储和运输物流业发展;吸纳农村剩余劳动力,实现农民不离乡、不离土致富,增加农民收入。本模式中安徽禾吉公司通过建立"企业＋收储中心"的互利模式,达到共赢效果。

5 应用和推广前景

制浆造纸是我国传统技术,具有悠久的历史。我国属于农业大国,每年产生大量的各类秸秆,利用秸秆进行制浆造纸在安徽省沿淮地区具有一定优势。在2005年淮河流域水污染防治产业结构调整过程中,淮河流域四省停止化学法和半化学法制浆造纸。伴随科学技术的发展,现不需要化学法完全可以进行秸秆纤维分离进行制浆,因此本模式应用前景广阔,可以进行推广应用。由于新技术的不断研发,在未来几年本技术可以通过技术转让或成套工艺设备的制造与销售等方式在全国各地进行复制和推广。

6 专家解析

国家发展改革委办公厅、农业部办公厅发布的《关于编制"十三五"秸秆综合利用实施方案的指导意见》提出:围绕现有基础好、技术成熟度高、市场需求量大的重点行业,鼓励生产以秸秆为原料的非木浆纸、木糖醇、包装材料、降解膜、餐具、人造板材、复合材料等产品,大力发展以秸秆为原料的编织加工业,不断提高秸秆高值化、产业化利用水平。秸秆纤维是一种天然纤维素纤维,生物降解性好,是造纸工业的重要原料之一,其纤维组织结构强,可作为木材的替代品。通过自主创新、引进消化吸收,农作物秸秆工业化利用发展迅速,秸秆清洁制浆技术取得突破,已初步形成产业规模。我国以农作物秸秆为原料生产纸浆占总纸浆的比例约为30％,并有扩大的趋势,是秸秆综合利用的重要途径之一。本模式采用新式备料、高硬度置换蒸煮＋疏解＋氧脱木素＋封闭筛选等组合工艺,利用农作物秸秆生产纸浆、生活用纸、包装用纸及纸制品机制纸板、纸浆板可实现农作物秸秆高值高效利用,是秸秆综合利用产业化的重要方向之一。

模式八 农作物秸秆三素分离分级利用联产模式
——以中信格义循环经济有限公司为例

1 背景条件

中信格义循环经济有限公司是由中国中信集团控股的一家专业从事"生物质炼制"技术及相关产品研发、生产及销售的安徽省级高新技术企业,位于安徽省寿县新桥国际产业园。农作物秸秆三素分离分级利用联产技术是依据"组分分离,分质利用"的科学原理,通过自主创新研发出"三级分离"成套技术与装备,将农作物秸秆中的三大组分——纤维素、半纤维素和木质素进行高效分离。其中,一级分离系统采用汽爆方法将秸秆中的半纤维素组分进行水解,再经厌氧发酵生产沼气和有机液肥,或制备糠醛;去除半纤维素后的物料在二级分离系统经连蒸工艺技术分离出纤维素,可获得纯度达95%以上的纤维素产品以直接生产本色生活用纸;剩余的液态物质为木质素原液,在三级分离系统经提纯、浓缩等工艺生产生化木素(BCL)产品。

2 模式流程图

本模式流程图如图4.8.1所示。

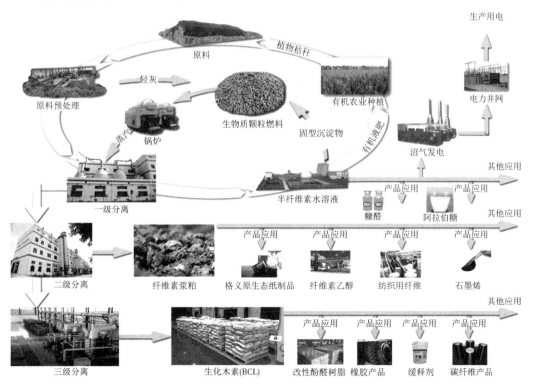

图4.8.1 模式八流程图

3 模式特点与具体做法

3.1 模式特点

本模式以清洁生产方式,"组分分离"、"多级分质、利用"、"生物量全利用",绿色无污染分离农作物秸秆三大组分——半纤维素、纤维素和木质素,联产通用原料生化木素、生态环保纤维素浆粕、秸秆有机液(沼液)和沼气发电、生物质颗粒燃料供能,改变了国内外农作物秸秆综合利用中所采用的"单一技术、单一产品"的传统模式,节能环保,破解了秸秆资源化高效利用的难题,大幅提高了利用效益。本模式的核心是该公司自主知识产权的"三级分离"成套技术与装备。

3.2 具体做法

(1) 备料:如图 4.8.2 所示。

(2) 一级分离:采用纯物理处理方式将农作物秸秆中可发酵的半纤维素组分进行水解,水解后富含半纤维素的水溶液经厌氧发酵生产沼气并发电上网,产生的沼液可生产有机液肥(图 4.8.3)。1 t 小麦秸秆分离出的半纤维素,约可生产沼气 120 m^3,可发电约 300 kW·h。

图 4.8.2 备料

图 4.8.3 一级分离

(3) 二级分离：去除半纤维素后的物料，经蒸煮工艺技术再分离出纤维素。产品纤维素作为造纸原料，在不添加任何化工原料及其他纤维的工艺条件下，直接生产本色生活用纸（图4.8.4）。该产品已被省经信委列入省级新产品。

图 4.8.4　二级分离

(4) 三级分离：经连蒸工艺分离纤维素后剩余的液态物质作为木质素原液，经提纯、浓缩、干燥和包装等工艺后制成生化木素产品（图4.8.5）。生化木素可部分替代石油基化工原料——苯酚，制备改性酚醛树脂，广泛应用于胶合板、橡胶、染料分散剂、发泡保温材料、烟花和铸造等行业。

图 4.8.5　三级分离

4　效益分析

年消纳各类农作物秸秆18万t，可减少SO_2排放15000 t、CO_2排放20万t、粉尘排放15000 t，节约用水200万t以上；使用沼气发电2800万 kW·h，可节约标煤6500 t；替代石油基产品——苯酚15000 t（表4.8.1～表4.8.3）。方圆50 km范围内农民因秸秆销售，每亩可增收150～200元。年增加物流运输250万t，就近直接解决农村剩余劳动力就业300多人，间接解决就业可达1000人。同时还可拉动装备制造、环保新材料、有机农业、观光农业等上下游产业和城镇化建设的大量投资。通过市场化的运作,可真正解决秸秆随意焚烧的难题。

表 4.8.1　年处理 10 t 原料的生物质炼制项目产品销售收入

序号	产品	年商品量	单价	销售收入(亿元)
1	生化木素	1.5 万 t	11000 元/t	1.65
2	纤维素浆粕	3.4 万 t	4300 元/t	1.46
3	沼气发电	2800 kW·h	0.75 元/(kW·h)	0.21
合 计				3.32

表 4.8.2　吨原料产出消耗对比(与传统造纸制浆比较)

	名称	单位	造纸制浆	本项目
产出	生化木素	t	—	0.15
	沼气电力	kW·h	—	275
	纤维素	t	0.35	0.34
	颗粒燃料	t	—	0.15
消耗	原材料	t	1	1
	烧碱	t	0.12	0.05
	耗水量	m³	20.4	3.14
	电耗	kW·h	210	246

表 4.8.3　吨原料产出消耗对比(与秸秆直燃发电 18 万 t/a 对比)

	秸秆高效综合利用	秸秆直燃发电	备注
秸秆使用量(万 t)	18		
纤维素产量(万 t)	3.4		4500 元/t
纤维素产值(万元)	15300		
生化木素产量(万 t)	1.5		12000 元/t
生化木素产值(万元)	18000		
有机肥产量(万 t)	200(液态)	0.54(固态)	
液态有机肥产值(万元)	20000		100 元/t(预测)
固态有机肥产值(万元)		540	1000 元/t
生物质颗粒(t)	45000		850 元/t
生物质颗粒产值(万元)	3825		
发电量(万 kW·h)	3250	14400	
发电产值(万元)	2437	10800	0.75 元/(kW·h)
总产值(万元)	59562	11340	
每吨秸秆产值(元)	3309	630	

5　应用和推广前景

本模式年可利用农作物秸秆约 18 万 t,其中制备生物质颗粒成型燃料 4.5 万 t,生产沼气电力2800万kW·h、纤维素浆粕3.4万t、生化木素1.5万t、秸秆有机液200万t,年产值达3.5亿元,产品已在安徽、浙江等相关企业应用,受到企业的一致好评,实现了农作物秸秆高值高效综合利用,社会、经济和生态效益显著,促进了安徽以秸秆为资源的现代环保产业的自主创新和技术升级。

生产中所需的原料、燃料均为农林生物质;选用的化学辅料,反应温和,可回收性好;采用的生产技术和装备对环境无二次污染;除生活和锅炉用水外,生产用水基本使用经循环处理后的中水。本模式彻底改变了传统秸秆利用的生产方式,既降低了成本,提高了资源产出率,又节能环保,大幅度提高了企业的经济效益。收集的秸秆原料通过综合利用后,产生不同的工业产品,其中秸秆有机液用于有机农业的种植,农作物秸秆又作为项目的原料用于生产,实现了"来源于农业,服务于农业,形成工业产品"的第一与第二产业的融合。秸秆原料收购过程中的物流服务、打包仓储服务以及有机农业与观光农业的建设,促进第三产业的健康发展。技术成熟度高,经济效益好,具有自主知识产权,可推广、可复制。

为便于原材料"收、储、运"环节更高效地运行及成本控制和一次性投资较大的矛盾,将原材料"收、储、运"和一级分离提取半纤维素之前的全部生产环节前置,在原材料、劳动力丰富的乡镇,分批建设预处理厂。然后若干个预处理厂配套建设一个后续高值化产品加工厂,由预处理厂为后续加工厂提供半成品原料。

通过与阜南县胜天新能源开发有限公司合作,已在阜南县地城镇率先建设农作物秸秆预处理项目的示范工程。逐步形成原料收、储和初加工分布在乡镇(村),高值化加工厂建设在开发区的农作物秸秆综合利用产业发展格局。

6 专家解析

本模式以清洁生产方式实现了农作物秸秆中的纤维素、半纤维素和木质素的高效分离,生产出可替代石油基化工原料——苯酚的生化木素,并联产纤维素、有机肥、沼气,改变了国内外农作物秸秆综合利用中所采用的"单一技术、单一产品"的传统方式,节能环保,破解了秸秆资源化高效利用的难题,大幅提高了利用效益。

秸秆是一种具有多种用途的可再生生物资源,虽然国内外秸秆综合利用研究成果丰硕,但通常采用"单一技术、单一产品"的传统方式,产业链短、利用率低,尤其是经济性差制约了产业的发展。本模式以循环经济、清洁生产理念为指导,从农作物秸秆的主要组分及结构入手,按组分分离—多级、分质利用—生物量全利用的思路,自主创新研发出农作物秸秆三素分离分级利用联产技术,对其三大组分——纤维素、半纤维素和木质素进行高效分离分级利用,联产可替代石油基化工原料——苯酚的生化木素,生产原生态本色生活用纸的高纯纤维素浆粕、秸秆有机液(沼液),以及沼气发电和生物质颗粒燃料等清洁能源。这种生物质资源多产品联产和高效综合利用的工业生产模式,资源产出率高,环保效益显著,生产工艺属首创。经过多年技术攻关,通过跨学科、跨领域的技术创新,攻克了产业化的系列关键技术,打通了农作物秸秆三素分离分级利用联产技术全产业链,建立了具有自主知识产权的产业技术体系,并实现了工业量产,在市场中具有开创性。

模式九 农作物秸秆人造板绿色生产模式
——以铜陵万华禾香板业有限公司为例

1 背景条件

农作物秸秆富含纤维素、半纤维素和木质素,麦秸、稻草、麻秆、棉秸秆、花生壳等,经过加工处理后获得的秸秆纤维是一种天然纤维素纤维,生物降解性好,可生产板材以替代木材。秸秆人造板以麦秸或稻秸等秸秆为原料,经切断、粉碎、干燥、分选、拌以异氰酸酯胶黏剂、铺装、预压、热压、裁边、冷却和砂光、检测等工序制成。我国秸秆人造板已成功开发出麦秸刨花板、稻草纤维板、秸秆碎料板等多种秸秆人造板产品。万华秸秆生态板是以麦草、稻草等农作物秸秆为主要原料,以完全不含甲醛的异氰酸酯(MDI)黏合剂制成的人造板材,是传统木质人造板材的理想替代品。

铜陵万华生态板业股份有限公司位于枞阳县左岗经济开发区内,于2006年底由万华实业集团、红塔创新等五家股东公司投资组建,主要经营项目为零甲醛生态秸秆板、生态黏合剂的研发与生产、秸秆板材制造设备的研发与制造,是目前世界上规模最大的零甲醛秸秆板材供应商。铜陵万华禾香板业有限公司是万华生态板业股份有限公司子公司,位于安徽枞阳经开区横埠工业园,占地390亩,年产25万 m^3 秸秆板生产线和年产800万 m^2 饰面板生产线于2018年5月启动建设,秸秆板生产线于2019年6月13日实现首板下线,产品达产年消耗秸秆30万t。

2 模式流程图

本模式流程图如图4.9.1所示。

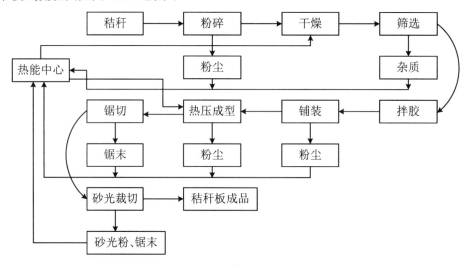

图4.9.1 模式九流程图

3 模式特点与具体做法

3.1 模式特点

充分利用当地丰富的水稻秸秆资源,以具有自主知识产权、不含甲醛的 MDI 黏合剂生产秸秆生态板,替代传统木质人造板材,走规模化、产业化发展之路,为秸秆大规模、绿色化利用开辟新途径。

3.2 具体做法

(1) 原料收储:配备专门的原料堆贮场(图 4.9.2),可以防雨,收集堆贮秸秆收储中心和周边农户提供的稻、麦秸秆等农作物秸秆。为了防止原料堆垛发生腐烂、发霉等自然现象,应控制好原料的含水率,一般应低于 20%。

图 4.9.2 秸秆原料收储

(2) 粉碎:原料堆贮场内的稻、麦秸秆由叉车(或人工)送上皮带运输机进入切碎工序。若为打包原料,需用散包机解包,再送入切草机,将秸秆粗粉碎;若原料呈散状,则直接将其送入切草机。粗切后的秸秆进入粉碎机,将秸秆粉碎成工序需求的纤维状态。纤维粗度通过粉碎机筛网的尺寸进行控制,筛网一般为 4 mm。过程中产生的粉尘通过除尘设备收集输送到热能中心作为燃料。

(3) 干燥:打磨后的湿碎料需经过干燥使含水率降低到一个统一的水平。粉碎后的秸秆纤维进入干燥设备进行水分烘干和调质,干燥后含水率不超过 3%,过程全密封防粉尘泄漏,干燥过程中注意控制进风量和烟气温度。由于稻、麦秸秆原料的含水率不太高,而且使用 MDI 黏合剂时允许在稍高的含水率条件下拌胶,故生产线上配备 1~2 台转子式干燥机即可。

（4）分选：干燥后的碎料要进行机械分选（可用机械振动筛选或回转滚筒筛），中间部分为合格原料,送入干料仓。最粗的和最细的均去除,通过输送设备输送到热能中心作为燃料。

（5）施胶：采用 MDI 黏合剂,施胶量为 3%~4%。表、芯层干刨花经计量后连续均匀地进入表、芯层刨花拌胶机,与此同时经自动计量的表、芯层胶液及其他添加剂按生产工艺拟定的配方分别注入表、芯层刨花拌胶机。在拌胶机中通过相互摩擦使胶液均匀地包裹在刨花表面,形成表、芯层施胶刨花。

施胶采用集中自动在线控制。要求拌胶均匀,为防止喷头堵塞,在每次停机后均需用专门溶剂冲洗管道和喷头。拌胶时还可以加入石蜡防水剂和其他添加剂,拌胶后的碎料含水率控制在 13%~15%。

（6）铺装和热压成型：施胶刨花由表、芯层拌胶机出来后,分别经皮带运输机等运输设备运输,落入铺装机计量仓,准确计量后再送入高精度铺装机内进行铺装,铺装好的板坯经除铁器检测后由板坯运输机送入连续预压机进行预压,最后送入连续平压热压机中进行热压。不合格的板坯经打碎辊打散后由皮带和刮板运输机送回到锯屑料仓后,再进行回用。

连续平压热压机的加热介质为热油,通过控制连续压机不同区段的压力和温度,将板坯压制成工艺要求的密度,同时使黏合剂固化而成为连续的毛板带进入下一工段。

热压机尾气经管道送入高效旋风分离器,分离出大部分的粉尘及油渍后,再通过风机送入热能中心焚烧。

（7）锯切：热压后的毛板经毛板齐边锯和对角锯截断后被送入三套翻板冷却机进行冷却。冷却后的毛板通过平板堆垛机进行堆垛、送入自动堆垛系统进行中间贮存,以使黏合剂得到充分固化。锯切产生的粉尘通过风送系统收集输送到热能中心作为燃料。

（8）砂光：毛板经约 2 天的时间堆放,自然冷却后,由轨道车送至砂光线。毛板经粗砂和精砂后去掉预固化层,以保证其厚度公差的要求。砂光后的毛板再经齐边横截锯切至规定长度,最后经检验分等后,堆成 1.2 m 高的板垛,由叉车送入仓库。秸秆碎料板产品的物理力学性能符合我国木质刨花板标准的要求,但本工艺产品甲醛释放量为零。砂光粉尘经气力吸尘装置,收集到粉尘料仓,再送至热能中心作为燃料。

4 效益分析

4.1 经济效益

秸秆资源通过农户收集,收储站压缩后运输到公司原料厂,每 3 亩地可以收集 1 t 秸秆,收储站收购价格为 300 元/t,每亩可增收 100 元。收储站运到公司的收购价格为 420 元/t,人工、设备、运输成本综合约为 70 元/t,收储站利润为 50 元/t。按 30 万 t 计算,可产生利润 1500 万元。

按年消耗秸秆 30 万 t,420 元/t 收购价格计算,年经济效益 12600 万元。25 万 m^3 秸秆板和 800 万 m² 饰面板产值约 110000 万元。

4.2 生态效益

秸秆制板可有效减少秸秆焚烧产生的二氧化碳排放。经测算，每生产 1 m³ 板材减少森林砍伐 1.5 m³，综合减少碳排放 1.4 t，每年减排二氧化碳 35 万 t。热能中心采用生物质燃料(生产废料)节约标煤 16 万 t。

4.3 社会效益

以草代木，减少森林砍伐，有效促进天然林保护。利用秸秆可减少焚烧带来的环境污染和交通安全隐患。按年消耗秸秆 30 万 t，可解决枞阳县秸秆总量的 50%，为秸秆处理开辟了新途径。解决直接就业 200 人，从事秸秆收储运等间接就业近 1000 人。

5 模式应用和推广前景

随着人们生活水平的提高及安居工程的发展普及，家居装修的市场越来越大，对装饰装修材料的需求逐步加大，质量要求越来越高。万华秸秆生态板作为高档次的木材替代品，它可以广泛应用于建筑装饰和包装等领域(图 4.9.3)，具有防霉、防潮、防火、隔音等优点。

万华板业秸秆板制造技术被列入国家重点科技发展计划——"863"计划，荣获了国家科技进步二等奖，通过了国家环保部环境标识产品"十环"认证等，产品质量完全符合国标要求。2016～2017 年入选国家发改委、科技部、环保部等联合推荐的国家节能减排与低碳技术、温室气体碳减排项目、国家重点节能低碳技术项目等。

应用领域	应用领域细分
家具制作	板式儿童家具、板式民用家具、板式办公家具、橱柜等
建筑装修	壁柜、套窗、门套、装饰壁挂板、吸音板、隔断墙、地台、地板、天花板、室内门等
包装运输	托盘、盖饭、食品包装及其他物品外包装等
文具	白板、留言板

图 4.9.3 万华禾香板应用领域

6　专家解析

我国是木材消耗大国,但又是森林资源匮乏国家,有效利用秸秆资源,实现"以草代木",可节约林木资源、减少碳排放、保护生态环境。秸秆板可以广泛应用于家具、装潢、装修、建筑、包装、文具等各行业,产品应用领域广泛,市场前景广阔。

安徽省秸秆资源丰富,铜陵万华禾香板业有限公司开展秸秆人造板规模化绿色生产模式,充分利用农业秸秆资源和具有自主知识产权的不含甲醛的MDI黏合剂,生产秸秆绿色板材产品,解决了农作物秸秆资源量大、市场对绿色环保板材需求量大的两大难题,为秸秆大规模、绿色化利用开辟了新途径,有利于农业生态环境保护,增加农民收入,实现社会经济可持续发展。

以完全不含甲醛的MDI黏合剂生产的万华秸秆生态板是传统木质人造板材的优良替代品,但MDI黏合剂占产品原料成本的很大比例,MDI是用途广泛的精细化工产品,价格受其上下游产品供求关系影响,市场波动很大,是产业发展的主要限制因素。

模式十　农作物秸秆颗粒燃料清洁生产模式
——以广德农作物秸秆固化燃料产业集群为例

1　背景条件

生物质颗粒燃料是重要的可再生能源,可实现农林废弃物——农作物秸秆、废弃木料等的循环再利用,减少环境污染。秸秆固化成型燃料是秸秆能源化利用的主要方式之一,近年来安徽省农作物秸秆固化成型燃料产业获得长足发展,尤其是广德县在龙头企业引领下形成了农作物秸秆固化成型燃料产业集群。由于生物质颗粒燃料生产中粉尘污染严重,为推动秸秆生物质颗粒燃料产业可持续发展,在安徽省农村能源总站指导下,安徽环态生物能源科技开发有限公司、安徽鼎梁生物能源科技开发有限公司开展了秸秆生物质颗粒燃料生产粉尘污染控制研究,初步形成秸秆固化成型清洁生产模式。

2　模式流程图

农作物秸秆和农林废弃物等原料,要经破碎、粉碎、烘干、造粒、包装等生产过程,流程图如图 4.10.1 所示。

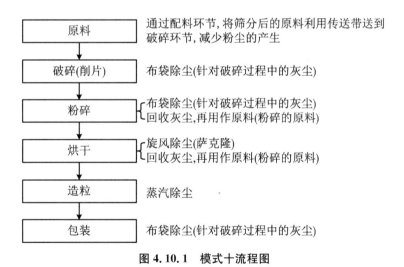

图 4.10.1　模式十流程图

3　模式特点与具体做法

3.1　模式特点

在生物质颗粒燃料的生产过程中,粉尘是主要的污染来源,秸秆固化成型燃料清洁生产的关键是从源头和生产过程实现粉尘产生量的全程控制。

3.2 具体做法

目前,生物质颗粒燃料清洁生产应用较广的做法是基础设备的升级、生产工艺的优化和除尘设备的增设。

(1)基础设备的升级:主要目的是提高生产效率、降低能耗,达到增效降耗的目的。在有效利用原有设备的基础上,进行设备的升级改造,在节约成本的同时,实现生产效率的大幅提升。

(2)生产工艺的优化:单台颗粒机升级为多台颗粒机联合成组生产。将多台颗粒加工机联合生产,由原先的单台颗粒机生产工艺升级优化为四台或更多台颗粒机联合成组生产,大大提高了生产效率。新建厂可直接引进成组的颗粒机,老厂可以进行设备的改造升级。

(3)除尘设备的增设:在原料的破碎、粉碎、烘干、造粒和包装各生产区分别增设除尘设备(图 4.10.2~图 4.10.4),主要包括除尘袋、萨克隆旋风除尘设备、水幕除尘设备等。除尘设备的增设非常关键,最主要的是生产能力与除尘设备的匹配计算。

除尘设备收集的粉尘,再用作原料进入生产过程,既节约了原料、降低了成本,又实现了生产废弃物的资源化利用,减少了污染。

图 4.10.2 原料破碎设备粉尘收集(圈内为除尘设备)

图 4.10.3 造粒设备粉尘集中收集(圈内为除尘设备)

图 4.10.4 布袋除尘设备(采用不同孔径的布袋分级除尘)

4 效益分析

4.1 经济效益

颗粒燃烧值为 3700～4200 kcal/kg,销售价按燃烧值计算,3700 kcal/kg 约为 670 元/t,每 10^5 cal 增加 20 元左右。农作物秸秆原料收购成本 300 元/t(折干),烘干成本 100 元/t,加工成本 100 元/t,人员工资 30 元/t,设备维护 20 元/t。因此,每吨效益至少为 120 元。

4.2 生态效益

有效降低粉尘的产生,粉尘的产生量能降低 80%～90%,甚至更多。

4.3 社会效益

设备的升级改造和生产工艺的优化,节省了人力、能耗。例如粉碎环节,未改造前,需 3～5 人同时进行原料的投放,改造后仅需 1 人,利用抓机直接将原料投放至粉碎设备上。

5 模式应用和推广前景

将秸秆制成生物质颗粒是秸秆的出路之一。生物质颗粒基本不含硫、磷,含碳量高,燃烧充分,产生少量灰分(钾肥),对空气污染很小,值得推广。

在秸秆加工生产生物质颗粒的过程中,有粉尘产生,如不控制将形成粉尘污染源,污染厂区周边环境,同时对操作人员是一大伤害。本模式在生产过程中对粉尘的产生进行控制,在末端实现粉尘的回收再利用,全程实现了秸秆生物质颗粒的清洁生产,具有很大的发展潜力。

6　专家解析

生物质成型燃料是由农作物秸秆、锯末等分散生物质原料经专业设备加工而成的颗粒状、块状或木片燃料，具有运输存储方便、S 含量低、二氧化碳零排放、二氧化硫低排放和可再生等特点，是清洁可再生能源，替代燃煤供热的成本比天然气低 30% 以上，是替代煤炭供热最理想的能种。秸秆固化成型存在的最大问题就是在为秸秆提供解决办法的同时，粉尘造成了一定的污染，本模式可有效解决这一问题，对农作物秸秆综合利用有重要的参考借鉴作用。

模式十一　农作物秸秆气化利用模式

1　背景条件

近年来,随着国家对生态环境的日益重视,国家有关部门相继出台了一系列指导意见及相关通知,推进秸秆的清洁化、能源化利用。合肥德博秸秆气化高值化利用是绿色、低碳、清洁、经济的可再生能源利用方式,具有投资少、原料品质和价格可控、易于复制推广等优势,适合在秸秆资源丰富的省份建设运营,能够有效地降低项目运营的风险,提高运营收益。

2　模式流程图

本模式主要包含以下三种技术。

(1) 秸秆气化替代天然气(煤)供热技术:技术路线图如图 4.11.1 所示。

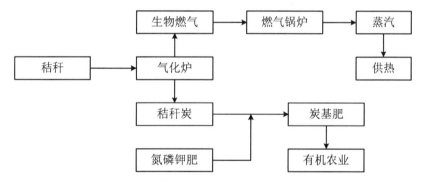

图 4.11.1　秸秆气化替代天然气(煤)供热技术流程图

(2) 秸秆气化发电多联产技术:技术路线图如图 4.11.2 所示。

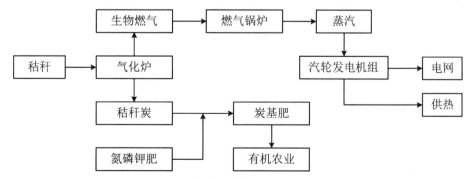

图 4.11.2　秸秆气化发电多联产技术流程图

(3) 秸秆气化耦合燃煤机组高效发电技术:技术路线图如图4.11.3所示。

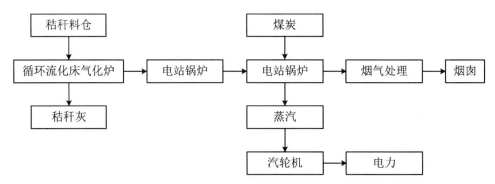

图4.11.3 秸秆气化耦合燃煤机组高效发电技术流程图

3 模式特点与具体做法

(1) 秸秆气化替代天然气(煤)供热技术:秸秆破碎后由加料系统连续送入气化反应器中,与炉底通入的少量空气发生热解和气化反应,产生的能量保持系统运行在稳定的反应状态,实现秸秆高效转化成生物质燃气,高温生物质燃气在锅炉引风机负压抽吸作用下送入锅炉绝热燃烧室燃烧,为锅炉系统提供热源,完成气化反应的秸秆炭通过安装于旋风分离器底部螺旋输送机排出、收集。通过合理设计气化反应器炉膛直径、高度及气化反应器的附属设备,保证炉内优良的气化条件及原料在炉内的停留时间,实现玉米秸秆的高效转化。工艺流程如图4.11.4所示。

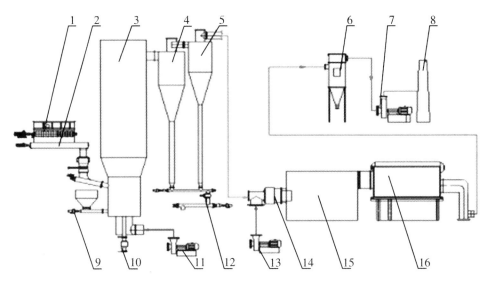

图4.11.4 秸秆流化床气化锅炉系统工艺流程图

1.炉前料仓;2.给料螺旋输送机;3.流化床反应器本体;4.一级旋风分离器;5.二级旋风分离器;6.除尘器;7.引风机;8.烟囱;9.床料螺旋输送机;10.底部排渣装置;11.气化炉鼓风机;12.出炭螺旋输送机;13.锅炉鼓风机;14.锅炉燃烧器;15.绝热燃烧室;16.锅炉。

(2) 秸秆气化发电多联产技术:秸秆由加料系统连续送入气化炉中与气化剂反应生成

可燃气,产生的能量保持系统运行在稳定的反应状态,促进秸秆中挥发分的热解而生成可燃气,同时尽量减少秸秆中的炭与氧气的反应进程,完成气化反应的秸秆炭通过安装于旋风分离器底部螺旋输送机排出、收集。气化炉产生的生物质燃气在锅炉引风机负压抽吸作用下进入燃气锅炉燃烧用于蒸汽发电。通过合理设计气化反应器炉膛直径、高度及气化反应器的附属设备,保证炉内优良的气化条件及原料在炉内的停留时间,实现秸秆的高效转化。工艺流程如图 4.11.5 所示。

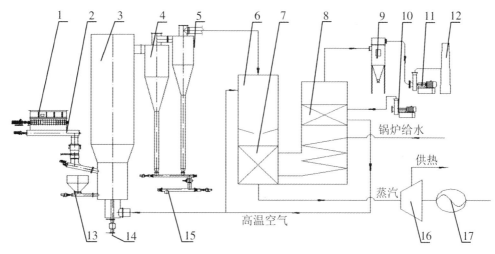

图 4.11.5　秸秆气化发电联产炭系统工艺流程图

1. 炉前料仓;2. 给料螺旋输送机;3. 气化炉本体;4. 一级旋风分离器;5. 二级旋风分离器;6. 绝热燃烧室;7. 锅炉受热面;8. 空气预热器;9. 除尘器;10. 鼓风机;11. 引风机;12. 烟囱;13. 床料给料器;14. 底部排渣装置;15. 炭冷却螺旋输送机;16. 汽轮机;17. 发电机。

(3) 秸秆气化耦合燃煤机组高效发电技术:秸秆经粉碎后由给料系统加入气化炉,与炉底通入的空气发生热解气化反应,生成燃气和秸秆炭,秸秆炭被燃气携带出气化炉,经两级旋风分离器分离、收集。在一级旋风分离器底部设置有炭冷却螺旋输送装置,当项目需要联产秸秆炭时,打开底部的炭冷却螺旋输送装置,秸秆炭由一级旋风和二级旋风分离器底部排出、收集。当项目不需要联产秸秆炭时,关闭底部的炭冷却螺旋输送装置,并通入返料介质,使未反应完全的残炭返回气化炉继续反应,被一级分离器分离的飞灰由二级旋风分离器收集,并由排灰系统排出、收集。在完全气化时,气化炉出口燃气温度为 700~750 ℃;在炭气联产时,气化炉出口温度为 600~650 ℃。燃气经换热器换热至 400~420 ℃后通过燃气增压风机送往燃煤锅炉与煤粉进行混烧,利用燃煤电站的发电系统实现高效发电。

4　效益分析

以上三种技术效益比较如表 4.11.1 所示。

表 4.11.1　不同技术效益比较

	秸秆气化供热 (10 t 蒸汽)	秸秆气化发电 多联产(6 MW)	秸秆气化耦合 发电(20 MW)
年消纳秸秆量(万 t)	3.2	6.2	11.2
项目总投资(万元)	2000	4800	11000
年成本(万元)	1850	3340	7301
年销售收入(万元)	2300	3975.3	10232
年利润(万元)	450	635.3	2931

5　模式应用和推广前景

目前德博公司已有 100 多个秸秆气化项目在运行或在建,在浙江、江苏、湖北、云南、安徽等地均有项目正在运行。2017 年安徽省出台相关文件,明确要求培育壮大秸秆综合利用龙头企业。围绕秸秆收割、压缩、烘干、储存、运输以及综合利用、工业产品制造、市场营销等全产业链条,强化利益导向,系统谋划推动,扶持一批掌握核心技术、成长性好、带动力强的企业做大做强。

从目前安徽省秸秆产业化利用现状来看,秸秆综合利用企业技术类型较多,但运营不稳定、造血能力差、市场化程度低是共性问题,能源化、原料化利用企业尤为突出。因此不仅要用足用好省内现有政策,也要抓住历史机遇,优先带动一批技术成熟、造血能力强、赢利模式稳定的省内秸秆综合利用龙头企业。

6　专家解析

秸秆气化供热是绿色、低碳、清洁、经济的可再生能源供热方式,布局灵活,适用范围广,适合为中小型区域提供清洁供暖和工业蒸汽。安徽省作为粮油主产区,是全国首批推进秸秆气化清洁能源利用工程省份之一。大力推广秸秆气化替代天然气(煤)供热,既减少秸秆焚烧、粉碎还田带来的一系列环境、社会问题,又提供了经济、清洁的热能,能够带动生物质能的转型升级。

模式十二 农作物秸秆沼气化利用模式
——以安徽永志环能科技有限公司太和张西村秸秆沼气项目为例

1 背景条件

太和县郭庙镇张西村大型秸秆沼气集中供气项目建设,年综合利用废弃秸秆 2000 t,年产沼气 66.00 万 m^3,一部分沼气供户,一部分用于发电,年发电 73.26 万 kW·h。建设了发电机房 40 m^2、沼气净化间和控制室 20 m^2、干式进料池 50 m^3、厌氧发酵罐 2000 m^3、贮气柜 800 m^3、沼渣浓缩池 100 m^3、沼液池 800 m^3、消防水池 400 m^3 及相关秸秆收集、处理系统的配套设施,购置仪器设备 27 台(套)。

项目由安徽永志环能科技有限公司建设运行,依托建立的"科研、中试、应用、推广"的产业开发链,建立"技术研发、设备制造、工程建设、能源推广、项目运营"五位一体的营运模式。

2 模式流程图

本模式流程图如图 4.12.1 所示。

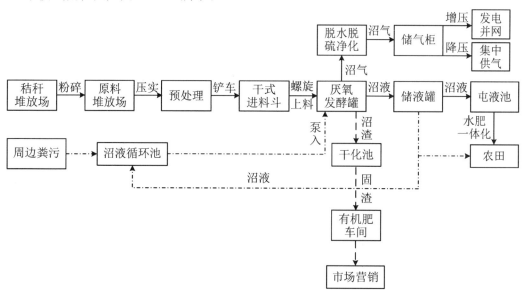

图 4.12.1 模式十二流程图

3 模式特点与具体做法

采用全发酵防漂浮不结壳沼气装置。发酵罐内物料均匀分布,避免了分层状态,增加了物料和微生物接触的机会,使得液面上的有机悬浮物循环到反应器的下部,逐渐完全反应,避免了反应器液面上的"结盖现象",其原理是在一个密闭罐体内完成料液的发酵、沼气的产生。投料方式采用恒温连续投料或半连续投料运行,新进入的原料与发酵器内的发酵液菌种混合,分层发酵。

原料(图4.12.2)在近中温及厌氧环境下,通过三个基本过程(一是水解,把不溶解的有机化合物和聚合物,通过酶法转化为可溶解的有机物;二是将上一步转化成的产物如碳水化合物、蛋白质、脂肪类、醇等发酵为有机酸;三是利用产甲烷菌将有机酸发酵而产生甲烷,将有机物消化成甲烷、二氧化碳、硫化氢和稳定的排泄物)。

图4.12.2 原料收集

(1) 秸秆预处理:农作物秸秆通常由木质素、纤维素、半纤维素、果胶和蜡质等化合物组成,其产气特点是分解速度较慢,产气周期较长。使用这种原料在入池前需进行预处理,以提高产气效果。常用的预处理方法有物理、化学与生物方法等。物理方法主要有切碎、粉碎、汽爆等。生物法的研究主要集中在菌种的筛选和发酵条件优化方面。本模式采用物理方法对进料的秸秆进行切碎和粉碎。

(2) 进料:

① 将碳铵溶于水,与接种物和粉碎后的秸秆一起在干式进料池中混合均匀,入罐的发酵原料不要压实,以松散为好,池内进料口下口,直径1 m的地方不要存发酵原料,以便以后顺利进料。秸秆粉碎后,用铲车送入干式进料池,通过搅笼提升进入CSTR发酵罐内,干物质浓度(TS)达到15%。

② 进料池容积一般按一次进料量设计,计算公式为

$$V = \frac{QT}{24}$$

其中,V为进料的有效容积(单位为m^3),Q为进料量(单位为m^3/h),T为原料滞留时间(单位为h)。

每日综合利用6 t秸秆,调配水和回流沼液共44 t,则进料量Q为50 t,保证每天进料两次,则T为12 h,$V=50×12/24$ $m^3=25$ m^3,则沼干式进料池容积满足设计需求。

(3) 厌氧发酵(图4.12.3):

图4.12.3 厌氧发酵

① 厌氧发酵设备：厌氧发酵器须设置增温保温措施，应采用近中温发酵；厌氧发酵器应密闭，耐腐蚀，设正负保护器；厌氧发酵器宜采用焊接、拼装和利物浦等成型罐体或钢砼结构；厌氧发酵器应设置底部排渣装置；厌氧发酵器应设一定数量的取样口和测温点。

② 厌氧发酵器的容器体积计算：本模式每天处理秸秆 6 t，使用调配水和回流沼液共 44 t，总进入厌氧发酵罐的原料为50 t。调节进料物质使干物质浓度(TS)在15%左右。设计沼气发酵温度为近中温，水力滞留时间(HRT)为 36 天，厌氧反应罐的有效容积为 $V=50\times 36 \, m^3 =1800 \, m^3$；考虑到气体约占总容积的 10%～15%，设计选用 2000 m^3 的厌氧发酵罐。容积产气率约为 1.0 $m^3/(m^3 \cdot d)$。

（4）沼气发酵工艺条件：沼气发酵微生物要求适宜的生活条件，对温度、酸碱度、氧化还原势及其他各种环境因素都有一定的要求。在工艺上满足微生物的这些生活条件，才能达到发酵快、产气量高的效果。

① 厌氧环境：沼气发酵微生物包括产酸菌和产甲烷菌两大类，它们都是厌氧型细菌，尤其是产甲烷菌是严格厌氧菌，对氧特别敏感。它们不能在有氧的环境中生存，哪怕微量的氧存在，其生命活动也会受到抑制，甚至死亡。因此，建造一个不漏水、不漏气的密闭发酵罐是人工制取沼气的关键。沼气发酵的启动或新鲜原料入池时会带进一部分氧气，但由于在密闭的沼气池内好氧菌和兼性厌氧菌的作用，它们迅速消耗了溶解氧，创造了良好的厌氧条件。

② 温度：沼气发酵微生物是在一定的温度范围(8～65 ℃)内进行代谢活动的，温度不同产气速度不同。在 8～65 ℃范围内，温度越高，产气速率越大，但不是线性关系。40～50 ℃是沼气微生物高温菌和中温菌活动的过渡区间，它们在这个温度范围内都不太适应，因而此时产气速率会下降。当温度升高到 53～55 ℃时生物中的高温菌活跃，产沼气的速率最快。沼气发酵温度突然变化，对沼气产量有明显影响，若温度突变超过一定范围，则会停止产气。一般常温发酵温度不会突变；对中温和高温发酵，则要求严格控制料液的温度。产气的一个高峰在 35 ℃左右，一个更大的高峰在 54 ℃左右，因为在这两个最适宜的发酵温度，两个不同的微生物群参与作用，本模式选择中温发酵。热源为热电联产、锅炉或太阳能，后期可根据实际运行情况有选择地使用。

③ 发酵原料：原料(有机物)是供给沼气发酵微生物进行正常生命活动所需的营养和能量，是不断生产沼气的物质基础。本模式采用秸秆作为发酵原料。

对沼气池内发酵料液浓度的要求，随季节变化而不同。在夏季，发酵料液浓度可以低些，要求浓度在 10%左右；冬季浓度应高一些，在 20%左右，平均为 15%。发酵料液浓度太低或太高，对沼气产生都不利。因为浓度太低，即含水量太多时，有机物相对减少，会降低沼气池单位容积的沼气产量，不利于沼气池的充分利用；浓度太高，即含水量太少时，不利于沼气细菌的活动，发酵料液不易分解，沼气发酵受到阻碍，产气慢而少。因此，一定要根据发酵料液含水量的不同，在进料时加入相应量的水，使发酵料液的浓度适宜，以充分合理地利用发酵料液，获得比较稳定的产气率。配制发酵料液的浓度，要根据发酵原料的含水量和不同季节所要求的浓度，再加入一定量的水。

④ 接种物：在发酵运行之初，要加入厌氧菌作为接种物(亦称为菌种)。在条件具备时，宜采用生态环境一致的厌氧污泥作为接种物。当没有适宜的接种物时，需要进行菌种富集和培养，即选择活性较强的污泥或人畜粪便等，添加适量(菌种量的 5%～10%)有机废水或作物秸秆等，装入可密封的容器内，在适宜的条件下，重复操作，增加接种数量。沼气发酵是

沼气微生物群分解代谢有机物产生沼气的过程,沼气微生物像其他生物一样,对环境有个适应范围。上述各项是沼气微生物群维持正常活动所必需的条件,只有满足这些条件,沼气发酵方能正常运行下去。

(5) 产品利用情况(图 4.12.4):

(a) 沼气净化

(b) 供气管网图

(c) 居民供气

(d) 沼气并网发电

(e) 沼液水肥一体化　　　　　　　　(f) 沼渣有机肥

图 4.12.4　产品利用情况

① 沼气:

(a) 由于反应在近中温下进行,厌氧反应罐内每立方米产气率约为 1.0 m³/d,则每天沼气产量为 2000 m³。沼气年产量约为 2000 m³×330=660000 m³。

(b) 供户:供应张西村、张相庄及周边的 300 农户,用气量按 1.5 m³/(d·户)计算(户均人口约为 4 人),沼气用量 450 m³/d,未预见气量按总用气量的 5%计算,考虑沼气收集、贮存、传输损失 10%左右,日均实际用量约为 520 m³。发电:本工程沼气经脱水器进入到脱硫塔,经过净化后的沼气由阻火器、气水分离器、过滤器进入沼气发电机组发电,每日有 1480 m³ 用于发电。按每立方米沼气发电 1.5 kW·h 计算,每年可发电 73.26 万 kW·h。根据沼气工程的发电量,配置 2 台额定功率为 120 kW 的发电机组。当沼气发电系统不能完全利用所生产的沼气时,沼气火炬自动点燃,防止沼气直接排放。1480 m³ 沼气可发电 2200 kW·h,主要用于沼气工程和场区自用,多余的电并网。

② 沼渣:秸秆厌氧发酵所产沼渣按照干物质含量计算,一般发酵过程会消耗掉 60%的

干物质,剩余40%的干物质进入沼渣。本模式每日综合利用秸秆6 t,与回流沼液预处理后进入厌氧发酵罐,每日产沼渣1.5 t,水分含量60%~80%,pH为6.5~8.0。沼渣中不仅保存了植物所需的氮、磷、钾,并且含有丰富的氨基酸、各种水解酶、生长素和沼气发酵菌种等。沼渣迟效与速效兼备,是速效多于迟效的有机肥。结合沼渣的特性和当地产业发展的需要,沼渣作为肥料使用。

③ 沼液:沼液全部回流用于调节进料浓度,不足部分由其他水源补充。

4 效益分析

4.1 经济效益

年产沼气73万 m^3,沼渣1825 t。沼气集中供气和发电年收益为87.6万元,沼渣粗制有机肥收益为54.75万元。

4.2 生态效益

本模式有效减少秸秆焚烧排放,解决养殖企业畜禽粪污难题,减轻土壤污染与水污染,沼渣制作有机肥,能增加土壤有机质、速效磷及土壤酶活性,使作物病害减轻,降低农药使用量,提高农作物的产量和品质,促进农业结构调整和优化。通过本模式项目建设,使环境资源、土地资源和水资源得到循环利用、有效保护、合理开发、永续利用,生态环境不断改善和提高,达到社会、生态、经济效益有机结合。

4.3 社会效益

本模式项目运营已成为当地的能源环境及民生示范工程,对当地的秸秆处理和畜禽养殖粪污资源化利用起到示范带头作用,不仅能变废为宝,保护生态环境,促进农业生产的可持续发展,而且可为农牧业生产提供大量的有机肥料,从而促进农业产业结构乃至整个农村结构的变革,促进农民生活质量的提高和城乡环境的改善。本模式有效遏制秸秆、殖粪污造成的生态环境破坏,提高广大人民保护生态环境意识,促进农牧资源化综合利用和当地农业农村经济可持续发展。

5 模式应用和推广前景

农作物秸秆制沼气是较成熟的先进技术,也是最适宜在安徽省大多数区域推广的高值利用技术。太和县郭庙镇张西村大型秸秆沼气集中供气项目可收集周边的农田秸秆进行综合利用。项目建成后,年综合利用废弃秸秆2000 t。年产沼气66.00万 m^3,一部分沼气供户,一部分用于发电,年发电73.26万 kW·h。合理地利用秸秆,有效减少秸秆焚烧排放,减轻土壤污染与水污染,有效遏制秸秆乱放而造成的生态环境破坏,提高广大人民群众保护生态环境意识,促进农业资源化综合利用和当地农业农村经济可持续发展。沼渣制作有机肥,能增加土壤有机质、速效磷及土壤酶活性,使作物病害较轻,减少农药使用量,提高农作物的产量和品质,促进农业结构调整和优化,使环境资源、土地资源和水资源得到循环利用、有效保护、合理开发、永续利用,生态环境不断改善和提高,达到社会、生态、经济效益有机结合。

6　专家解析

2017年3月1日,安徽省发布了《安徽省人民政府关于大力发展以农作物秸秆资源利用为基础的现代环保产业的实施意见》(皖政〔2017〕29号),大力发展以农作物秸秆资源利用为基础的现代环保产业,进一步做好秸秆转化利用增值大文章。2017年1月,安徽省将秸秆综合利用列入民生工程——秸秆综合利用提升工程,大力开展秸秆禁烧及综合利用,进一步推动环境治理,提高空气质量。2017年3月,《安徽省农业委员会关于印发2017年秸秆综合利用提升工程技术方案的通知》(皖农能〔2017〕45号)发布,其中《2017年秸秆综合利用提升工程技术方案》在第四部讲述了大中型秸秆沼气集中供气工程。在民生工程支持下,安徽省秸秆沼气工程在工程技术上取得了长足进步,实现了产业化发展。太和县郭庙镇张西村大型秸秆沼气集中供气工程是安徽省2017年民生工程支持的16个大中型秸秆沼气集中供气项目之一,其投产运营有力促进了安徽省秸秆高值高效产业化综合利用。

模式十三　农作物秸秆收储模式
——以灵璧县收储体系建设为例

1　背景条件

灵璧县属于淮北平原，拥有180万亩耕地，年产农作秸秆超过百万吨。为解决秸秆问题，灵璧县专门成立了农作物秸秆利用协会，形成了一套完整的收储运模式及资源共享管理体系。灵璧县属国家级贫困县，在秸秆离田等工作任务繁重和资金不足的情况下，将秸秆收储作为扶贫攻坚的突破口，坚持以"用地合法、标准规范、助力扶贫"为原则，将秸秆收储体系建设列入农村"三变"改革大格局中，构建了"政府（村）＋企业＋收储中心＋合作社（农户）"的收储运模式。

2　模式流程图

本模式流程图如图4.13.1所示。

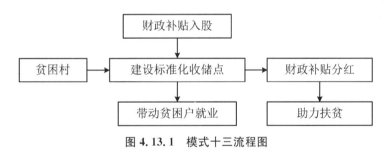

图4.13.1　模式十三流程图

3　模式特点与具体做法

灵璧县鼓励社会力量和企业资本投入秸秆收储运体系建设，形成"政府相关单位＋农户＋秸秆打包收储公司＋秸秆需求单位"的收储运结构。

一是注重转变思路，将秸秆收储（图4.13.2）作为扶贫攻坚的突破口。灵璧县委县政府结合农村"三变"改革思路，提出"打造收储体系、助力扶贫攻坚"指导意见，落实财政部、农业部、国务院扶贫办《关于做好财政支农资金支持资产收益扶贫工作的通知》的要求，优先在全县7个贫困村建设秸秆收储标准化钢构大棚，并作为村集体资产出租给企业使用，运营利润主要用于村里扶贫工作。同时，中央财政补贴资金的10%以入股形式补贴给企业，并参与企业年度分红，分红也主要用于村里扶贫工作。

二是注重破解秸秆收储用地难点，用"活"土地政策。灵璧县认真落实《安徽省人民政府关于大力发展以农作物秸秆资源利用为基础的现代环保产业的实施意见》，县国土局及时制定《灵璧县关于秸秆堆放转运点占地办理临时用地审批的实施方案》，并会同县农委，共同组织设施用地评审会议,将秸秆收储用地列入设施农用地中的附属设施用地,为秸秆收储用地开辟绿色通道。

图 4.13.2　秸秆收储

三是注重秸秆收储点标准化建设,用"好"中央财政项目资金。县农委制定《2017 年中央财政农作物秸秆综合利用试点项目申报指南》,明确将"建设钢构大棚、商品化饲料加工厂房"国土部门证明文件作为项目申报要件。申报企业需到县国土局办理用地手续,按章缴纳复垦保证金。县农委在项目实施方案中要求,秸秆收储标准化钢构大棚项目补贴资金 50 万元/个,企业配套资金不得低于项目补贴资金,项目建设标准为高度 6 m 以上,面积 2000 m² 以上,收储能力在 0.2 万 t 以上。

4　效益分析

灵璧县通过建立秸秆综合利用产业化联合体,以一系列市场化运作、政府推动等多重措施,建立健全秸秆收集储运体系,使秸秆田间收集处理、收购站点、储存运输等环节有机衔接,满足秸秆产业化利用的原料需求,完善以企业需求为龙头、专业合作社为纽带、农民为基础的层级秸秆收集储运体系,取得了显著的经济、生态、社会效益。

5　模式应用和推广前景

农作物秸秆收集困难、成本高等因素,制约了秸秆综合利用的产业化发展。秸秆收储体系是秸秆综合利用发展的不可或缺的环节,建立秸秆收储体系,积极扶持收储运服务组织的发展,鼓励企业和社会组织组建专业化秸秆收储运机构,逐步形成商品化秸秆收储和供应能力,为秸秆综合利用产业的发展奠定了产业基础,本模式在贫困地区有一定推广价值。

6 专家解析

鼓励龙头企业、专业合作社等实体以及村组开展秸秆收储,支持建设秸秆收储标准化钢构大棚,打造秸秆收储用地合法、标准化建设、扶贫带动的秸秆收储模式。标准化收储点的建设为秸秆离田综合利用、产业化发展奠定了基础,同时带动扶贫工作,效益明显。

模式十四 农作物秸秆综合利用政策驱动模式
——以安徽省农作物秸秆综合利用为例

1 背景条件

安徽省每年的秸秆产量约为 4800 万 t,秸秆就地焚烧,造成资源浪费,同时污染环境、影响交通、损伤地力和危害土壤生态环境。秸秆产业化完全有可能成为一项新兴的产业和新的经济增长点,成为绿色经济的一环。安徽省作为农业大省,高度重视秸秆的转化利用产业化增值。2017 年,安徽省委发布一号文件,要求大力推进秸秆综合利用产业化。2017 年 1 月,《安徽省人民政府关于 2017 年实施 33 项民生工程的通知》(皖政〔2017〕10 号)将秸秆综合利用列入民生工程。2017 年 3 月,省政府出台了《安徽省人民政府关于大力发展以农作物秸秆资源利用为基础的现代环保产业的实施意见》(皖政〔2017〕29 号),2018 年出台了《安徽省农作物秸秆综合利用三年行动计划(2018—2020 年)》《安徽省支持秸秆综合利用产业发展若干政策》《安徽省秸秆综合利用专项考核办法(试行)》,在全国率先形成了完整的秸秆综合利用政策体系,营造了全省农作物秸秆综合利用工作的良好政策环境。

2 模式流程图

本模式流程图如图 4.14.1 所示。

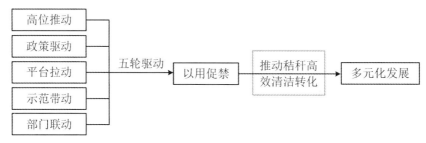

图 4.14.1 模式十四流程图

3 模式特点与具体做法

3.1 模式特点

安徽省通过实施高位推动、政策驱动、平台拉动、示范带动、部门联动等"五轮驱动"措施,将秸秆利用思路由"以禁促用"转变为"以用促禁",有效推动秸秆高效清洁转化,秸秆综合利用工作进入全国先进行列。

3.2 具体做法

(1) 加强高位推动：省委省政府主要领导积极谋划、部署、推动。2017年4月17日，省政府召开全省推进秸秆综合利用工作电视电话会议，动员部署全省上下大力推进秸秆综合利用工作，省长李国英出席会议并讲话。从2017年开始，将秸秆综合利用列入省政府重点工作，纳入政府目标管理绩效考核，对工作成效显著的，优先安排奖补资金；对工作推进不力的予以通报，直至约谈问责。2017～2018年，省政府连续两年将秸秆综合利用列入省民生工程。2018年，将秸秆综合利用推进行动作为三大行动之一写进政府工作报告。2018年6月，成立省政府推进秸秆综合利用和畜禽废弃物资源化利用工作领导小组，全面加强组织领导和统筹协调。自2018年以来，省政府主要负责同志、分管负责同志先后10多次召开省长专题会、省政府常务会议，研究部署秸秆综合利用和秸秆综合利用博览会工作。

(2) 强化政策驱动：省委省政府出台了一系列政策支持秸秆综合利用。2013年，安徽省委办公厅、省政府办公厅出台了《关于推进农作物秸秆禁烧和综合利用工作的意见》；2017年，安徽省人民政府又下发了《关于大力发展以农作物秸秆资源利用为基础的现代环保产业的实施意见》（简称《实施意见》），提出到2020年全省秸秆综合利用率提高到90%以上，秸秆产业化利用量占利用总量的比例提高到42%左右。为全面贯彻落实《实施意见》，省环保厅会同省农委出台了《秸秆综合利用提升工程实施办法》《安徽省农作物秸秆产业化利用及示范园区奖补资金管理暂行办法》《安徽省农作物秸秆综合利用现代环保产业示范园区管理暂行办法》等，形成了比较完整、全面和系统的政策体系。2014～2016年，省财政分别拨付秸秆禁烧和综合利用奖补资金15.61亿元、16.28亿元和16.12亿元。2017年，在继续安排秸秆禁烧和综合利用奖补资金的基础上，省财政每年安排不少于2亿元支持秸秆综合利用规模企业发展和秸秆示范园区建设。对秸秆综合利用量千吨以上的企业，按照企业实际利用量安排奖补资金。将省农机局秸秆还田相关机具作为重点补贴对象，实行敞开补贴。

(3) 开展平台拉动：2017年6月5日，安徽省举办了国内首个由政府主导的"2017安徽秸秆综合利用产业博览会"，博览会以高峰论坛、对接会等形式，深入探讨秸秆产业利用的广阔前景。参展企业400多家，签约项目58个，总投资额170亿元，涵盖秸秆产业化利用的各个领域。截至目前，签约项目已有80%以上启动实施，对推动安徽乃至全国秸秆综合利用产业做大做优做强，发挥了积极作用。

(4) 推进示范带动：安徽省狠抓两个关键环节，强化示范引领。一是实施秸秆综合利用产业园区示范工程。2018年初，认定阜阳经济技术开发区、阜南县经济开发区、桐城市经济技术开发区为安徽省第一批秸秆综合利用产业园区。2018年，继续在全省新认定两个秸秆综合利用产业园区，积极打造区域特色鲜明、布局合理、多元化利用的发展模式。二是实施中央财政农作物秸秆综合利用试点项目。2016年，农业部和财政部确定寿县、霍邱、灵璧、临泉、凤阳作为安徽省农作物秸秆综合利用项目试点县，项目绩效评价考核位列全国第二。2017年试点范围扩大至全省16个县（区），投资规模扩大至1.61亿元。寿县的秸秆分级利用联产模式、灵璧县的秸秆清洁纸浆循环模式等一批典型利用模式脱颖而出。

(5) 促进部门联动：按照省政府统一部署，各有关部门各司其职、各负其责，密切配合、相互支持，建立统筹协调机制，形成齐抓共管良好局面。为理顺工作机制，明确秸秆综合利用工作，由省农委牵头，负责秸秆综合利用民生工程及秸秆综合利用技术指导和示范推广。省直有关单位根据职责分工，分别负责秸秆综合利用项目建设，秸秆综合利用产学研结合，秸秆综合利用技术研发和成果转化，秸秆综合利用标准体系的研究制定，秸秆禁烧和综合利用奖补资金整合优化，秸秆收储和综合利用项目用地、用电、税收和购机补贴政策的落实，秸秆机械化还田技术指导，秸秆运输绿色通道等工作，共同推动以秸秆资源利用为基础的现代环保产业发展。

4 效益分析

2017年秸秆综合利用率达87.3%，超出全国近5个百分点，全省秸秆电厂总装机规模居全国第二位，机械化还田量占利用总量的比例由上一年的73.67%下降到60.99%，产业化利用量占利用总量比例达到27.59%，实现了弯道超车。

2018年，全省农作物秸秆可收集量约为4737.07万t，综合利用总量约为4320.62万t，全省综合利用率约为91.21%；秸秆产业化利用总量约为1610.27万t，秸秆产业化利用量占秸秆利用总量的比例约为37.14%；秸秆原料化和能源化利用总量约为970.31万t，秸秆原料化和能源化利用量占秸秆利用总量的比例约为22.38%。2018年全省秸秆产业化利用量占总利用量的比例约为37.14%，比2017年提高了9.55个百分点，秸秆综合利用产业初步形成。2017年，全省秸秆能源化和原料化利用量占利用总量的比例约为14.56%，2018年，全省秸秆能源化和原料化利用量占利用总量的比例与2017年相比提高了7.82个百分点。

5 模式应用和推广前景

通过实施高位推动、政策驱动、平台拉动、示范带动、部门联动等"五轮驱动"措施，推进秸秆综合利用工作，给秸秆找好"出路"，让农民通过秸秆再利用获利，真正调动起农民回收利用秸秆的积极性，从源头上解决焚烧秸秆的难题。

推动秸秆综合利用产业化，推广秸秆饲用、秸秆肥料化、秸秆能源化、秸秆基料化、秸秆原料化等技术，提高秸秆综合利用率，从源头消除秸秆焚烧隐患，加强技术扶持、财政补贴、宣传引导等，真正让农民从秸秆多元化利用中获益，应用前景广阔。

6 专家解析

由于没有系统性的秸秆综合利用扶持政策，秸秆利用的各个环节往往无利可图甚至赔钱，秸秆产业化往往无疾而终，严重影响了农户的秸秆综合利用的积极性。安徽在全国率先提出大力发展以农作物秸秆资源利用为基础的现代环保产业，并出台了一系列秸秆综合利用支持政策，形成扶持秸秆综合利用产业化的长效机制，秸秆收储运销体系不断健全，秸秆装备力量持续增强，秸秆科技应用水平显著提高。通过"五轮驱动"措施，实施高位推动、政策驱动、平台拉动、示范带动、部门联动等，采用"以用促禁"，有效推动秸秆高效清洁转化，推进秸秆综合利用工作；通过项目支持、政策资金撬动，形成以企业、农户投入为主体，社会资本积极参与的多层次、多渠道、多元化的投资机制，促进秸秆综合利用产业稳健发展。"五轮驱动"模式促进了安徽秸秆由"以禁促用"向"以用促禁"的转变，推动了秸秆大省向资源大省、产业大省的转变，为安徽农业转型发展作出了巨大贡献。

第五章 畜禽粪污综合利用典型模式及解析

模式一 禽类非接触式发酵床养殖模式
——以望江温氏畜牧有限公司为例

1 背景条件

望江县属沿江水网地区,养鸭是传统特色产业。过去,肉鸭等家禽养殖主要是地面平养,鸭与粪便直接接触,发病率和死亡率高,生长缓慢,料肉比高,需大量垫料,粪便污染大等问题突出。肉鸭发酵床平养,虽能解决环保问题,但因肉鸭直接接触垫料而存在一些不足,例如,生物安全风险较大,养殖密度较小,垫料翻扒影响肉鸭生长。2015年,望江县引入广东温氏集团投资兴建望江温氏畜牧有限公司,推广应用肉鸭非接触式发酵床养殖模式,以促进望江养鸭业绿色发展和转型升级。

2 模式流程图

本模式流程图如图5.1.1所示。

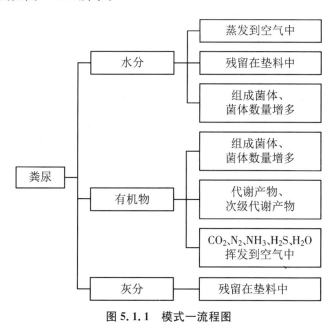

图 5.1.1 模式一流程图

3 模式特点与具体做法

3.1 模式特点

肉鸭非接触式发酵床养殖模式是在传统的接触式发酵床基础上发展起来的,具有四大优点:一是可以直接采用自动化的翻耙机械(图5.1.2)将粪污与垫料均匀翻耕混合,畜禽排泄物能被均匀分解,由于翻耙机系统是与鸭群隔开的,不会引起鸭群产生应激反应。二是由于畜禽不接触发酵床、不接触粪便,细菌、病毒和寄生虫感染的概率大大降低(图5.1.3)。三是垫料的选择范围更加广泛,垫料只要有吸附性就可以,甚至可以选择使用更广泛的玉米秸秆、麦秸秆、稻草等农作物秸秆粉。四是非接触式发酵床的养殖密度比接触式大1倍,生产效益更高。

图 5.1.2 非接触式发酵床模式高床下垫料及翻扒机

图 5.1.3 舍内高床

3.2 具体做法

(1) 非接触式舍内发酵床的建设：

① 网床+自动翻耙机：网床约1.2 m高（距地面），网床可拆卸，便于清洗、消毒与翻耙机的维修。网床下即为地上式发酵床（图5.1.4），垫料厚度为50 cm，配备自动翻耙机，自动翻耙机最大跨度应不大于5 m。

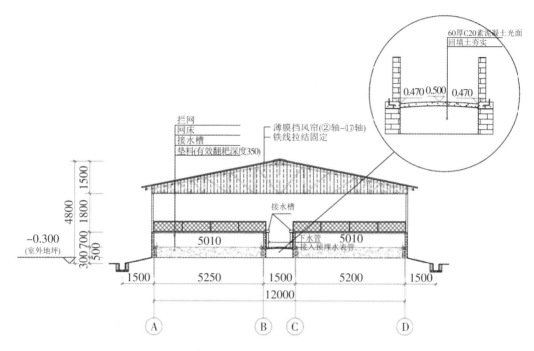

图5.1.4 配备自动翻耙机的非接触式舍内发酵床示意图

② 发酵床床体建设：采用地上式发酵床，地下水位较低、地势高、不渗水的鸭舍地面，可用素土夯实至高于周围地面10 cm后直接铺设发酵床。水位较高、容易渗水的鸭舍地面，建议将鸭舍发酵床基础面通过素土夯实高于周围地面30～50 cm。

(2) 物料准备：

① 垫料：垫料原料以锯末、稻壳为主，其中锯末所占体积比大于70%；也可根据当地的实际情况选择吸水性强、透气、来源丰富的当地农副产品代替部分（20%～30%）锯末或稻壳，例如农作物秸秆、玉米芯粉、蘑菇渣、酒糟、花生壳、切碎打粉的稻草等。垫料需贮存在通风干燥处，并做好防霉措施。按照发酵床面积、厚度计算所需垫料体积（量），垫料厚度大于45 cm。

② 菌种：发酵床中添加的菌种建议采用正规有效的发酵床专用菌剂，菌种添加量按下文操作流程或严格按产品说明书使用。

(3) 发酵床的制作流程：

① 菌种扩繁。为减少工作量，用部分垫料进行菌种扩繁代替所有垫料全部预发酵。以1000 m² 的发酵床为例，用玉米粉约100 kg、锯末4000 kg，按菌种说明书规定的比例加入菌种混匀，调节水分至40%～50%，即手抓垫料成团松开即散，然后在舍外空地堆积成小山状（高度约1 m），一般堆积发酵3天左右，堆体中心温度可达50 ℃以上，即可作为合格的扩繁

菌种；当环境温度较低时，可适当提高堆体高度或延长堆积发酵时间至 5 天左右，以保障菌种扩繁成功。

② 添加菌种：将扩繁好的菌种均匀撒在铺平的发酵床垫料上，厚度约为 5 cm，并翻耙均匀，要求翻耙深度大于 45 cm，之后连续 3 天不翻耙，待发酵床升温后即可启动发酵床。

③ 发酵床的启动：由于防疫要求，21 日前（育雏期）不能进行翻耙，然后按照下文的日常管理操作。

(4) 发酵床的日常管理：

① 水分控制：发酵床能否正常运行的关键点是水分的控制。发酵床含水率必须小于 60%。若发现垫料含水率大于 60%，则需及时补充部分新鲜干爽垫料及部分玉米粉（0.50 kg/m^3），并适度增大翻耙频率。

② 翻耙管理：翻耙频率的确定决定于发酵床的含水率与其中的粪水量。一般情况下，配备自动翻耙机的舍内发酵床翻耙频率为 1～2 次/天；但当发酵床垫料含水率过高（>65%）时，则需适度增大翻耙频率或补加垫料。翻耙宜在喂料、开启风机通风后进行，以降低舍内氨气浓度，减少应激。

③ 菌种补充：根据发酵床的运行情况确定补充菌种的频率。一般情况下，每 20 天左右补菌 1 次。添加量为首次菌种用量的一半，建议补加菌种按照首次添加菌种进行扩繁后再补加至发酵床。

④ 通风换气：通风有助于发酵床水分散失及氨气浓度的降低。通风方式包括：门窗的水平通风；天窗、地窗形成的循环气流通风；机械性通风或强制通风（利用风机通风）。但下雨时要做好门窗、帐幕的防水。

(5) 鸭群出栏/转栏后重复使用垫料的方法：

① 出栏/转栏后垫料维护：除发生过重大烈性疾病外，发酵床垫料经堆积发酵后可多批次重复使用。但每次鸭群转栏或出栏后，须补充菌种（用量按补加量添加），调节水分并翻耙均匀，最好堆积起来发酵（堆体高 1 m 左右）；也可直接补菌、调节水分、翻耙后原地发酵。

② 鸭舍消毒：用塑料薄膜覆盖发酵床垫料后，再按照常规程序进行鸭舍、器具的消毒，之后，必须及时将塑料薄膜掀开或拿走，以防止垫料厌氧发酵或发霉。鸭舍内环境建议进行熏蒸消毒。

③ 鸭群进栏前垫料的铺设：对于发酵床，若空栏期超过 30 天，则重复使用前需补充一次菌种，翻耙均匀后即可进鸭饲养。

4 效益分析

4.1 经济效益

本模式省工、节水，年出栏 2 万只肉鸭只需一个劳动力，劳动生产率提高 1 倍，除去发酵床、翻耙机、垫料、菌种等投入外，每只肉鸭利润比普通养殖方式高 1～2 元。农户自筹资金选择合适场地建造鸭舍，以 1000 m^2 鸭舍计算，总投资约需 20 万元，一年可饲养 3 批肉鸭，每批饲养量约 6000 只，在饲养管理正常的情况下，平均毛利可达 6 元/只以上，两年左右即可收回建舍投资。

经持续的发酵,排出的鸭粪和添加的垫料不断被分解,粪便又成为垫料的一部分,经一个发酵期(2~3年)后,粪污及垫料量只有排出和添加总量的1/3,并可作为有机肥料还田利用或提供给有机肥厂。望江温氏畜牧有限公司及其所带农户通过与种植主体或有机肥企业签订发酵床垫料使用或委托处理协议,最后实现养殖粪污资源化利用。

4.2 生态效益

本模式可大幅减少粪污量,实现无臭味和零排放。当前,环保问题日益受到国家和社会各界的重视,畜禽养殖污染问题成为制约畜牧业可持续发展的瓶颈,有不少地方的畜禽养殖场因为环保问题被迫关闭。肉鸭非接触式发酵床养殖模式为肉鸭等畜禽养殖营造了一个舒适清洁的全新环境,是促进畜牧产业转型升级,开展农业特色产业精准扶贫的首选模式之一,对实现畜牧业与环境保护协调发展有重要作用。

4.3 社会效益

本模式是广东温氏集团在广东、浙江等地推广应用较为成功的生态环保养殖模式,适用于不同的区域,设施建设和操作管理简便易行。通过应用肉鸭非接触式发酵床养殖模式,望江温氏畜牧有限公司不仅完全承担由于价格频繁波动所导致的市场风险,而且安排技术人员全程指导做好发酵床管理和疫苗接种等日常工作,把环保压力和疫病风险降到最低。2017~2018年,公司所带农户特别是贫困户应用这种模式所取得的经济效益累计达3000万元。

望江温氏畜牧有限公司在广大农户中推广肉鸭非接触式发酵床养殖模式,对增加农民收入、助力脱贫攻坚、保护生态环境发挥了重要作用。本模式已成为当地实现畜牧生产与环境协调发展的典型模式。

5 模式应用和推广前景

随着我国养殖业规模化、集约化、标准化发展,以及政府对养殖环保问题的重视,利用非接触式发酵床技术处理养殖场粪污不仅可以实现养殖场粪污"零排放",而且治污能力强,是传统沼气生态治理模式的1.8倍,相较于工业化治理模式,操作上更加简便。同时,畜禽粪污经发酵床垫料发酵后能提高肥效,可作为有机肥利用和出售,还田后还能增加土壤的有机质,改良土壤,减少化肥的使用,提升农作物的安全性,使农业生产走向绿色、可持续发展之路。由此可见,这种模式不但能产生较高的经济效益,同时还具有极大的社会效益和生态效益。非接触式发酵床技术在养殖粪污处理上具有广阔的应用前景,值得大力推广。

6 专家解析

由于非接触式发酵床在畜禽舍垂直下方,距离仍较近,故仍存在通过空气、气溶胶传播病原体,以及发酵不好时产生的氨气臭味影响畜禽健康的问题,建议鸭舍使用风机及湿帘,用于舍内通风和夏季降温。

非接触式发酵床可使用2~3年,但平时也要根据情况经常补充新鲜垫料和发酵床专用菌种，避免死床。控制发酵床的水分很关键，如果水分超过60%，则基本上就是死床的状态，如果管理不到位，会比传统鸭舍更臭。

在饮水器选用与设置存在问题导致漏水时，将会引起发酵床湿度太大，此时建议采取喷洒吸湿性强的非金属矿土、补充菌种和新鲜干垫料吸附多余水分，及时调整垫料湿度，这不仅可有效控制氨味和臭味产生，还能最大程度降低死床发生率。

模式二 畜禽粪污资源化利用"12345"模式
——以宿州市畜禽养殖废弃物资源化利用为例

1 背景条件

随着畜牧业绿色发展理念深入人心,畜禽粪污无害化处理和资源化利用成为人民群众普遍关心的问题。畜禽养殖粪污处理不当,会给周围环境带来较大压力,导致农村生态环境问题日益突出,一定程度上制约了当地畜牧业健康稳定发展;如果处理得当,就会变成可降解、可利用的宝贵资源。

安徽泗县作为全国畜禽粪污资源化利用重点县,在有效利用畜禽养殖废弃物、加快推进畜禽粪污资源化利用方面,以畜禽规模养殖场为重点,坚持政府支持、企业主体、市场化运作的方针,持续提高了畜禽粪污综合利用率。在推进畜禽养殖废弃物资源化利用工作中梳理提炼了"宿州12345模式",被安徽省农业农村厅作为典型做法予以刊发并在全省范围内推广。

2 模式流程图

本模式流程图如图5.2.1所示。

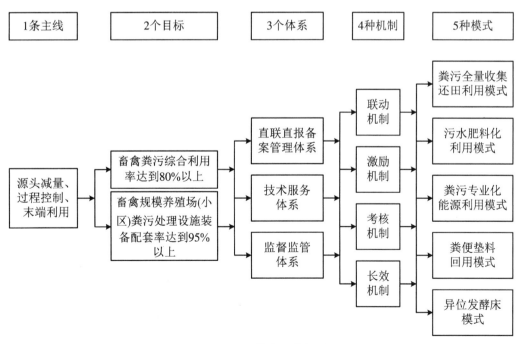

图 5.2.1 模式二流程图

3 模式特点与具体做法

3.1 模式特点

宿州市畜禽养殖废弃物资源化利用路径可总结为"宿州12345模式",即:"1条主线、2个目标、3个体系、4种机制、5种模式"。本模式以畜禽养殖大县和规模养殖场为重点,坚持政府支持、企业主体、市场化运作的方针,持续提高畜禽粪污综合利用率,初步构建了种养结合、农牧循环的可持续发展新格局。本模式相关图片如图5.2.2~图5.2.6所示。

图 5.2.2 宿州区域性畜禽粪污处理中心

图 5.2.3 宿州信达废弃物资源化利用

图 5.2.4 牛粪资源化利用效果图

图 5.2.5 粪污集中收集处理效果图

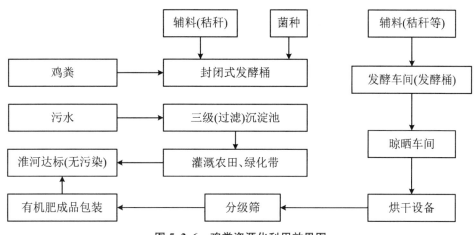

图 5.2.6 鸡粪资源化利用效果图

3.2 具体做法

(1) 1条主线:源头减量、过程控制、末端利用。

源头减量就是要大力发展标准化规模养殖,建设自动喂料、自动饮水、环境控制等现代化装备,推广节水、节料等清洁养殖工艺和干清粪、微生物发酵等实用技术,控制粪污产生量,规范投入品使用,防止粪便中铜、磷和药物超标,实现源头减量。

过程控制就是要大力开展畜禽粪污处理利用设施建设与改造提升。全市所有规模养殖场应根据养殖规模和污染防治需要,配套建设相应的粪污处理设施。

末端利用就是要探索构建种养循环和市场化运营发展机制。发挥现有典型的示范带动作用,按照就近就地利用的原则,推广种养循环自我消纳的生态小循环、生态中循环粪污治理模式。鼓励养殖场自行处理畜禽养殖废弃物,生产销售商品有机肥,或流转土地发展种植,就近消纳。鼓励在养殖密集区域建立粪污集中处理中心,探索规模化、专业化、社会化运营机制。通过支持在田间地头配套建设管网和储粪(液)池等方式,解决粪肥还田最后一公里问题。鼓励将沼液和经无害化处理的畜禽养殖废水作为肥料科学还田利用。支持采取政府和社会资本合作(PPP)模式,调动社会资本积极性,形成畜禽粪污处理全产业链,逐步培育支撑农牧循环的新产业,培育壮大多种类型的粪污处理社会化服务组织,实行专业化生产、市场化运营。鼓励建立受益者付费机制,保障第三方处理企业和社会化服务组织合理收益。

(2) 2个目标：到2020年底，全市畜禽粪污综合利用率达到80%以上，畜禽规模养殖场（小区）粪污处理设施装备配套率达到95%以上。

(3) 3个体系：直联直报备案管理体系、技术服务体系、监督监管体系。

直联直报备案管理体系：农业农村部开发了养殖场直联直报信息平台，对养殖场、粪污资源化利用机构等基础信息实行全国联网、统一编码管理，实现了全覆盖监管和信息可追溯。及时将粪便污水贮存、处理、利用设施合格的规模养殖场，上传至畜禽规模养殖场直联直报信息系统，作为核定规模养殖场粪污处理设施装备配套率的重要依据。

技术服务体系：各级农牧部门积极推广运转成本低、治理效果好的畜禽清洁生产技术，深入开展养殖布局、场舍建设、饲料生产、饲喂方式、粪污处理、机械设备、农牧结合等关键环节技术集成配套与应用推广。提高资源转化利用效率，加大技术培训，加强粪肥还田技术指导，确保科学合理施用。加强示范引领，提升畜禽养殖场粪污资源化利用水平。通过技术示范、技术培训等多种方式，加快污染治理技术推广利用步伐，把低氮饲料生产使用、干清粪生产、污水低成本处理、发酵床养殖和资源化利用等先进实用技术，尽快应用到生产实践中。

监督监管体系：严格落实畜禽规模养殖环评制度。各县区畜禽规模养殖相关规划要依法依规开展环境影响评价。新改扩建的畜禽规模养殖场应严格执行环境影响评价制度，建设完备的粪污收集、贮存、处理、利用设施装备，做到全覆盖、无死角，配套与养殖规模和处理工艺相适应的粪污消纳用地。对未依法进行环境影响评价的畜禽规模养殖场，由环保部门予以处罚。确保畜禽规模养殖场直联直报信息系统的时效性、准确性，完善肥料登记管理制度，强化有机肥产品的监督，加强有机肥产品及原料的认证。对设有固定排污口的畜禽规模养殖场，依法核发排污许可证，依法严格监管。对畜禽粪污全部还田利用的畜禽规模养殖场，将无害化还田利用量作为统计污染物削减量的重要依据。县区农牧、环保部门建立并组织实施"双份清单管理"，即每个畜禽养殖企业确定一套治污模式，提出一份完成治污达标时间表。编制畜禽养殖废弃物资源化利用模式名录，明确年度任务，实施分类指导，按照"一场一策、限期完成、验收销账"的监管方式，确保所有在册畜禽规模养殖场按期按质实现畜禽养殖废弃物资源化利用。

(4) 4种机制：

① 构建联动机制，落实工作责任：畜禽养殖废弃物资源化利用是一项系统工作，需要多部门协作联动。市政府成立了宿州市推进秸秆综合利用和畜禽废弃物资源化利用工作领导小组，农业农村、生态环境、发改、国土、农机、税务等部门参与，各司其职、加强协作、合力推进。农业部门要加强对养殖场（小区）废弃物综合利用的指导和服务，积极推动畜禽养殖规范化建设；生态环境部门要加强环境监管，严厉打击养殖场（小区）污染环境违法行为；规划、国土部门要进一步完善城乡规划和土地利用规划，依法做好违法用地的调查确认和查处工作；其他部门要按照职责分工，做好畜禽养殖规范化建设相关工作。畜禽规模养殖场要严格执行畜禽污染防治相关法律法规，切实履行环境保护主体责任，配套建设污染防治配套设施并保持正常运行，确保粪污资源化利用。禁止将畜禽粪便、沼液、沼渣或者污水等直接排入水体或者其他外环境。畜禽养殖标准化示范场要带头落实，切实发挥示范带动作用。

② 构建激励机制，加大财政投入：市、县、区政府均须安排必要资金，保障畜禽养殖废弃物资源化利用工作的实施。市财政每年安排专项资金支持畜禽养殖废弃物资源化利用工作，对建设畜禽养殖废弃物资源化设施的企业给予奖补。

③ 构建考核机制，强化监督问责：市政府制定《宿州市畜禽养殖废弃物资源化利用考核

办法(试行)》,以畜禽规模养殖场粪污处理、有机肥还田利用等指标为重点,建立畜禽养殖废弃物资源化利用绩效评价考核制度,纳入市政府对县、区政府的绩效评价考核。定期通报工作进展,层层传导压力,强化考核结果应用,建立责任追究机制。

④ 构建长效机制,确保取得实效:在推进畜禽养殖污染治理和资源化利用工作中,对养殖场户实施"五个一模式",即一份责任书、一份告知书、一份协议书、一份指导手册、每月一次督导巡查。一份责任书是指与养殖场户签订污染治理和资源化利用责任书,对养殖场户依法履行治污主体责任进行约束和规范。一份告知书是指对没有按期完成污染治理的养殖场户及时予以提醒告知。一份协议书是指养殖场户与粪污消纳方和病死畜禽无害化处理厂签订粪便消纳协议和病死畜禽无害化处理协议。一份指导手册是指编印畜禽养殖污染治理和资源化利用技术指导手册,发放到户。每月一次督导巡查是指每月对养殖场污染治理和资源化利用工作至少组织开展一次巡查,对发现的问题每月一次点名道姓地通报,督促有关县区、乡镇、企业限时整改。

在构建长效机制上要端口前移,重点在如何让养殖场户"不敢污染、不能污染、不想污染"上下功夫。农牧、环保部门要联动,定期督查和不定期检查相结合,对偷排、漏排等污染环境的,发现一起、查处一起,让养殖场因畏惧而"不敢污染"。各县区要实现规模养殖企业联系包保全覆盖,确保每个养殖场粪污处理设施配套建设到位,并确保正常运行,要公布举报电话,让民众及社会媒体共同参与监督。力争通过线上网络化、线下网格化和社会化监督相结合机制的制约让养殖场户"不能污染"。要发展生态循环农业,培育种养结合、有机肥加工、沼液配送服务组织等生产服务主体,解决好畜禽养殖废弃物资源化利用问题,让养殖场户"不想污染"。

(5) 5种模式:

① 粪污全量收集还田利用模式:对于养殖密集区或大规模养殖场(小区),集中收集并通过氧化塘贮存对粪污进行无害化处理,作物收割后或播种前,施用到田,减少化肥施用量。

② 污水肥料化利用模式:对于有配套土地的规模养殖场(小区),养殖污水通过氧化塘贮存或沼气工程进行无害化处理,在作物收获后或播种前作为底肥施用。

③ 粪污专业化能源利用模式:依托大规模养殖场(小区)或第三方粪污处理企业,对一定区域内的粪污进行集中收集,通过大型沼气工程或生物天然气工程,实现沼气发电上网或提纯成生物天然气,沼渣用于生产有机肥,沼液通过农田利用或浓缩使用。

④ 粪便垫料回用模式:规模奶牛场(小区)粪污进行固液分离,固体粪便经高温快速发酵和杀菌处理后用作牛床垫料。

⑤ 异位发酵床模式:粪污通过漏缝地板进入底层或转移到舍外,利用垫料和微生物菌进行发酵分解。采用公司+农户模式的家庭农场推荐采用舍外发酵床模式,规模生猪养殖场(小区)推荐采用高架发酵床模式。

4 效益分析

4.1 经济效益

通常,存栏量2000头的养猪场日产污水约30 t,出栏1头生猪污水处理成本为20元;存栏量1000头的奶牛场日产污水约100 t,1头奶牛每年的污水处理费用为260元。如果加上折旧和固体粪便的处理,成本还要增加50%。宿州市是畜禽养殖大市,2016年生猪饲养量约300万头,牛饲养量约18万头,羊饲养量约259万只,家禽饲养量约1亿只。每年约产生粪尿1026.9万t,其中粪763万t,尿263.9万t。开展宿州"12345"畜禽养殖废弃物资源化利用工作以后,每年可减少生猪污水处理成本6000万元左右,减少奶牛的污水处理费用4680万元左右,大大提高了经济效益。

4.2 生态效益

以畜禽养殖大县和规模养殖场为重点,坚持政府支持、企业主体、市场化运作的方针,持续提高畜禽粪污综合利用率。同时通过粪污全量收集还田利用、污水肥料化利用、粪污专业化能源利用、粪便垫料回用、异位发酵床模式,达到低碳无污染、废水零排放,减少疾病发生,实现养殖业和农业的生态循环,有利于畜禽养殖业的可持续发展。

4.3 社会效益

近年来,我国农业农村经济稳定发展,农民收入水平明显提高,思想观念和生活方式也发生较大变化,改善农村人居环境的愿望更强烈。加快畜禽养殖废弃物资源化利用,不仅可以有效改变农村脏乱差的面貌,而且可以通过生产沼气、生物天然气或发电上网,优化农村用能结构,给农村生活方式和能源消费带来革命性变化。

5 模式应用和推广前景

截至2018年底,自本模式在安徽泗县示范推广以来,全市共有规模养殖场2172家,已建成粪污处理设施1960家,粪污处理设施装备配套率达90.2%,取得了良好的应用效果。本模式一次性投资较大,适合在大规模的养殖大县、有突出的畜禽养殖污染问题的经营主体中推广应用。

6 专家解析

本模式结合宿州实际,针对宿州畜禽养殖体量大、分布广的特点提出,以畜牧大县和规模养殖场为重点,突出"源头减量、过程控制、末端利用"这条利用主线;明确到2020年底,全市畜禽粪污综合利用率达到80%以上,畜禽规模养殖场(小区)粪污处理设施装备配套率达到95%以上;建立直联直报备案管理体系、技术服务体系、监督监管体系;构建联动机制、激励机制、考核机制、长效机制,确保取得实效,推广粪污全量收集还田利用模式、污水肥料化利用模式、粪污专业化能源利用模式、粪便垫料回用模式、异位发酵床模式。全市推进畜禽养殖污染治理,建成科学规范、权责清晰、约束有力的畜禽粪污治理与资源化利用体系,促进了养殖区域生产优化调整。

模式三 蛋鸡养殖履带清粪及反应器堆肥一体化模式

1 背景条件

传统的蛋鸡养殖采用阶梯式鸡笼、刮粪板清粪加储粪池模式饲养，鸡粪在舍内粪沟和舍外储粪池存放过久易厌氧发酵，产生臭气对外排放并发生粪便水化现象，存在后续运输污染、处理成本增加、无害化处理难度加大等问题，成为限制蛋鸡产业发展的瓶颈因素。随着履带式清粪技术和设施化好氧堆肥技术不断完善和推广，蛋鸡规模饲养产生的大量鸡粪由以往的污染源转变成有机肥资源而得到较好利用。

2 模式流程图

本模式流程图如图 5.3.1 所示。

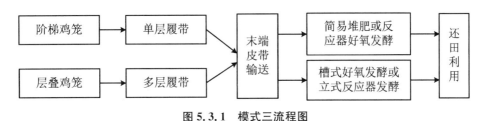

图 5.3.1 模式三流程图

3 模式特点与具体做法

3.1 模式特点

履带式清粪目前主要应用于 4~8 层层叠式（H 形）笼养和 3~5 层阶梯式（A 形）笼养两种饲养模式。层叠式笼养在每一层鸡笼下端安装纵向输粪履带，每层履带承接输送上一层鸡笼产生的鸡粪；阶梯式笼养仅在最下层鸡笼底部安装一层纵向输粪履带，承接输送所有阶梯鸡笼产生的鸡粪。输粪履带需选用强度大、韧性好、耐腐蚀的聚丙烯材料。根据养殖模式、养殖规模的不同，每天清粪次数不同，一般层叠式笼养每日清粪 1~2 次，阶梯式笼养每日 2~3 次。在单列式鸡舍污道山墙内侧或外侧安装加装防雨盖的横向输粪履带，每天将鸡舍产生的鸡粪输送至下风向的简易堆肥场的卧式或立式反应罐内，添加适量稻壳粉或秸秆粉、微生物菌种混匀进行高温好氧发酵并后熟，制成高品质的鸡粪肥，减小了鸡粪厌氧发酵的几率，减少了氨气、硫化氢等异味气体的产生，实现清洁化生产。

3.2 具体做法

（1）纵向履带清粪技术：适用于（窗密）闭式鸡舍，使用 4~8 层层叠式笼养或 3~5 层阶梯式笼养设备,夏季采用湿帘+风机纵向通风降温系统,冬季采用侧窗或屋檐进风的混合通风模式。

运行与安装:履带式清粪系统由舍内的纵向履带清粪设备、舍内或舍外横向皮带输送设备组成(无法直接将鸡粪输送至鸡粪堆肥反应器的可安装一台斜向皮带输送机),包括电机、减速机、链传动、主动辊、被动辊和履带等。应选择质量好、强度高、不易胀缩的优质履带,以免频繁更换。

层叠式笼养履带式清粪系统,是在每层鸡笼的下面均设置一条纵向清粪带;阶梯式笼养履带式清粪系统,是在最下层鸡笼距离地面10～15 cm仅安装一条清粪履带。

运行特点:笼养蛋鸡鸡群产出的鸡粪零散地落在清粪带上,在纵向流动空气或鸡笼中间风管的作用下,鸡粪的大部分水分带出舍外或显著减少,使鸡粪含水量大大降低。在粪便清理时,由于清粪带平整光滑,被清出舍外的鸡粪呈颗粒状,易于后续加工处理,并降低了鸡舍内的氨气浓度。鸡粪从舍内输送至舍外粪车或相邻有机肥厂输送管道全过程中,鸡粪不落地,生物安全水平显著提高。

常见问题及解决方法:采用履带式清粪经常出现的问题包括清粪履带跑偏、粪带上鸡粪稀薄及清粪时驱动辊转动而输粪带不动等,这些问题产生的原因及解决方法如下。

清粪带跑偏原因:① 覆胶辊与驱动辊不平行;② 清粪带两端长短不一;③ 笼架不直。解决方法:① 调节覆胶辊两端螺栓,使其平行;② 在连接处重新找正焊接;③ 重新矫正笼架。

粪带上鸡粪稀薄原因:① 饮水器漏水;② 接水槽连接处密封不好;③ 鸡只拉稀;④ 通风时间过短,常见于阶梯笼养鸡舍。解决方法:① 更换饮水器;② 将连接处涂密封胶;③ 投药治疗;④ 确保阶梯笼养鸡舍温度(冬季不低于18 ℃,夏季不高于30 ℃)条件下,增加通风量和通风时间。

清粪时驱动辊转动而输粪带不动原因:① 鸡粪过多,未及时清理;② 胶辊与驱动辊未顶紧,③ 有异物卡住清粪带。解决方法:① 应定期运行输粪带清粪;② 拧紧驱动辊两端张紧螺栓;③ 排除异物。

(2) 横向皮带输粪技术:横向皮带输粪机构的安装分为单栋鸡舍和联栋鸡舍两种,单栋鸡舍内横向输粪鸡舍末端至舍外安装斜向皮带输粪机,将鸡粪输送至粪车上,运送至堆肥车间;联栋鸡舍末端横向输粪皮带机可连为一体,分段安装电机,舍外露天部分可加盖遮雨用A形塑料或金属挡板。本模式可将场区内的鸡粪直接输送至场区下风向的堆肥车间储粪池堆放,或直接输送至鸡粪堆肥反应器的进粪口,在输送过程中可以根据鸡粪含水率(夏季含水量超过80%),按比例将稻壳粉、锯渣或其他粉碎的秸秆粉(30～40目)及适量微生物菌种均匀加入输送皮带上的鸡粪中一同进入发酵罐内进行好氧发酵。

(3) 反应器好氧发酵技术:采取自建塑料大棚简易条垛式或槽式堆肥翻耙机翻耙模式,是定期集中进行鸡粪无害化处理的有效形式,但是存在臭气难以控制而污染环境问题。采用反应器好氧堆肥发酵技术使鸡粪快速达到高温(罐内温度50～60 ℃),好氧发酵过程在密闭的罐体内进行,大大减少了臭气的产生。本模式要求物料(鸡粪+碳源辅料)的含水量达到60%～65%,碳氮比为1:25～1:30,细菌成长温度达到25 ℃以上,通氧量大于40 chm(英尺^3/分)。但本模式需要两次翻抛5～7天,需要较大的场地面积。

4 效益分析

4.1 经济效益

本模式将蛋鸡场当天产生的新鲜鸡粪通过纵横向输送履带直接送入封闭式好氧堆肥反应器内发酵而进行无害化处理,鸡粪含水量减少15%以上,减少了鸡粪周转运输费用,确保蛋鸡养殖的生物安全。据测算,存栏5万只蛋鸡场日产5 t鸡粪,选用9个立方发酵罐,产出有机肥3 t/d,日耗电量65 kW·h、日耗辅料1 t、菌种2 kg,每天生产成本400元,有机肥售价按400元/t计,合计每天收入800元,年利润约24万元(一年按300天计算),变废为宝,效益显著。

4.2 生态效益和社会效益

采用本模式使规模蛋鸡养殖场产生的鲜鸡粪实现了粪不落地封闭式输送,直接进行好氧发酵除臭、杀灭寄生虫卵而完成有机肥生产全过程,实现鸡粪快速无害化处理,生产高品质有机肥用于种植业,实现种养循环,有明显的生态效益和社会效益。

5 模式应用与推广前景

商品蛋鸡规模养殖每天产生大量的鸡粪,有效降低鸡粪含水率、缩短鸡粪水化时间,提高鸡粪快速好氧发酵的效率和质量、减少对周边环境的不利影响(尤其是臭气),是近年来蛋鸡养殖场(户)设施改造、提质增效的主要目标。履带式清粪模式,首先应用于商品蛋鸡多层层叠式笼养,因减少鸡粪含水率与舍内有害气体含量,提高了鸡粪原料质量和鸡舍生物安全水平,近年来在阶梯式笼养鸡舍改扩建清粪模式改造中得到广泛推广。反应器堆肥模式虽然增加了后续一次性设备购置和场地建设成本,但在鸡粪除臭和资源化利用中成效非常显著,能够达到国家环保法的要求,在各地开展的畜禽粪污资源化利用整县推进项目畜禽舍节水工艺改造和有机肥加工中可列入重点支持范围。因此,本模式具有良好的推广应用前景。

6 专家解析

蛋鸡规模养殖履带清粪技术是实现蛋鸡清洁化生产的关键技术,鸡粪反应器快速好氧发酵是实现鸡粪无害化处理和资源化利用的主要技术路径,两者有机结合是标准化规模蛋鸡场实现蛋鸡高效生态养殖、农牧有机结合的重要方式。在本模式运用过程中,需结合养殖场(户)的实际情况和当地资源状况,进行工艺改进和有机肥生产加工。如将原来采用阶梯笼养粪沟刮粪板清粪工艺改造为履带输粪工艺,需将粪沟和储粪池填埋平整并封闭鸡舍末端,防止鸡舍密闭性降低,影响风机降温、换气和风干履带鸡粪的通风效果;单列式鸡舍末端如果地下水位过高,则不适宜采用联栋鸡舍末端一体化皮带输送鸡粪模式;选用鸡粪堆肥反应发酵罐时,需根据其生产工艺流程进行配套设施建设,生产出的鸡粪肥料因工艺不同,产品成分和功效也不尽相同,有的达到有机肥国家标准,有的则是无臭味、低含水率的纯鸡粪,应根据当地种植业结构、土壤状况进行科学合理利用。

模式四　粪污异地集中处理基质化利用模式
——以太湖县小池镇畜禽粪污集中处理中心为例

1　背景条件

随着畜禽养殖业的迅速发展,养殖业面源污染成为农业面源污染的重要来源,农业和农村生态环境问题日益突出。太湖县地处安徽省西南部丘陵低山区,是国家重点生态功能区、农产品质量安全县、生猪调出大县,同时也是大别山区深度贫困县。畜牧业是太湖县的主导产业,也是脱贫攻坚工作的重要抓手,2017 年申报实施了首批中央财政畜禽粪污资源化利用项目。在项目实施中,结合县域地理环境、养殖分布情况以及企业产业基础,建设了三个布局合理、规模适中、产业稳固的处理中心。

太湖县小池镇畜禽粪污集中处理中心实施前是太湖最大的苗木和栽培基质生产企业,年销售轻基质无纺布育苗容器 2 亿个,下属花卉苗木产业扶贫基地占地面积 5800 亩,年产绿化苗木 1000 万株。该中心采用粪污专业基质化利用+污水肥料化还田利用方式,年处理畜禽粪污 5 万 t,农作物秸秆 2 万 t。主要产品为有机育苗基质,设计年产量 3 万 t,部分销售,部分自用。副产品为液态肥(沼液),用于企业 2000 亩苗木种植基地水肥一体化生产。

2　模式流程图

本模式流程图如图 5.4.1 所示。

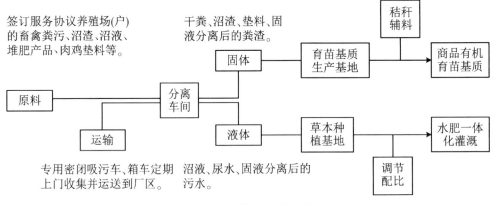

图 5.4.1　模式四流程图

3 模式特点与具体做法

3.1 模式特点

太湖县小池镇畜禽粪污集中处理中心专业从事有机苗基质肥、轻基质无纺布育苗容器、有机肥料和绿化苗木生产的农业产业化,采用粪污专业基质化利用+污水肥料化还田利用技术处理畜禽粪污和农作物秸秆,生产育苗基质,副产液态肥(沼液)。本模式结合县域地理环境、养殖分布情况以及企业产业基础,在传统畜禽粪污资源化利用项目单纯生产有机肥的基础上,开发商品有机育苗基质肥、育苗容器,提升了产品附加值,大大拓宽了畜禽粪污的资源化利用效益;并且在产业扶贫基地配套先进的水肥一体化技术,多渠道、全量化利用畜禽粪污。通过延伸产业链,推动畜禽粪污资源化利用产业融合发展。

3.2 具体做法

(1)粪污收储:该中心配有粪污专用密闭运输车(图5.4.2)5台(3～5 t)、固体粪污收储棚(图5.4.3)2000 m²、液体粪污双黑膜厌氧发酵池4500 m³(多个)。

图5.4.2 粪污专用密闭运输车

图5.4.3 固体粪污收储棚

(2)粪污处理:用于生产基肥和育苗基质(图5.4.4和图5.4.5)。

图5.4.4 基肥生产

图5.4.5 育苗基质生产

(3)轻基质无纺布育苗容器肥料生产(企业拥有的专利技术):将畜禽粪污、秸秆等农业废弃物好氧发酵后加工成有机肥,再添加少量土壤、蓬松矿石、微量元素等成分后,二次混合发酵成营养均衡、含水量40%以下的有机育苗基质,再用可降解无纺布包装成商品育苗容器(成分、大小均可定制,见图5.4.6和图5.4.7)。

图5.4.6　轻基质无纺布育苗容器

图5.4.7　半自动化育苗容器生产车间

(4) 水肥一体化还田利用:企业下属花卉苗木产业扶贫基地配套有自动化控制水肥一体化节水滴灌、喷灌系统,将养殖场粪水、尿液、沼液等液体粪污集中收集后进行厌氧发酵,充分熟化后过滤至含固量在6%以下,再通过自动调节系统与灌溉水混合调节至一定比例,通过泵房增压、管道输送到田、林、地间进行喷灌或者滴管(图5.4.8和图5.4.9)。

图5.4.8　水肥自动调节泵房

图5.4.9　水肥一体化喷灌系统

(5) 运营方式:

① 粪污收运:企业与养殖场(户)签订有偿服务协议,安排专业车辆、人员上门收运粪污。

② 还田利用:固体粪污:加工成有机肥、有机育苗基质,部分深加工成商品轻基质无纺布育苗容器销售到全国多个省份,部分直接用于企业自营苗木基地。

液体粪污:厌氧发酵,充分熟化后,通过水肥一体化系统灌溉企业5800亩自营苗木基地。

(6) 运行机制:

① 签订协议:在政府鼓励下,第三方集中处理中心辐射范围内的养殖场(户)与处理中心签订委托服务协议,按照每次处理量支付服务费用,并且登记台账。

② 收费标准:处理中心对养殖场(户)粪污质量制定标准,包括含水量、含固量等指标,不同标准的粪污原料收费不同。

③ 服务方式:采取预约式服务,即处理中心接到养殖场(户)电话预约后,安排专人和专业运输车辆上门收储粪污。

④ 扶持政策：县政府对处理中心年处理畜禽粪污量提出要求，并且根据处理中心年生产商品有机肥、有机育苗基质数量，给予一定奖补（2018年县级农业产业化政策要求处理中心生产销售产品达到10000 t，每吨补助50元）。

4 效益分析

4.1 经济效益

年产袋装粉状有机育苗基质、有机肥 1 万 t，按照 800 元/t 计算，产值共计 800 万元；企业年产轻基质无纺布育苗容器 2 亿个，按现市场价 0.15 元/个计算，总产值 3000 万元；年产轻基质无纺布大杯苗 1000 万株，按 1.8 元/株计算，产值共计 1800 万元。综上，项目产生直接及相关经济效益 5600 万元，直接经济效益 2000 万元。

4.2 生态效益

通过本项目的实施，能全量消纳约 5 万头生猪产生的粪污，有效解决服务区域内畜禽粪污产生的环境污染，同时大量减少化学肥料施用量，保护和改良土壤。

4.3 社会效益

公司现为太湖县花卉苗木产业扶贫龙头企业，现有苗木基地 5800 亩，其中本项目实施的核心区 2000 亩为公司特色苗木产业扶贫基地，按照每 10 亩吸纳一户贫困户计算，本项目实施范围内能带动 200 个贫困户增收。通过本项目的实施，增加 40 个就业岗位，能为农村劳动力提供良好的就近就业机会。

5 模式应用和推广前景

安徽乐林农林科技有限公司 2017～2018 年建设了太湖县畜禽粪污资源化利用项目的三个处理中心之一的太湖县小池镇畜禽粪污集中处理中心。在原有产业基础上投资 1011 万元，购置了畜禽粪污转运、有机肥、有机育苗基质生产、水肥一体化利用等设备，建成年处理畜禽粪污 5 万 t、农作物秸秆 2 万 t 的第三方集中处理中心，现拥有育苗轻基质网袋容器生产线 16 条，加工车间、厂房等共计 20000 m^2，其中发酵加工车间 5000 m^2，发酵大棚 4000 m^2，原料收储棚 2000 m^2，产品成品加工车间 9000 m^2。

该处理中心服务区域以太湖县小池镇为中心，辐射晋熙镇、新仓镇等周边地区。区域内现有规模养殖场 170 个、专业户 340 个，年养殖生猪 7.2 万头、牛 1680 头、羊 5460 只、家禽 700 万羽，每年累计产生粪污约 8.5 万 t。企业现有花卉苗木、油茶、果蔬种植基地 5800 余亩，设施农业 10 万 m^2，年生产花卉苗木轻基质容器苗 3000 万株。

本模式以区域农业产业化龙头企业为依托，结合地域地理环境、养殖分布情况以及企业产业基础，借助企业"粪污专业基质化利用＋污水肥料化还田利用"产业技术优势，通过产业链上、下游的延伸拓展，实现畜禽粪污的有效利用，取得了良好效果，形成了可复制、可推广的粪污异地集中处理专业基质化利用模式，有良好的应用和推广前景。

6　专家解析

本模式以企业"粪污专业基质化利用＋污水肥料化还田利用"技术为基础,专业化收集周边养殖粪污,加工转化为高值育苗基质,实现畜禽粪污异地集中处理资源化、生态化高值高效利用。实施本模式的区域农业产业化龙头企业在传统畜禽粪污资源化利用仅单纯生产有机肥的基础上,开发出商品有机育苗基质肥、育苗容器,并且销售到全国多个省份,提升了产品附加值,大大拓宽了畜禽粪污的资源化利用效果;并且在产业扶贫基地配套了先进的水肥一体化技术装备,多渠道、全量化地利用了畜禽粪污。本模式通过延伸产业链,推动畜禽粪污资源化利用产业融合发展,推广应用前景较好。

模式五 中小散养户粪污处理截污建池收运还田模式

1 背景条件

全国中小散养户(即规模以下,年出栏少于500头)数量多,分布散,粪污处理一直是个难题。针对广大中小散养户普遍存在的粪污和沼液直排问题,实施粪污处理截污建池收运还田模式,开展存在粪污或沼液直排的养殖场户进行建池截污,养殖户通过流转土地或者委托种植户消纳所产生的粪肥,实现畜禽粪污治理和资源化利用,是解决粪污和沼液直排污染问题的重要途径。

2 模式流程图

本模式流程图如图5.5.1所示。

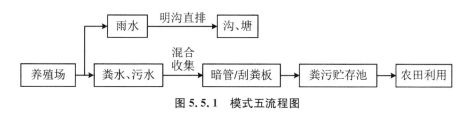

图5.5.1 模式五流程图

3 模式特点与具体做法

3.1 模式特点

本模式适应了中小散养户(养殖场)的特点,不强调必须增加"干湿分离"等处理环节,中小散养户(养殖场)只需根据养殖规模,投入少量资金修建粪污贮存池,能够贮存三个月左右粪污产生量,并确保雨污分流即可,保证粪污不外排,就地发酵腐熟,形成粪肥;所积存的粪肥通过流转土地或者委托种植户使用。本模式由于因地制宜进行处理利用,缩短了工艺链条,减少了处理环节,降低了用肥成本,破解了现有粪污资源化利用模式的高成本瓶颈,让广大养殖户"管得住"粪污,让广大种植户"用得起"粪肥,实现粪污"存得住、用得掉、不排放"。

3.2 具体做法

(1) 截污建池:首先建一个池子,四面砌好砖头,抹上水泥,防止渗漏并隔绝氧气。池子构造简单,成本不高。以前直接排到河沟的粪污,在这里被封堵住了。

(2) 污水源头减量:采用干清粪工艺,猪粪经人工清扫收集,严禁用水冲粪,减少污水产生量。铺设雨污分流管道,雨水通过明沟直排,严禁雨水混入粪池或污水管网。粪水、尿液和饮用侧漏水也收集在粪池中,与猪粪混合发酵。猪饮水侧漏是造成饮用水混入粪池、产生过多污水的主要原因之一,通过改造乳头饮水器为碗式饮水器或通过套管来实现清污分流。

(3)粪污"收运还田":粪污水发酵熟化后,绝大多数病原体和寄生虫卵被杀死,粪污转化为优质肥料,全部就近还田,实现资源化利用。按照养猪户设计存栏规模180头,配套建设固粪堆棚15 m^2(1.5 m高,发酵周期2个月)、污水厌氧发酵池54 m^3(发酵周期1个月)。按照日产干粪0.36 t,平均发酵60天,日产污水0.594 t,厌氧发酵30天,全部就近还田,年可处理和利用干粪131 t,污水217 t。

4 效益分析

4.1 经济效益

收集在粪池中的粪污发酵一段时间后,按照3~5头猪一亩地的标准,与菜农、种植大户、苗木基地等对接,收运到需肥的种植户那里去,按农时合理施用,实现种养结合和资源化利用。菜地和苗木基地每亩增加经济效益2000元左右。

4.2 生态效益

养殖实现近零排放,改善了生态环境,促进了现代畜牧产业发展。推广粪肥可有效地转变目前普遍存在的过度使用化肥问题,有利于减轻土壤板结硬化的状况,对农业生产具有重要的促进作用,为实现农业和农村的可持续发展提供了有效途径。

4.3 社会效益

有利于就地发展养殖业,满足农产品市场供给,促进农民增收。粪污转化为优质肥料,可减少化肥使用,能够改善农产品品质,增加绿色农产品及食品的有效供给,促进循环农业的发展,带动发展绿色种植,同时农民生活环境得到了明显改善。

5 模式应用和推广前景

本模式适合农村中小散养户(养殖场)的现状特点,构建了绿色种植养殖的良性循环。大力推行截污建池收运还田模式,促进了粪污直排污染问题的有效解决,改变了养殖场户"管不住"粪污、种植户"用不动"粪肥的状况,有效带动了当地生态农业发展,对农业转型升级、农民增收具有重要意义,前景广阔。本模式是适合各地分散的中小养殖户、养殖场进行粪污资源化利用的主推模式,在安徽省已有广泛应用。

6 专家解析

中小散养户(场)量大、面广,由于经济实力差、分布散,粪污治理一直是个难题。截污建池收运还田模式适合中小散养户(场)的特点,不强调必须增加"干湿分离"等处理环节,养殖户(场)只需根据养殖规模,投入少量资金建一个粪污或沼液贮存池,就足够贮存三个月左右的粪污产生量,并确保雨污分流即可,保证粪污不外排并就地发酵腐熟;所积存的粪肥按照"有偿清运"的原则,运送至附近需肥的种植户实行"付费还田"。本模式由于缩短了工艺链条、减少了处理环节、降低了用肥成本,提高了专业化程度,破解了既有粪污资源化模式的高成本瓶颈,又让广大养殖户"管得住"粪污,让广大种植户"用得起"粪肥,实现粪污"存得住、用得掉、不排放",是现实条件下中小散养户(场)粪污资源化利用的有效方式。

模式六 生猪散养户秸秆发酵床技术模式

1 背景条件

我国生猪散养户因经济实力差、数量大、分布散等原因,粪污治理一直是个难题,大量畜禽粪污直排造成环境污染。歙县畜牧兽医站推广的秸秆发酵床技术模式,利用经微生物发酵后的农作物秸秆作为散养户养猪垫料,猪粪、尿排泄在垫料上,经垫料中的微生物降解,做到生猪养殖无粪、无污水排放,实现农作物秸秆和畜禽粪污资源化利用。

2 模式流程图

本模式流程图如图 5.6.1 所示。

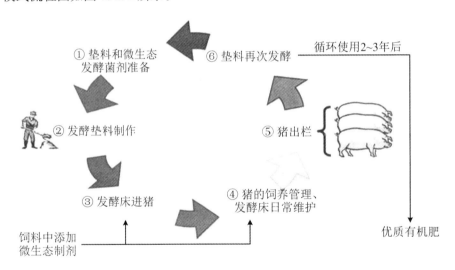

图 5.6.1 模式六流程图

3 模式特点与具体做法

3.1 模式特点

发酵床养殖,畜禽在垫料上生活,粪尿排泄在垫料里,垫料里的有益微生物能够迅速有效地降解粪尿,使得畜禽养殖不再需要清粪和处理污水,且没有任何废弃物排出场外,从而做到了无污染、零排放,较好地解决了养殖场环境污染,同时改善了猪的生活环境和福利。生猪散养户秸秆发酵床技术模式采用以农作物秸秆取代锯末、稻壳,实现农作物秸秆和畜禽粪污资源化利用。

3.2 具体做法

发酵床分两种：一种由发酵池及水泥面两部分组成，面积比为6∶4；一种为全发酵池（食槽底部为水泥面）。发酵池深 0.8～1 m，池底放置 30 cm 深的长圆形杂木。若是自动饮水的，则需建"饮污分离"管道。

(1) 猪舍改造：

① 猪舍一般要求东西走向，坐北朝南，充分采光，通风良好，南北可敞开，通常每间猪圈净面积为 25 m² 左右，猪舍墙高 3 m，屋脊高 4.5 m，屋面朝南的中部具有可自由开闭的窗子。在猪舍北侧建自动食槽，南侧建自动饮水器。建筑结构宜采用棚室结构。

② 沿猪舍地基向地面下挖 100 cm 深坑，坑底面及四周呈现自然暴露和平整状态（无须水泥抹平）。沿坑底设置两个通风口（可用 30 cm 左右 PVC 管引出地面通风）。

③ 标准发酵床一般按照宽 5 m，长 7.5 m 设计，其中长 7.5 m 含发酵床面 5.2 m、猪舍水泥地面 1.3 m、人行过道 1 m。整栋发酵床猪舍长度可按实际自行设计，但以不超过 100 m 为宜。

(2) 铺垫料：

① 坑底先铺上 30～40 cm 深的杂木段（最好为原木）。

② 在杂木上铺 30 cm 厚的秸秆。

③ 在秸秆上铺 30 cm 左右厚、长 3～5 cm 发酵后的秸秆。

(3) 垫料添加：每周添加一次，添加量视垫料干湿度而定。

(4) 垫料处理：生猪出栏后将最上层 30 cm 垫料清理出栏，田间二次堆积发酵腐熟（最好用塑料膜覆盖一周），作为有机肥返田使用。

(5) 推荐配方：发酵液 0.5 kg，代母粉 2 kg，葡萄糖粉 1 kg，粗盐 1 kg，不含消毒剂的清水 250 kg，秸秆 500 kg，无污染的黄泥土 100 kg。上述物品充分混合后堆积发酵，夏、秋季 3～5 天，春、冬季 5～7 天后放入发酵池，随后下栏仔猪饲养。

(6) 注意事项：

发酵池不能有地下水、雨水渗入；所用水不能含有消毒剂，若是消毒的自来水，则需静置 24 小时以上才能使用；尽可能饲喂发酵的饲料；垫料需视板结情况适当进行人工翻堆；备足秸秆。每头猪年可消纳农作物秸秆 500～750 kg，农作物秸秆均可使用，以油菜秸秆、玉米秸秆为好。

4 效益分析

(1) 农作物秸秆作为垫料进行养猪，可大量消纳农作物秸秆。据测算，每头猪发酵床年可消纳农作物秸秆 500～750 kg，每年至少可育肥出栏 2 批猪。

(2) 全秸秆发酵床养猪可以减轻养殖业对环境的污染。采用秸秆发酵床养猪，由于发酵垫料里含有相当活性的土壤微生物，能够迅速有效地降解猪的排泄物，不再需要对猪粪清扫，也不需要用大量的水冲洗猪舍，做到源头减量，不外排养殖废弃物和污水。

(3) 发酵床采用特殊猪舍，通风透气，阳光普照，温湿度均适合猪的生长，猪在发酵床上翻、啃秸秆，运动量增加，能够健康生长发育。同时由于猪啃食了发酵秸秆，消化道内有益菌强势占位，猪很少发病。除驱虫药外抗生素药物基本不使用，猪肉中不含抗生素，从而猪肉品质得到了很大提高。

（4）农作物秸秆经发酵作为饲料可大大提高猪饲料的适口性，猪天生有啃食习惯，发酵的秸秆被猪吃下营养被吸收。实践证明可以节省 10% 以上配合饲料。

（5）节工省本，提高效益。农作物秸秆用于发酵床养猪，由于不需要用水冲洗猪舍，不需要每天清除猪粪，生猪基本不生病，仔猪成活率高。采用自动给食，降低人工费用。采用自动饮水技术，节约用水 80% 以上。平均每头节约用工 20 元、用水 10 元、药费 5 元。

5 模式应用和推广前景

歙县推广畜禽散养户秸秆发酵床技术模式取得了良好效果。歙县余来顺养猪场建设发酵床养猪大棚，长 98.5 m，宽 10.5 m（其中发酵床面 5 m），每栏间隔 5 m（分 20 个栏舍），每栏养殖小猪 40 头（50 kg 以下），出栏大猪 25 头。每批出栏 500 头，一年至少 2 批。大棚建设 25 万～30 万元，水电、沟渠等 250～300 元/m^2。大棚檐高 3 m，顶高 5 m。

养猪效果：① 猪状况好，几乎不生病（特别是没呼吸道疾病）。② 猪舍内部温度适宜，基本保持在 20 ℃ 左右，冬暖夏凉（猪冬天和晚上睡发酵床，夏天和白天睡水泥地面）。③ 节省饲料 10% 左右（约 100 元）。④ 猪舍内部环境相对好，氨味少。

本模式实现了农作物秸秆和畜禽粪污资源化利用，推广前景较好。主要问题如下：农作物秸秆收集、运输、储存、粉碎需大量劳动力，使用成本较高。据测算，饲养一头猪需使用秸秆 500 kg，成本至少增加 250 元左右。秸秆发酵床发酵池深 1 m，其底部需放置 40 kg 的杂木，中部放置未发酵的秸秆 30 cm，最上部放置已发酵的秸秆 30 cm。杂木的放置增加了成本，每平方米发酵池需放杂木 0.4 m^3，成本增加 120 元。发酵床须精心维护，否则易发生死床现象。养殖全过程中养殖场人员需要多次培训并通过实践，才能掌握科学饲养管理技术。

6 专家解析

散养户经济实力差、数量多、分布散，粪污治理一直是个难题。利用经微生物发酵后的农作物秸秆作为散养户养猪垫料，畜禽在垫料上生活，猪粪、尿排泄在垫料上，垫料里的有益微生物能够迅速有效地降解粪尿，使得畜禽养殖不再需要清粪和处理污水，且没有任何废弃物排出场外，做到生猪养殖无粪、污水排放，较好地解决了养殖场环境污染问题。同时改善了猪的生活环境。农作物秸秆作为垫料进行养猪，一头猪可消纳约 500 kg 秸秆，实现农作物秸秆和畜禽粪污资源化利用。

模式七 畜禽粪污第三方收集利用PPP模式
——以阜南县林海生态技术有限公司为例

1 背景条件

阜南县位于安徽省西北部,四季分明,是国家级贫困县、全国农业循环经济示范县。大力发展规模养殖和专业化种植是阜南县脱贫攻坚的重要途径,但同时也对生态环境的建设和农村生产生活环境的保护提出了严峻挑战。为打好农业绿色发展攻坚战,改善生态环境,留住绿水青山,阜南县林海生态技术有限公司开展了阜南县农业废弃物与生物天然气开发利用PPP模式。按照"站田式"生物燃气工程建设和运营业务模式,以县域规划做基础和乡镇大片工程建设为抓手,打通生物燃气原料的"收—建—运"全产业链,为下游用户提供优质稳定的天然气级生物燃气。

2 模式流程图

本模式流程图如图5.7.1所示。

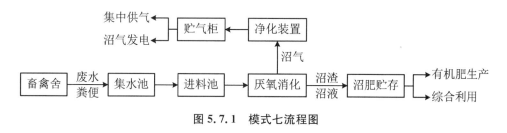

图5.7.1 模式七流程图

3 模式特点与具体做法

3.1 模式特点

本模式采取政府购买服务的方式(PPP模式),由企业对养殖场的粪便和污水集中收集、统一处理,减少小规模养殖场粪污处理设施的投资;专业化运行,能源化利用效率高。

3.2 具体做法

(1)原料收集:原料包括畜禽粪污和秸秆。畜禽粪污来自处理中心周边辐射半径15 km范围内的养殖场,公司出资统一对养殖场进行雨污分流改造,铺设密闭粪污管道,建造可贮存1~3天粪污的贮存池。配置专用吸污车,由公司将每天的清运计划安排到户。对于辐射范围内的农作物秸秆,则可有效补充厌氧发酵所需的原料。

(2)沼气工程(图5.7.2):畜禽废水在经厌氧消化处理后,排灌到农田、鱼塘或水生植物塘,经过多层次的资源化利用,既为无公害农产品生产提供充足的肥源,又实现了粪污的"零排放"。

预处理:由于收集的粪污鸡、鸭粪便可能含有一定量的砂石,为避免泥砂对机器的影响,需设置除砂系统。预处理单元包括化粪池、除砂池、均质进料池、洗砂池等。

图 5.7.2 林海公司沼气工程图

厌氧发酵产气:均质进料池内物料由提升泵打入厌氧消化单元。物料浓度高,提升泵选用单级螺杆泵、半连续进料的方式。采用轴流式干发酵工艺,优点是可以进入高悬浮固体含量的原料;消化器内物料均匀分布,避免了分层状态,增加了底物和微生物的接触机会;消化器内温度分布均匀;进入消化器的抑制物质能够迅速分散,保持较低浓度水平;避免了浮渣、结壳、堵塞、气体逸出不畅和短流现象;易于建立数学模型进行反应模拟和计算。采用碳钢焊接罐技术。钢材的特点是强度高、自重轻、刚度大,用于建造大跨度和超高、超重型的建筑物特别适宜,加工精度高、效率高、密闭性好,故可用于建造气罐、油罐等。

(3) 沼肥生产利用:从粪沟排出的粪污进入调节池搅拌均匀,然后用管道输送到干湿分离机进行固液分离。分离出的液体直接进入贮存池暂存,一般存放 150 天后使用。沼渣沼液固液分离后,沼液经贮存作为农田肥料,沼渣与部分畜禽粪便或秸秆堆肥生产有机肥料,用于循环农业的利用。

4 效益分析

4.1 经济效益

阜南生物天然气 PPP 项目建设完成后,沼气与生物天然气及相关产业年直接收益规模可达 5.65 亿元,可以带动产业规模 28.24 亿元,经济效益显著。

4.2 生态效益

发展农业废弃物沼气与生物天然气利用产业,不仅可解决区域农业面源污染问题,也可改善农村生态环境。三期项目目标分别实现后,COD(化学需氧量)减排量每年分别达 10 万 t、32 万 t、49 万 t;总氮减排量每年分别可达 1109 t、8038 t、12861 t。

4.3 社会效益

沼气与生物天然气产业是典型的民生项目,优势在于改善居住环境的同时,造福于当地居民;通过改善区域能源结构,实现低碳生活;同时产业的实施可以吸纳当地一定数量的劳动力就业,增加居民收入。

5　模式应用和推广前景

阜南县现有的很多养殖场建设之初缺乏干湿分离这一重要的污染防治措施,存在无预留粪污处理设施用地、流转土地困难、缺少消纳土地等问题。本模式主要适用于一定范围内众多小规模养殖场畜禽粪污的集中处理,已在阜南县林海生态技术有限公司推广应用。为了便于沼气工程产生的沼渣、沼液就近利用,实现种养结合,要求周围配套相应的农地、林地或园地,或通过与周边种植业主合作的方式,保障沼渣沼液的消纳土地。目前,全国可用于沼气的农业废弃物资源潜力巨大,本模式值得大力推广。

6　专家解析

本模式通过将养殖场的粪便和污水集中收集统一处理,减少小规模养殖场粪污处理设施的投资;专业化运行,能源化利用效率高。本模式是环境友好型建设项目,建成后基本无废液、固废的排放,废气、噪声采取工程措施后满足达标要求。

第六章 农业环境绿色治理典型模式及解析

模式一 农村废弃物积分兑换模式
——以黄山市垃圾积分兑换和休宁县生态美超市为例

案例一 屯溪区鲍家园中心村、黄山区新华乡董家湾村垃圾积分兑换

1 背景条件

为稳步推进农村生活垃圾治理工作,积极探索环境卫生保洁工作向自然村一级延伸,建立以政府为主导、农民为主体、多方参与、层级管理的卫生保洁长效管理机制,丰溪村制定了一系列相关的约定,实行村民自治。"垃圾不乱扔,垃圾要分类,垃圾要入桶",已写入丰溪村的村规民约。

2 模式流程图

案例一模式流程图如图 6.1.1 所示。

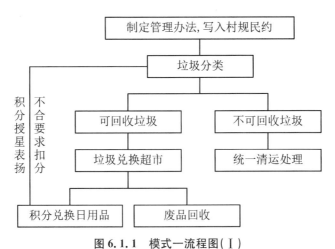

图 6.1.1 模式一流程图(Ⅰ)

3 模式特点与具体做法

3.1 模式特点

本模式在垃圾回收利用过程中,将垃圾分类且计入积分,兑换生活用品,并写入村规民约,促进了乡村垃圾的分类和回收处理(图6.1.2和图6.1.3)。

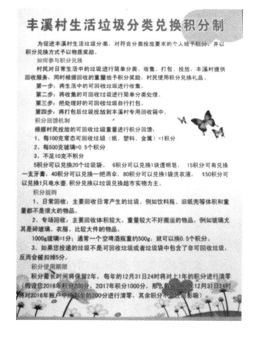
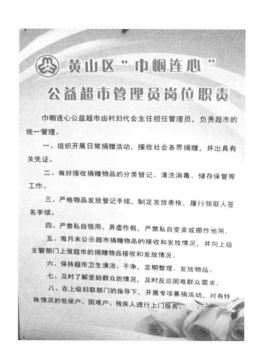

图 6.1.2　黄山市屯溪区丰溪村鲍家园中心村垃圾积分兑换点及相关制度

3.2 具体做法

(1)垃圾分类和兑换:鲍家园中心村试点垃圾分类和兑换工作,垃圾可兑换生活用品。村里干净整洁,垃圾桶随处可见。农家院子里的小垃圾桶,还用红绿颜色分成"不可回收物"和"可回收物"两类;不可回收的就装在红桶里,再倒进村里的大垃圾桶;可回收的就装在绿桶里,兑换日用品。村民们对日常生活垃圾进行简单分类、收集、打包后,投放到村里的专用回收箱中,再由保洁人员清运出村,从而实现垃圾的减量化与资源化处理。该村党总支书记介绍说:"村里的面貌大为改观,我们推出的垃圾兑换办法起了很大作用,提高了大家的环保积极性。"区妇联给每户村民发放两个垃圾桶,发动妇女率先开展垃圾分类工作。村民用可回收垃圾到积分兑换超市兑换雨伞、米、油等生活用品。

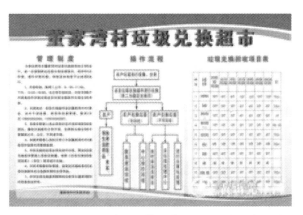

图 6.1.3　黄山市黄山区董家湾村垃圾积分兑换制度

（2）奖惩措施:在用积分鼓励回收垃圾的同时,还采用扣分的方法,警示马虎处理垃圾的行为。不可回收垃圾没有入桶、不可回收垃圾混到可回收垃圾中,都会被扣分,督促大家自觉做好垃圾收集和分类工作。另外,村里对村民进行授星表彰,让大家相互监督与比拼,争相创造良好的生活环境。

（3）兑换标准:董家湾村垃圾兑换超市门口整齐地摆放着 8 个分类垃圾箱,可兑换的以易拉罐、塑料瓶罐、香烟盒、废旧电池、有害垃圾、纸质饮料袋、塑料制品、玻璃瓶等生活垃圾为主。超市里的商品有肥皂、牙膏、牙刷等家庭日用品,墙壁上贴着兑换回收项目表和兑换流程。20 个易拉罐就可兑换一瓶黄酒或一支牙刷,120 个塑料瓶可兑换一瓶洗洁精,20 节旧电池可兑换一支牙膏,30 个农药袋可兑换一包鸡精。

案例二　黄山市休宁县生态美超市

1　背景条件

为进一步巩固和提高"垃圾兑物"环境治理成效,全面提升新安江流域生态补偿机制试点工作水平,从 2018 年 9 月开始,黄山市在新安江流域全面推广生态美超市,实现垃圾整治"变末端清理为源头减量、变被动保护为主动参与、变利益驱动为自觉行为"目标,着力解决新安江生态保护的系统性、协同性、集约性问题,打造优美环境,做实民生福祉,全面提升新安江流域生态补偿机制试点工作水平。

2　模式流程图

案例二模式流程图如图 6.1.4 所示。

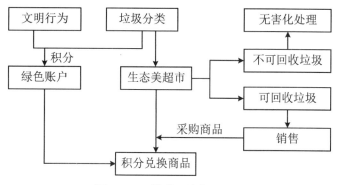

图 6.1.4　模式一流程图（Ⅱ）

3　模式特点与具体做法

3.1　模式特点

生态美超市是黄山市在新安江流域生态补偿机制试点工作中探索建立的"垃圾兑换超市"的升级版和拓展版（图 6.1.5 和图 6.1.6）。

图 6.1.5　黄山市休宁县流口村村民在当地"生态美超市"兑换生活用品

图 6.1.6　黄山市休宁县溪口镇祖源村"生态美超市"

3.2　具体做法

（1）根据人口规模、自然生态环境及发展水平，因地制宜、科学布点，总结推广"生态美超市"成熟模式，扩大实施范围。

（2）拓展工作内涵，健全完善"绿色账户"，把农户门前三包、庭院美化、志愿服务、护河禁渔、村规民约遵守等行为以积分的形式储存到绿色账户并可折算兑换商品，引导村民积极参与美好家园建设活动。

（3）整合相关平台，依托文明实践中心、便民惠农、精准扶贫等服务平台力量，共同运营，以减少成本，并探索当地生态受益企业发放生态红包的激励机制，增强公众参与环境保护的积极性和主动性，提高垃圾分类处置效率，发挥其回收中心、宣传窗口、多元参与的功能，形成"政府引导、市场补充、公众参与、生态共享"的全民生态环境保护机制。

（4）结合农村垃圾PPP项目，对"生态美超市"垃圾分类后转运并进行无害化处理。

（5）建立长效运行机制，围绕"生态美超市"组织运行、资金筹措、绩效考核评估等，建立完善的制度体系。

4　模式效益分析

4.1　经济效益

节本增收，一方面超市的可回收垃圾销售利润反哺垃圾兑换超市进行物品采购，另一方面超市收集垃圾的效益相当于雇用了多名乡村保洁员费用，而投入的费用仅相当于1名保洁员的费用。同时，村民皆为兼职保洁员，专职保洁员也少了，节约了保洁的人工成本，实现了"花小钱办大事"目标。

4.2　生态效益

逐步改变着村民原来随手丢弃垃圾的不良习惯，有效促进生态文明建设，通过本模式的运行，村里处处都很干净，不断提升生态保护成效。据统计，农村废弃物25%的塑料、玻璃等可回收垃圾和废旧电池、农药瓶则通过垃圾兑换，实现了无害化、减量化和资源化处理，有效减少了农残、重金属和白色污染。

4.3 社会效益

本模式是新安江流域生态补偿机制试点工作的重要探索,依托超市人气集聚优势,开展形式多样、群众喜闻乐见的宣传教育和志愿者活动,提高了村民的保洁积极性和环保意识,群众主动参与处理垃圾的意识显著增强,垃圾不乱扔了,而且会自发自觉地去清理河道两岸的生活垃圾,扩大了保洁覆盖面。村民可以用垃圾废弃物兑换生活用品,增加了村民的额外收入,节约了生活成本。

5 模式应用和推广前景

本模式在安徽省黄山市不断创新和推广以来,取得了良好的应用效果,适合在全省各乡村推广应用。

6 模式专家解析

在日常生活中,分类垃圾桶随处可见。但垃圾分类并没有"深入人心",也没有成为多数人的习惯,特别是在乡村,实施更难。本模式有效地促进了乡村垃圾的分类和回收处理,探索了一条生活垃圾减量化、资源化、无害化新路子,模式简单,可操作性强,效果良好,建议推广。同时可以积极探索市场化运行机制,实现垃圾最大化利用;对模式进行再创新,加入"互联网＋"等现代网络化的元素,以户为单位发放"二维码"垃圾袋,扫码积分可兑换奖励,且可追溯垃圾源头,能够更有效地倡导垃圾分类的文明新风;结合新农村建设,扩展积分超市的功能,建成便民惠农、精准扶贫的驿站,文明宣教的窗口。

模式二 农村分散式污水低成本生态处理模式
——以金寨县双河镇双河村为例

1 背景条件

随着"连片整治""美好乡村""三大革命"等一系列改善农村环境的战略、行动和计划的实施,农村生活污水处理技术设施发展很快,涌现出了一批较好的技术模式。金寨县双河镇双河村积极探索推广的农村污水生态处理模式,针对分散居住的农村污水处理,扮靓乡村,促进环境改善,效果明显。

2 模式流程图

本模式流程图如图 6.2.1 所示。

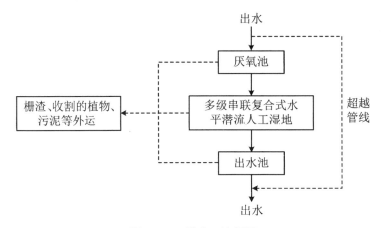

图 6.2.1 模式二流程图

3 模式特点与具体做法

3.1 模式特点

污水进入厌氧池(分为两格),并在隔墙处安装格栅,可拦截并沉淀去除污水中的固体物质,从而确保后续处理单元正常运行,然后污水进入多级串联复合式水平潜流人工湿地系统,该系统综合了物理、化学和生物三种作用对污水进行净化处理。该系统成熟后,湿地填料表面和植物根系将由于大量微生物的生长而形成生物膜。污水流经生物膜时,残余的TSS(总悬浮固体)被填料和植物根系有机截留,有机污染物则通过生物膜的吸收、同化及异化作用而被去除。最后,人工湿地系统出水进入出水池,维护人员可自出水池中取样和观察系统的净化效果。

在污水处理过程中,会产生一定量的污泥、收割的植物和栅渣。它们含水率高,体积大,不稳定,易腐败,且有一定的臭味,通常需经适当的稳定处理后才能运出,以防形成二次污染。

本模式利用庭院式人工湿地生态技术对农户生活污水进行深度处理,整个系统可充分利用山区地形,无须动力消耗。相对于传统的生化工艺,其具有工艺简单、投资少、运行效果稳定、灵活性强、景观性强等优点。

该污水处理工艺适用于单独(或几个)住户的生活污水处理,主要以洗涤和家庭清洁所产生的污水、农村居民洗浴所产生的污水以及厨用所产生的污水为处理对象,而厕所污水及畜禽养殖废水则不提倡使用该技术进行处理。该系统由厌氧池、多级串联复合式水平潜流人工湿地和出水池三部分组成(图6.2.2)。

图 6.2.2　金寨县双河镇双河村试点

3.2　具体做法

按一户5口之家日产生污水 0.5 m³ 独户建设。

(1) 厌氧池:污水在厌氧池中可完成水量调节、有机物水解酸化、固体悬浮物沉淀等,厌氧池分为两格,在中间隔墙处可安装格栅,格栅可用以截留水中的较大悬浮物或漂浮物,去除那些可能堵塞相关管道阀门或者潜流人工湿地填料层的较粗大的悬浮物,保证后续处理设施能够正常运行。

厌氧池为砖混结构,视当地地质状况决定是否添加钢筋,构筑物墙体厚度分别设定为 24 cm 和 12 cm,厌氧池长、宽、深分别为 1.0 m、0.88 m、1.20 m,有效容积 1.06 m³,分为两格,格栅安装于隔墙底部,污水在厌氧池保留 1.5 天,厌氧池进出水管选用内径为 10 cm 的 PVC 直管与 90°弯头,管口可添加滤网,厌氧池应密闭,可使用预制板覆盖。另外,还应在厌氧池预留观察口,观察口盖板亦可由预制板制作,并添加手柄。

(2) 多级串联复合式水平潜流人工湿地:采用砖混结构,视当地地质状况决定是否添加钢筋,构筑物墙体厚度分别设定为 24 cm 和 12 cm,长、宽、深分别为 3.0 m、1.0 m、1.2 m,分为串联的三个格室(按污水流向分为第一格室、第二格室和第三格室),鉴于湿地中第一格室的污染物负荷较大,设定三个格室的容积比为 4∶3∶3,湿地装置进出水管选用内径为10 cm 的 PVC 直管与 90°弯头,管口可添加滤网,管件安装完成后,装置内水流呈现"S"形流动,以便于填料层的充分利用,并可有效防止水力死区的产生。

人工湿地各格室应填充相应填料,每格室分下、中、上三层填充。下填料层厚度为

20 cm,填充平均粒径为 5 cm 左右的砾石；中填料层厚度为 70 cm,填充平均粒径为 2 cm 左右的沸石(第二格室中层填料层调整为填充平均粒径为 2 cm 左右的碎砖块)；上填料层厚度为 20 cm,填充粒径为 2～5 mm 的细砂。

湿地单元中还应种植若干种类的湿地植物,第一格室表面积为 1.2 m^2,种植 12 株左右芦苇；第二格室表面积为 0.9 m^2,种植 9 株左右美人蕉；第三格室表面积为 0.9 m^2,种植 9 株左右再力花；或者选用符合当地条件下的适宜植物。

(3)出水池:从多级串联复合式水平潜流人工湿地出水进入出水池,出水池有效深度宜小于 40 cm,主要用于取样和观察。出水池亦应密闭,可使用预制板覆盖,预制板应安装把手,以便于随时观察出水池中的具体情况。

4 效益分析

4.1 投入核算

设定农户总人数为 5,则该农户的日排水量 $Q_{max}=500$ L$=0.5$ m^3,即庭院式人工湿地系统的最大日进水量为 0.5 m^3,此时该系统的投资约为 3000 元,即该系统的投资成本约为 600 元/m^2。

4.2 产出核算

根据皖西山区的经济发展水平、居民生活习惯和地理、气候等特点,以最低的运行成本,达到最好的污染控制效果,可在一定程度上改善安徽农村地区的环境现状。

4.3 三种效益分析

本模式集研究、技术研发与转化、试点示范于一体,各级政府和市场均有需求,其中关键技术的开发,均立足于社会-环境-经济效益的统一,通过项目的试点示范和推广,可带来巨大的经济、社会、生态综合效益。

5 模式应用和推广前景

本模式已在安徽省金寨县双河镇双河村开展了试点示范,适用于山区农村地区单户或联户进行洗浴和厨用的污水处理。

6 专家解析

随着乡村振兴的推进,农村污水治理作为农村环境改善的重要措施存在紧迫性。由于农村基础设施相对落后,人员结构较为单一,经济条件有差异,地理位置不相同,所以农村污水处理需要适宜、合理、经济有效的治理方案。农村污水一般呈现出空间上分散、结构上营养成分高、规模不大、有机负荷波动性大的特点。从近几年农村污水治理的情况看,村庄较为集中的地区适宜采用集中污水处理方式,将污水管道相连,保障运行稳定和处理效率,并且节省占地空间。而村庄较为分散的,则更适合分片收集、单独处理,并引入管理简单、灵活易操作的污水处理设备和模块。虽然分散式污水处理技术也是比较受发达国家青睐的一种模式,并且有成熟的运行体系、技术架构和经验用来借鉴,但我国农村污水的特征与其他国家并不完全相同,所以在推广分散式污水处理时仍需要因地制宜寻求最优解。农村分散式污水生态处理系统由厌氧池、多级串联复合式水平潜流人工湿地和出水池三部分组成,核心是利用庭院式人工湿地生态技术对农户生活污水进行深度处理,工艺简单、投资少、运行效果稳定、灵活性强、景观性强,有一定的推广价值。

模式三 农业面源污染"一创两减三循环"治理模式
——以巢湖市烔炀镇农业面源污染综合防治示范区为例

1 背景条件

巢湖流域农业面源污染综合防治示范区是国家"三湖一库"农业面源污染综合防治示范区之一,位于烔炀镇唐嘴村,面积5000亩。巢湖市农委以"一创两减三循环"治理模式为主线,不断摸索创新,已取得明显成效。

2 模式流程图

本模式流程图如图6.3.1所示。

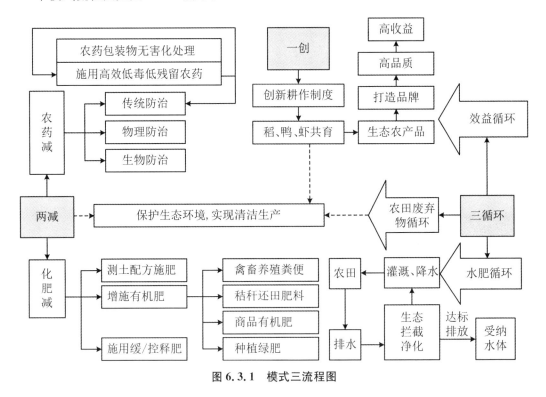

图6.3.1 模式三流程图

3 模式特点与具体做法

3.1 模式特点

本模式主要应用在流域内圩区农田(图6.3.2),通过创新耕作制度,实施化肥和农药减量,推进秸秆、水肥、效益良性循环,减轻种植业氮、磷流向水体,控制农业面源污染。

3.2 具体做法

(1) 一创:创新耕作制度。推广"稻鸭共育""稻田养虾""稻肥轮作"等生态生产模式,变传统种植为立体高效种养,提高农田生产能力和经济效益。

图 6.3.2 巢湖市烔炀镇农业面源污染综合防治示范区

(2) 两减:

① 化肥减:一是测土配方施肥。运用测土配方施肥技术成果,实行配方施肥,精准施肥,减少化肥施用量。二是用有机肥替代化肥。施用有机肥,每亩施商品化有机肥 100～150 kg,农作物秸秆全量还田,培肥地力,减少化肥施用量。三是施用缓/控释肥。化学肥料全部施用缓控释肥,提高肥料利用率,减少化肥用量。

② 农药减:一是病虫害物理防治和生物防治。每 40 亩安装一个频振式杀虫灯,每亩设置一个性诱剂装置,诱杀田间害虫。二是病虫害统防统治。建立专业防治队伍,实现统防统治,提高防治效果,减少用药量。三是普及高效低毒低残留农药。全部使用高效低毒低残留农药或生物农药,大幅降低对农产品和环境的危害。

(3) 三循环:

① 农田废弃物循环:一是秸秆全量还田。秸秆全部实行机械化粉碎还田,培肥地力,增加土壤有机质,改善土壤结构。二是农药包装物回收处置。设置农药包装物回收箱,由专人统一回收、科学处置,达到 100% 无害化处理。

② 水肥循环:整治沟渠,增加沟渠容量,利用水生植物、生态浮床对排水沟、汇水沟中的面源污染进行生态拦截,通过吸收、吸附、降解、净化等作用,降低水体面源污染物含量,建立"农田排水-生态湿地-农业用水"水肥资源循环利用体系,推进区域水资源内部循环利用。

③ 效益循环:对区域内农产品,打造生态农业品牌,推动生态农业产业化发展,构建"高技术-低污染-高品质-高收入"的生态农产品优质优价良性循环体系,推动生态循环农业生态链、价值链、产业链融合发展。

4 效益分析

4.1 经济效益

示范区内 2500 亩农田全部达到清洁生产要求,绿色和有机食品产量达到 50%以上,农产品市场竞争力和农产品价格得到显著提升,平均亩增收 150 元。年平均每亩较常规种植减少化肥用量 2.69 kg、化学农药 31 g,农作物秸秆利用率达 100%,各类农药包装袋(瓶)回收率达 100%,无害化处理率达 100%,农田尾水阻控、拦截、吸收和降解技术应用率达 100%。

4.2 生态效益

本模式全面提高化肥、农药、秸秆等农业资源的利用效率,培肥土壤,转变农业生产方式,减轻农业生产对农业化学品的过度依赖,显著降低农业化学品施用量,有效控制化肥、农药的流失对水体的污染,对保护受纳水体巢湖的水质具有积极的推动作用。农田生物多样性得到有效保护,农田生态系统得到有效恢复和重建。

4.3 社会效益

通过全程清洁生产,延伸农业生产产业链,显著提高农民素质,增加就业机会,增加农民收入,促进农业的转型升级和可持续发展。

5 模式应用和推广前景

目前,本模式在巢湖市烔炀镇西宋圩已运行三年,据 2015 年安徽农业大学和巢湖市环保局取样监测,圩区内水体氨氮、总氮、总磷含量均达到或超过地表水环境质量Ⅲ类标准,适合在全省沿江沿淮圩区推广,用于防治农业面源污染。

6 专家解析

巢湖是我国"三江三湖"最主要污染防治对象之一,农业面源污染对巢湖 COD、TN 和 TP 排放量的贡献率分别达到 42.5%、37.6%和 41.7%。本模式较为系统地探索巢湖面源污染区域性综合防治措施,通过创新耕作制度,减施化肥和化学农药,实施秸秆全量还田、农药包装物回收处置等农田废弃物循环,构建"农田排水-生态湿地-农业用水"水肥资源循环利用体系等,取得了良好效果,年平均每亩减少化肥用量 2.69 kg,化学农药 31 g,绿色和有机食品产量达到 50%以上。"一创两减三循环"模式抓住了巢湖面源污染治理的关键要素和重点环节,具有推广价值,建议在环巢湖以及长江、新安江、淮河沿岸圩区稻作区面源污染治理中进行推广应用。

模式四 适应性农业绿色发展模式
——以安徽省颍上县沿淮适应性农业绿色发展为例

1 背景条件

颍上县地处沿淮地区,行蓄洪频繁,生产区圩多,低湖洼地面积大,农田基础设施差,"大雨大灾,小雨小灾,无雨旱灾"的自然条件,严重制约了现代农业发展。为充分利用当地的自然条件,走农业与生态相协调、经济与社会相统一的路子,该县进行了积极探索。

2 模式流程图

本模式流程图如图6.4.1所示。

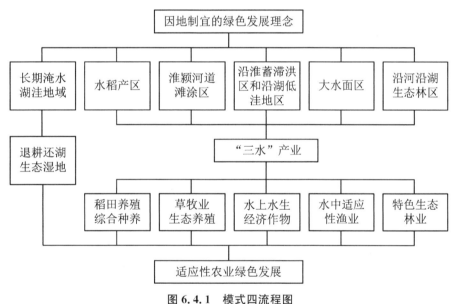

图6.4.1 模式四流程图

3 模式特点与具体做法

3.1 模式特点

本模式针对广种薄收的传统生产习惯、因循守旧的传统种养模式、非旱即涝的恶劣自然条件,坚持以"人给水出路,水给人生路"为原则,围绕"水多水少"做文章,变"对抗"为"适应",大力发展沿淮适应性特色生态型农业(图6.4.2),全县沿淮区域经济特色明显,优势主导产业突出,农业生态系统总体功能充分发挥,农业效益明显提高,农民收入快速增加。

图 6.4.2 安徽省颍上县沿淮适应性农业绿色发展

3.2 具体做法

对长期淹水湖洼地域,尽可能退耕还湖、还水、还湿,发挥洼地湿地生态功能。在水稻产区、淮颍河道滩涂区、沿淮蓄滞洪区和沿湖低洼地区、八里河(煤矿塌陷区、灵台湖、焦岗湖、淮河旧河道、小润河湾、五里湖、长林湖、栗子湖)等大水面区以及沿河沿湖生态林区等五类区域,深入挖掘"水上、水中、水下"等"三水"特色资源,突出扶持水产、水禽、水生作物等"三水"产业,重点推广以下五种适应性农业模式:

(1) 稻田+养殖模式:在水稻主产区,进一步稳定水稻产能,扩大高档优质功能稻米生产比例,重点推广应用稻田养鱼(虾、蟹、鳖、泥鳅)、苕稻鸭萍鹅循环等"稻田+"模式。

(2) 草牧业生态养殖模式:在沿淮颍河堤坝边坡地、滩涂区,根据资源环境承载能力,重点发展皖西白鹅、淮河麻鸭、淮山羊、黄牛和长毛兔等生态循环种养模式,实现粮草牧有机融合,废弃物就地消纳。

(3) 水上水生经济作物模式:在沿淮蓄滞洪区和沿湖低洼地区,重点推广粮草轮作、草牧结合,引导发展杞柳、莲藕、茭白、水芹、菱角、芡实等水生作物,推行鱼菱、鱼莲、鱼菜、鱼禽(鸡、鸭、鹅)、鱼牧(猪、牛、羊)等"N+1"或"N+k"($k \geqslant 2$)生态综合利用模式。

(4) 水中适应性渔业模式:在八里河、焦岗湖、煤矿塌陷区、小润河湾、淮河旧河道、灵台湖、五里湖、长林湖、栗子湖等大水面区域,全面推行生态健康养鱼(虾、蟹、鳖)模式,引导发展水产种业和休闲游钓渔业;在以水养鱼的同时,注重以鱼养水。在淮河、颍河、济河、西淝河等河道水面,开展适宜鱼类、名特优水产增殖放流,建立水产种质资源保护区,恢复增殖沿淮特色渔业资源。

(5) 特色生态林业模式：根据适地适树的原则，在一般农田区，依沟傍路营造完善农田林网，引导发展蚕桑、黄晶梨等特色林业；在不影响防洪的前提下，优先在低洼地、湿地发展生态防护林、湿地经济林；推广林草立体种养模式，发展牛、羊、鹅等草食畜禽；在沿淮河、颍河等河道堤坝坡岸，积极建设生态景观林，发展休闲观光林业。

4 效益分析

颍上县沿淮适应性农业绿色发展模式，初步实现了生态、经济、社会的协调、可持续发展，已成为安徽沿淮农业绿色发展的新亮点。

八里河莲藕、垂岗圣锦蔬菜等生产基地发展势头迅猛，带动了周边发展莲藕、茭白、菱角、芡实等水下特色水生果蔬种植5万余亩，亩均效益在3000元以上；润河稻田养鳖（牛蛙）、半岗稻田养泥鳅、夏桥稻鸭萍共育等生产基地示范效应明显，带动了周边发展稻田综合种养6万余亩，亩均效益在4000元以上；关屯穆良金利用外滩地草资源丰富的优势发展肉羊养殖业，年利润15万元，带动了周边发展牛、羊、鹅、鸭等食草畜禽养殖60万头（只）；刘集周清华利用沿颍河洼地种植太空一号雪藕120亩，每亩净收入超过10000元；半岗镇戴家湖村种植杞柳3000余亩，亩净收入4000元以上。

各类适应性农业产业经营主体，积极采取"四带一自""两入股、一合作"方式，辐射带动周边3323贫困户、8739贫困人口参与适应性农业产业发展，贫困人口年均增收2000余元。

5 模式应用和推广前景

本模式在安徽省阜阳市颍上县推广示范，在沿淮流域低洼区具有推广价值。

6 专家解析

安徽省沿淮流域低洼区面积大。颍上县根据当地实际，围绕"水多水少"做文章，按照"宜种则种、宜牧则牧、宜水则水、宜林则林"、农林牧渔相结合的思路，因地制宜，大力发展生态适应性农业，探索出稻田+养殖模式、草牧业生态养殖模式、水上水生经济作物模式、水中适应性渔业模式、特色生态林业模式等，适应了当地农业生产环境条件，效果良好，提升了农业生态系统服务功能。本模式的创新做法值得沿淮类似区域借鉴发展。难能可贵的是，本模式变"对抗"为"适应"的生态型农业发展的策略，适应环境的生态特色农业发展思想，值得充分肯定，经验值得推广。不仅在沿淮地区，全省其他地方也都应尊重当地自然资源禀赋特点，遵循农业发展内在规律，按照绿色农业发展要求，因地制宜地探索创新生态农业绿色发展模式。

模式五 丘岗区小流域综合治理模式
——以安徽翰林茶业有限公司为例

1 背景条件

丘陵岗地区域(丘岗区)的共同特点是地貌变化大、生态系统类型复杂、自然物种丰富,其生态资源优势使得这类区域特别适合发展农林、农牧或林牧综合性特色生态农业。

2 模式流程图

本模式流程图如图6.5.1所示。

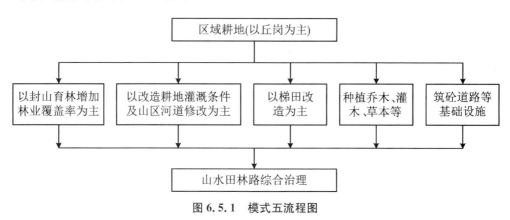

图 6.5.1 模式五流程图

3 模式特点与具体做法

3.1 模式特点

本模式利用丘岗区自然条件优势,因地制宜采用间作套种、增施有机肥、立体栽培等农耕措施,发展农林牧业生产,在一切可利用尚未利用且需要人为干预才能防止水土流失并获得效益的土地上,实施小流域治理,保护、开发和利用资源,获得经济、生态、社会效益。各工程具体规模、标准视地质条件、提蓄水量、修建材料而定。

3.2 具体做法

(1)茶园水土资源保持工程:每年6~12月茶叶休园期间,一是采用山石板或混凝土浇筑方式,分段修筑茶园区间标准化道路,路面宽1.0 m,厚10~15 cm,改变园区道路结构,方便茶园农事作业;二是修筑茶园纵横截流U形管道排水沟,宽40 cm,深35 cm,保障茶园内不因大面积水流淹渍和排水沟边土层松弛而导致土壤滑坡;三是修筑坡改梯茶园,采用自然石块或混凝土浆砌石块模式建成阶梯式挡(护)土墙,控制水土流失;四是修筑茶园区间蓄水池,实现"泥不下山,水不乱流",以小流域单元的径流调控为基础,以坡耕地基本农田及拦、引、排、集、蓄、灌等小流域农业生态治理工程建设为主线,工程措施、生物措施与农业耕作措施有机结合,治坡与治沟相结合,治山与治水相结合,实行山、水、林、田、土、路综合配套治理(图6.5.2)。

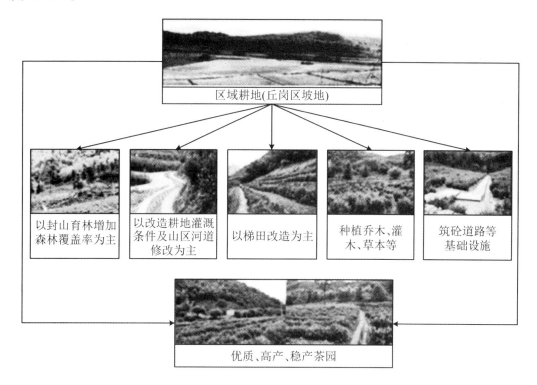

图 6.5.2 安徽翰林茶业有限公司小流域综合治理

(2)茶园农业耕作技术:建立茶区复合、立体生态型结构茶园,茶树原为原始森林中与乔木伴生树种,因此,茶园的种植模式应适应茶树的生态习性;在茶园生产过程中,结合小流域治理,在茶区周边范围的山顶、山坡、路边、沟边栽植或补植林木,建立具有各自特色的茶园人工生态系统。

(3)茶园内植物间作技术:包括间作套种玉米,种植绿肥作物的绿豆、蚕豆以及植物残枝覆盖、茶树嫩梢枝叶覆盖等。对稀疏、衰老和品种落后的茶树分别施行补植、修剪、改种、换植或低位嫁接等,以提高茶园生长势和覆盖度,为动、植物的生长和繁衍提供场所,使生物种群数量增多,促使茶树害虫的天敌如蜘蛛、螳螂、瓢虫、警戒蝇等大量增加,防止有害生物对茶树的侵袭和危害,置身于大而复杂生态系统内的茶园,在经济阈值以下,可以不用对茶园喷洒化学农药,有效减少茶园面源污染,促进区域小气候的形成和地温的变化,有利于茶树的生长和茶叶品质的提高。

(4) 生态配套技术:一是在茶园山上植杉树、栎树、竹类、山茶等;二是在山腰营造防护林,实行茶林间作,因地制宜地选择与茶树没有相同病虫害且能与茶树相伴相生、相互促进的树种(银杏、柿子、油桐、苦楝、剑兰、玉兰)等,治理区域实施等高坡式茶园改为梯式茶园、砌筑山边沟等工程措施,以缩短坡长,减少地面径流,增加蓄水、保土效果,配套茶园截、排水系统和灌溉系统,防止茶园水旱灾害,茶园沟道布设,茶园铺草、覆盖等;三是山下种植泡桐、桑树等,从而使茶园置身于从山头到山脚、从沟头到沟尾、从路边到水边的立体、复合型的农业大生态系统内。

4 效益分析

4.1 经济效益

本模式实施后,茶园年亩产名优茶原料 80 kg(干茶 20 kg),基地 1000 亩茶园可年生产干茶产量 20000 kg,按 500 元/kg 计算,年创产值 1000 万元。

4.2 生态效益

小流域综合治理后,初步形成了乔、草、灌等共生一体的良好植被,有效地控制了水土流失的发生和危害,植被覆盖率由治理前的 30% 提高到治理后的 85%,山地林分郁闭度为 0.45%,土壤侵蚀模数由治理前的 435 t/(km^2·a)减少到 26 t/(km^2·a)。昔日寸草不生,地表支离,如今是树木成林,绿意盎然,在茶园套种经济绿肥,间植矮棵乔木,改善和保护茶园生态环境,增加了天敌物种,丰富了茶园生物多样性,防止水土流失,促进可持续发展。

4.3 社会效益

通过小流域农业生态综合治理,区域内农业生产条件明显改善,农业生产率大幅度提高,农业新技术、新成果得以全面推广应用,从根本上减轻了农民劳动强度,提高了农业生产率,有利于农业内部结构合理调整,提高农业综合生产能力,对调动当地茶农生产积极性、促进农村经济社会发展起到重要作用;同时,改善了茶园生态环境,提高了茶叶的产量和品质,进一步提升了当地兰香茶区域品牌知名度,有效推动了汀溪茶产业稳步有序发展。

5 模式应用和推广前景

目前本模式实施山、水、田、林、路等连片规模治理,增加绿色覆盖度,实现生态平衡,已在宣城市部分地区推广应用,适合在安徽省低山丘岗茶叶及果树种植区域推广。

6 专家解析

本模式以生态特色农业为中心,发展绿色区域经济,提高经济效益。在农业上优化土地用地结构,提高山地的综合利用率和土地产出能力。小流域农业生态治理程度超过75%,治理区蓄水保土能力增强,荒山变绿,生态环境得到明显改善,森林覆盖率明显提高,土壤侵蚀明显下降,有效控制水土流失、土地石漠化扩大的趋势,有效保护农用耕地。

模式六 采煤塌陷区生态综合治理模式
——以淮南市泥河镇后湖生态园为例

1 背景条件

淮南采煤造成了生态脆弱、土地塌陷、农业发展受损严重。潘集区结合实际,尊重群众意愿,政府规范引导,对泥河镇后湖村进行生态开发治理、支农资金整合与沉陷区生态治理有机融合,初步探索形成了"后湖模式"。

2 模式流程图

本模式流程图如图 6.6.1 所示。

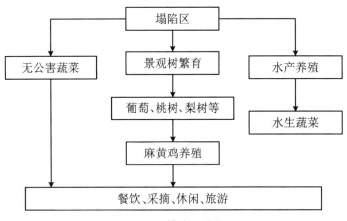

图 6.6.1 模式六流程图

3 模式特点与具体做法

3.1 模式特点

本模式的主要技术以采煤塌陷区综合治理为基础,合理规划,因地制宜,宜水则水,宜渔则渔,宜林则林,宜农则农,通过多种工程治理手段,辅以淡水养殖、水生蔬菜种植、苗木培育、优质果树种植、麻黄鸡养殖、蔬菜种植等,使生态植被得到恢复,土地资源得到持续利用,建成集生态、观光、休闲、旅游为一体的现代生态观光农业园区(图 6.6.2),解决地表沉陷区内涝严重、土地破坏严重、生态环境恶化的问题。

图 6.6.2 淮南市泥河镇采煤塌陷区后湖生态园

3.2 具体做法

(1) 高起点规划,科学定位:根据实际情况,委托专业规划单位,高起点编制总体规划和控制规划。规划布局充分考虑生态建设、农业生产和休闲服务业配套,功能分区做到生态林区、精品农业区、生态旅游区和休闲娱乐区合理配置。以入口区的南北向道路为南北轴线,沿该轴线西边各区域主要以生产功能为主,东边各区域以旅游功能为主。以展示馆南侧的主要道路为东西轴线,该轴连接水产养殖区、生态公园区、综合服务区,为与二期工程衔接,将用地分为农业试验区、花卉种植区、水产养殖区、设施园艺区、果蔬采摘区、苗木培育区、生态农业区、生态公园、水生蔬菜区、综合服务区 10 个分区,各区相互衔接,各有主题,由此构成一个完整的以生态农业休闲游览观光为一体的新型农业观光园(图 6.6.3)。

(2) 土地入股,群众参与:按照"民办、民治、民收益"的原则,成立了"淮南市潘集区泥河镇沉陷区生态农业发展合作社",开始流转塌陷土地和治理开发,实行土地入股和市场运作,采取"公司+合作社+农户"的方式,发展生态观光农业。农民参与劳动,参与分红,农民利益得到保障。

图 6.6.3 规划鸟瞰图

(3) 明确方向,滚动发展:生态园提出"三不、三明显"的发展目标,即土地权属不改变,沉陷土地不荒废,失地农民不失业;生态明显恢复,土地产出明显提高,农民收入明显增加。在区域布局上,宜农则农,宜林则林,宜渔则渔,宜游则游。在产业扶持上,重点发展蔬菜瓜果、花卉苗木、水产养殖、休闲观光、餐饮服务等产业。

(4) 创新机制,规模效益:按照生态式、生活式、生产式治理的要求,重点抓好设施农业、水产养殖、花卉苗木等三大功能区的产业化发展。采取能人领衔承包的方式,发展规模化生产,实现产销一体化经营,从而提高抗市场风险的能力,扩大规模效益,承包人的收益也明显提高。

(5) 认真组织,分区实施:土地复垦:选择有条件的地块约 800 亩进行复垦。采用河堤加固、矸石山治理、矸石向塌陷区充填、耕植土覆盖等技术方案,协同许疃煤矿进行共同建设、全面治理。首先改变许疃煤矿传统的矸石排放方式,改造地面排矸系统,由单纯的向矸石山堆放变为全部向塌陷区充填,待矸石充填至规划标高后,再复耕植土 $0.6 \sim 1.0\,\mathrm{m}$,将未稳沉塌陷地复垦为耕地。这样既避免了矸石山占地和污染环境,又有效治理了塌陷地,既大量处理了煤矿的固体废弃物——煤矸石,又复垦了采煤塌陷地。在土地复垦过程中,先将表面的耕植土剥离,集中堆放,待矸石充填至规划标高后,再复耕植土,可保持土壤的肥力。分区如下:

① 农业试验区位于农业观光园的北部,现为大面积水稻田,为将来与高等院校合作、建成水稻高产优质试验田、实行农产教一体化提供基础平台和技术保障。

② 花卉苗木区位于园区东部、北部,结合淮南市的花卉苗木市场,种植对应市场需求的苗木种类,既能提高生产经济效益,又能加强园区的景观效果,集鲜花生产、花卉苗木生产、盆景制作、珍稀树种栽培等为一体。花卉苗木区注重四季景观的变化,强调四季有花,且有一定的规模,能够满足游人四季赏花的需求。同时,可以在花卉园举办不同主题的活动,吸引游客前来观光。

③ 水产养殖区位于接待服务区的西边,规划利用和整合现有塌陷区形成的大面积水域及现已开发的鱼塘,形成超大规模的水产养殖区。水产养殖区因地制宜采用不同的养殖方式,深水区采用网箱养殖,浅水区实行精养鱼塘或开发为垂钓区。

④ 设施园艺区处于园区的中部。该区强调充分利用现代化的科学技术为农业服务,通过对植物生长外部环境的改变影响植物的生长时序,提高农作物的产量,并通过种植反季节蔬菜提高农业的经济效益。

⑤ 果蔬采摘区毗邻接待区。结合各种果树果色花期景观形态对环境的不同要求,合理种植地方名特优果树,如石榴、桃、李、杏、梨、柿等。游人既可边采摘边游玩,也可进行村中漫步、树下休息、水旁小聚、村中野餐等丰富多彩的活动。

⑥ 水生蔬菜区位于接待区北侧。该区主要种植莲藕,以紫莲、白莲为主,大面积的荷塘联合生态公园水产养殖区,围绕接待服务区,打造园区的景观中心。在荷塘上面成序列建设观荷亭,使游客能近距离欣赏水生植物景观。

⑦ 生态农庄位于生态公园北侧,南面滨水,北靠花卉苗木区。结合地形变化塑造舍内水景,丛林深处有休闲度假空间。建筑风格多样化,以体现乡村风格为主,零星点缀异域风情,采用具有较强观赏性的建筑形体,为到此度假的游客提供舒适自然的环境和休息场所,使游客既体验到农家乐的情趣,又观赏到自然风光,给人回归大自然的感觉。

⑧ 生态公园区是园区占地面积最大的区域,包括南北两大部分。结合地形和水系改造,通过自然湖岛、沼泽湿地、沙滩溪流、林地等原生态自然风光,体现林溪间杂的景观氛围和游憩空间。在北部区域,结合塌陷区现状,实行填浅挖深策略,在湖水西侧开发湿地公园;在南部水域,开发湖心小岛。

⑨ 展示区位于园区东部。在该区域设置一馆三展区,在园区中部建设科普展示馆,设置淮南市水稻文化展示区、水生植物展示区、矿业文化展示区。

⑩ 综合服务区,分为主入口景观区和接待服务区。

4 效益分析

从2008年10月开始启动塌陷区治理工程,规划整理利用塌陷区土地10000亩,一期整理4000亩,核心区1360亩已初具成效,规划的十大功能区中水产养殖区、水生蔬菜区、设施园艺区、果蔬采摘区、花卉苗木区等已基本建成,累计投资4000万元。

4.1 经济效益

本模式年收益1727万元。其中水产养殖1300亩,亩效益4000元,共收益520万元;水生蔬菜350亩,亩效益4000元,共收益140万元;花卉苗木380亩,亩效益18000元,共收益684万元;大棚蔬菜110亩,亩效益7000元,共收益77万元;设施草莓40亩,亩效益14000元,共收益56万元;常规农业种植区1670亩,年收益250万元。300户农民以土地入股,煤矿企业每年每公顷给塌陷区农户2.55万~2.70万元,公司每年给农户每公顷土地入股费2000~3000元,加上农民在项目治理区工作,按实际工作天数计算工资,这样农民的收入基本上没有减少。

4.2 生态效益

整个园区在治理前是路不通,渠不畅,农田低洼积水,处于荒芜和半荒芜状态。通过治理,充分考虑生态建设,农业生产和休闲服务业配套,将采煤塌陷区的陆域、水域及浅滩的生态综合开发利用与农业生产、生态旅游等有机结合起来,既提高了资源使用效率,又使生态植被得到恢复,生态系统得到重构,从而保护了生态环境,促进了农业增效、农民增收和农业可持续发展。

4.3 社会效益

采煤塌陷区的土地严重被毁,人地矛盾突出。通过本模式,为采煤沉陷区治理、农村土地流转、农业生产发展开辟了新路子,使塌陷的资源重新焕发了生机和活力,真正实现了塌陷不荒废,农民失地不失业,失地不减收,实现了当地农村经济可持续发展。

5 模式应用和推广前景

目前本模式在淮南市已形成了以潘集区泥河镇为中心,辐射带动周边潘集区潘集镇、毛集实验区夏集镇陈集村等采煤塌陷区的治理,应用面积达 3.5 万亩。本模式适用于采煤等矿业活动形成的塌陷区环境治理和低洼地土地整治。

6 专家解析

安徽省两淮地区煤炭资源丰富,截至 2014 年底,开采沉陷面积超过 400 km^2,沉陷土地 255 km^2,同时,两淮地区又是农业主产区和人口集中区,采煤塌陷区生态修复和生产恢复意义重大。本模式既修复了生态,又促进了农业生产的发展和农民收入的增加,同类地区可推广应用。

第六章 农业环境绿色治理典型模式及解析

模式七 "一户一块田"绿色高效发展模式
——以怀远县徐圩乡创新改革发展为例

1 背景条件

二轮土地延包为体现公平,将田地按等级分包到户,造成了农户承包地"细碎化"现象严重,阻碍农业绿色统防统治等产业化发展。缩小农村地力差别,实现农业规模化、标准化发展是必然趋势,也是国家对农业农村发展的客观要求。怀远县徐圩乡殷尚村于2014年利用土地确权之机,主动探索、自发组织开展小田并大田,采用民主协商、集体互换的方式形成"一户一块田",为现代农业绿色发展起到很大推进作用。2016年3月,整乡试点推行"一户一块田"改革。

2 模式流程图

本模式流程图如图6.7.1所示。

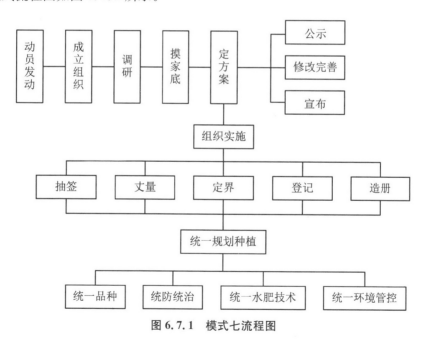

图6.7.1 模式七流程图

3 模式特点与具体做法

3.1 模式特点

本模式通过田块合并,促进土地流转和规模经营,从而实现统一管理、统一品种、统防统治、节水节肥清洁生产等绿色高效农业模式(图 6.7.2)。

图 6.7.2　徐圩乡"一户一块田"创新改革绿色发展

3.2　具体做法

(1) 成立组织,选择威信高、责任心强的人参与。
(2) 多方面调查,深入了解存在的问题。
(3) 制定系统完备的实施方案。
(4) 规划和预留沟渠路桥涵等公共用地。
(5) 实地丈量土地,先量出扣除公共用地的大田总面积,再丈量各户宅基地面积(用于从并地总面积中扣除)。
(6) 根据 1992 年分地合法人口不变,核对后公示。
(7) 通过沟通、会议等方式解决问题和矛盾。
(8) 召开村民大会,宣布实施方案,公布土地总面积、人均面积、抽签方法等。
(9) 抽签分地,二轮抽签,先抽序号签,再抽分地块签,打桩定界,登记造册。
(10) 统一管理,做好技术、管理等后续服务,进行绿色清洁高效生产。

4　效益分析

截至目前,徐圩乡已完成 144 个村民组,合并土地面积近 76052.37 亩,占全乡土地确权面积的 61.50% 左右,计划在 2020 年之前基本完成改革任务。土地合并后,农户每年每亩节省成本 60 元以上,大幅度提高了农民种田的积极性,有利于农民土地流转和农业结构调整,减少了农民土地纠纷,农村治安隐患也随之降低,提高了土地利用率,待全乡完成后,有望新增农户有效耕地面积 5000 亩左右。

(1) 节本增地增收:如表 6.7.1 所示,户均地块数减少 5.2 块,由于铲平墒沟,剔除道路等因素,形成实际耕作土地户均增加 1.46 亩,有效节约了耕地资源。通过对废弃沟、路、渠和小田块间地界沟的整合,实际利用土地增加,有效耕地面积增幅在 4% 左右,年亩均可节约经营成本 60 元左右,年户均增收 1300 元左右。

表 6.7.1　节本增地增收情况

项目	改革前	改革后	增加数
户均地块数	6.2	1	−5.2
户均地亩数	19.41	20.87	1.46

实际收入增加。如表 6.7.2 所示,尽管由于天气原因,当年度小麦、玉米亩产有所降低,但由于每户土地实际耕作面积增加,粮食总产量提高,户均年增收 1387.77 元。同时在同等

天气条件下,由于土地肥力有效增加,机收浪费减少,粮食经营收入有一定提升。

表 6.7.2　实际收入对比

项目	2016 年调整后经营收入(元)			2015 年调整前经营收入(元)			粮食总产增加数(kg)	增收(元)
	亩产(kg)	总产(kg)	价格(元/kg)	亩产(kg)	总产(kg)	价格(元/kg)		
小麦	468	9087.76	1.972	447.68	9343.1	1.972	255.3	503.49
玉米	450	8725.57	1.432	447.68	9343.1	1.432	617.5	884.27

注:粮食单产数据为 2015 年、2016 年全县粮食抽样调查数据;价格按照 2015~2016 年平均价格计算。

生产成本降低 59.49 元。如表 6.7.3 所示,农业生产经营费用降低,主要由于土地规整,农药、化肥等利用率提升,机耕机收不用对土地边角重复耕作,年度费用亩均降59.49元。

表 6.7.3　生产成本对比

项目		一户一块田改革前生产成本(元)	一户一块田改革后生产成本(元)	节约成本(元)
机耕费		124.3	116.5	7.8
种子		117.35	112.15	5.2
化肥	尿素	200.55	189.05	11.5
	复合肥	89.8	87.5	2.3
农药	除草剂	63.8	63.2	0.6
	防治农药	31.2	29	2.2
机收费		147	130.5	16.5
排灌费		12.29	7.9	4.39
其他费用		29.5	20.5	9
合计(元)		815.79	756.3	59.49

省时省工,提高生产效率。原来由于地块分散,需要一块一块地进行管理和机耕机收,收获小麦需要 3~4 天,收获玉米需要 2~3 天,目前只需要 0.5~1 天就能完成自家所有土地的收获,农民可以更快地完成生产管理和农作物收种,不仅免除了外出务工人员农忙必须返乡的奔波之苦,也在一定程度上变相增加了外出务工人员收入。

(2) 提高了耕地质量:在实施"一户一田"过程中,小块田变大块田,田埂、垄沟得到整平,部分小地块之间的水渠和生产路得到复垦,土地平整度、道路通达度、有效灌溉面积均得到了提高,生产条件得到了极大改善。适度规模作业也减少了燃油、化肥、农药等的使用,减轻了对土地的污染,提高了耕地质量。如殷尚村东邵组,467 亩地中有 150 多条墒沟,至少占地 20 亩。实行"一户一块田"后,田埂被推平,墒沟减少到 30 多条,可增加耕地面积 5%左右,平均每户多分耕地 1 亩多。徐圩乡全面完成"一户一块田"改革后,新增有效耕地面积 5000 亩左右。本模式对于保护有限的耕地、增加国家粮食安全保障能力,具有重大现实意义。预留的公共用地为兴办公益性事业和基础设施解决了实际问题。

(3) 有利于规模化统防统治,机械化操作方便,绿色管理易于开展,群众满意,促进农村和谐发展,减少小田块的边界矛盾 90%以上。

5 模式应用和推广前景

本模式做法引起了中央农村工作领导小组、农业农村部、省委政研室等相关部门及中央省市媒体的高度关注,并得到了充分肯定。安徽省农村均适合推广和应用本模式。

6 专家解析

安徽省是土地家庭联产承包责任制的发源地。土地家庭联产承包责任制从根本上打破了农业生产经营和分配中的"大锅饭",调动了广大农民的积极性,在我国当代农业发展中发挥了巨大的作用。土地家庭承包责任制在第一轮土地家庭承包工作中,为体现公平,各地基本按照土地不同等级、依据人口数量按比例划分给农户,造成一户多块田状况。第二轮土地延包延续了农户承包地一户多块田的"细碎化"状况,极大地制约了现代农业的发展,给农业机械化生产、规模化经营、农业技术推广服务带来困难。怀远县徐圩乡主动探索,采用民主协商、集体互换的方式形成"一户一块田",无疑是一种有益探索,对完善土地家庭承包责任制度具有重要意义。这种模式有利于集约节药用地,有利于规模经营,有利于提高农业机械化效率,有利于统防统治、节水节肥等清洁生产型绿色农业技术的实施,效果明显。本模式体现了人民群众的创新精神,适应了当前阶段农业农村生产力发展状况,辅之以良好的思想工作和周密的方案安排,适合在安徽省适宜地区推广。

彩　　图

1　绿色种植

秸秆高茬套种紫云英

紫云英-秸秆翻压还田

秸秆高茬套种油菜

稻鸭共育

水稻绿色防控（Ⅰ）

水稻绿色防控（Ⅱ）

水稻插秧同步测深施肥

茶园间作箭筈豌豆

秸秆覆盖茶园

秸秆覆盖催笋

果园套种白花三叶草

林-豆套种

2 绿色种养循环

牧草半干青贮

秸秆打包青贮

紫花苜蓿草生产

牧草、秸秆养殖奶牛

牧草喂鹅

林下养鸡

3 绿色渔业

生物浮床水质调控

投喂饲草养鱼

池塘循环水养殖（推水增氧）

池塘循环水养殖（集污吸污）

山泉流水养鱼鱼池布局

山泉流水养鱼

彩　图

稻田养鱼(虾、鳖)施工

稻田养鱼(虾、鳖)布局

投放鳖苗

投放虾苗

稻田养殖观赏鱼

生态养殖

4 绿色秸秆综合利用

秸秆基质生产双孢菇

秸秆基质生产灵芝

秸秆"三素分离"生产

生化木素产品

秸秆有机液肥应用

秸秆"三素分离"产品——格义净

净化水质对比

秸秆炭基产品——格义净肥料应用对比

秸秆人造板生产智控车间

秸秆人造板

秸秆生产沼气

秸秆厌氧发酵

5 畜禽粪污资源化利用

非接触式发酵床(舍内高床)

高床下垫料及翻扒机

粪污专用密闭运输车

液体粪污双黑膜厌氧发酵池

固体粪污收储棚

有机肥生物菌发酵

6 农业环境绿色治理

垃圾分类兑换积分制度

垃圾兑换管理制度

垃圾兑换超市

垃圾兑换日用品

农村分散式污水生态处理

串联复合式污水处理池

7　采煤塌陷区生态农业发展

沉陷现状图

泥河采煤塌陷区生态治理规划图

沉水植物调理水质

彩 图

深水区治理发展水产养殖

采煤塌陷区旱地治理发展设施生产

采煤塌陷区治理发展生态休闲农业